W0094881

Hugo Calderón/Jaime Ensignia (Hg.)
Chile — Chancen der Demokratie nach Pinochet

Hugo Calderón, Jaime Ensignia (Hg.)

Chile

Chancen der Demokratie
nach Pinochet

JUNIUS

Junius Verlag GmbH, Hamburg
Von-Hutten-Straße 18 · Postfach 50 07 45
2000 Hamburg 50
Copyright 1986 by Junius Verlag GmbH
Alle Rechte vorbehalten
Einbandgestaltung: Johannes Hartmann, Hamburg
Satz: Junius Verlag GmbH, Hamburg
Druck: SOAK GmbH, Hannover
Printed in Germany 1986
ISBN 3-88506-149-X
Erste Auflage August 1986

CIP-Kurztitelaufnahme der Deutschen Bibliothek

Chile: Chancen d. Demokratie nach Pinochet/
Hugo Calderón; Jaime Ensignia (Hg.). — 1. Aufl. —
Hamburg: Junius, 1986.
ISBN 3-88506-149-X

NE: Calderón, Hugo [Hrsg.]

Inhalt

HUGO CALDERÓN

Einleitung
Veränderungen in der psycho-
sozialen und politischen Kultur

Die chilenische Gesellschaft ist seit mehr als einer Dekade mit Ereignissen konfrontiert worden, von deren moralischen und materiellen Folgen niemand unberührt bleibt. Was geschehen ist, kann in seinem Ausmaß nur mit großen Naturkatastrophen, Kriegen oder Revolutionen verglichen werden. Die Folgen dieses Jahrzehnts zeigen sich nicht nur in den Veränderungen des Produktivapparats und in der Klassenstruktur des Landes, vielmehr prägen sie auch die Mentalität und das Selbstverständnis der Nation. Das vorliegende Buch beschäftigt sich hauptsächlich mit dieser letzteren Problematik. Es muß im Zusammenhang mit unserem 1981 erschienenen Buch *Chile − Der Monetarismus an der Macht,* ebenfalls im Junius Verlag, gesehen werden, das sich hauptsächlich mit den Veränderungen in der Klassenstruktur des Landes, mit der Wirtschaftspolitik der Neoliberalen und mit den politischen Aspekten der Opposition zum Militärregime befaßte. Beide Bücher stellen als Einheit eine Länderstudie zum Chile der letzten Dekade dar.

In der Zeit der Diktatur hat Chile in offenkundigen und unterschwelligen Spannungen gelebt. Hunger, Angst, Haß und Frustrationen hinterließen ihre Spuren. Vom psychologischen Gesichtspunkt betrachtet hat das Land − und tut es noch − in einer Art Schockzustand gelebt. Obwohl die Folgen dieser Situation unbewußt bleiben, drücken sie sich in der geistigen Befindlichkeit aus. Bereits ein Drittel der Krankheiten, die in Santiago behandelt werden, sind Neurosen oder funktionelle Störungen als Folgen des Stresses, der durch die materiellen Bedingungen, den politischen Zustand des Landes und unverarbeitete psychologische Probleme verursacht wird.

Die Akteure und ihre Instrumente

Die bewußten oder halbbewußten Akteure und ihre Instrumente in dieser tiefgreifenden Veränderung des moralischen und psychologischen Klimas des Landes sind:

— in erster Linie der Staat, seine ideologischen Apparate, die dominicren-den überlieferten Werte, das Gesellschaftskonzept des herrschenden Blocks;
— die Werte der neoliberalen Ideologie, ihre Konzeption des Individuums und der Gemeinschaft, ihre Haltung gegenüber dem Staat, die Werte der Arbeit und des Privatlebens;
— die militärischen Werte. Die Werte des Militärapparats haben einen multiplikatorischen Effekt (über Rektoren und Betriebsleiter, die gleichzeitig Militärs sind), wenn dieser Apparat einen zentralen Teil der staatlichen Verwaltung übernimmt und versucht, die Gesellschaft nach seiner Logik umzubilden.

Es ist bekannt, daß das Land unter einem permanenten Ausnahmezustand gelebt hat, in dem für das Militär die Prinzipien des Krieges galten. Das heißt, die Militärs konnten sich nach ihren eigenen moralischen Werten verhalten, auf einem Gebiet, in dem sie sich am wohlsten fühlen und auf das sie am besten vorbereitet sind. Dies, zusammen mit den Orientierungen des neoliberalen Modells, stellt die ideologische Kombination dar, die auf systematische und massive Weise die nationalen Werte gebildet hat.

Ihre Instrumente waren die Massenmedien und die Repression von Ansichten und Aktivitäten, die nicht der offiziellen Meinung entsprachen, sowie die Reform der Apparate, die Ideen überliefern und reproduzieren (Universität und Schule). Ein weiteres Instrument zur Bildung einer neuen Mentalität des Landes ist der faktische Ausschluß eines bedeutenden Teils der Bevölkerung von der Nutznießung des Sozialprodukts. Dies hat ein Bewußtsein und ein Verhalten hervorgerufen, das sich am Überleben orientiert, zusammen mit den entsprechenden Werten.

Ein zweiter bewußter Faktor ist die Dissidentenstruktur, die in erster Linie die Kirche betrifft und auch die Gewerkschaften, die Berufsverbände und die Oppositionsparteien. Diese Institutionen haben sich bemüht, bestimmte Werte wie Solidarität und Gemeinschaftsgeist gegenüber dem Regierungsblock hervorzuheben.

Obgleich alle diese Bemühungen, sowohl des Staates als auch der Dissidenten, einen bestimmten Einfluß auf die Bevölkerung gehabt haben, ist es schwierig, diesen zu belegen, wiewohl Schlußfolgerungen für Teilbereiche der Gesellschaft möglich sind. Wichtiger sind vielleicht die realen Bedingungen, unter denen sich die beschriebenen Veränderungen vollzogen haben und die zu einer Konstante im nationalen Klima geworden sind: die Gewalt, die Verarmung, der Haß und der Schmerz.

Angst und Ungewißheit als Konstante im Leben der chilenischen Bevölkerung

Aus der Perspektive des psychologischen Spannungszustandes, unter dem das Land steht, kann man drei Abschnitte unterscheiden: Die erste Phase war geprägt durch den militärischen Aufstand mit einer tiefen Umwälzung des Lebens und der gesamten Gesellschaft; sie dauerte fast drei Jahre an, und ihr Hauptmerkmal war die abrupte und einschneidende Erkenntnis der Bevölkerung, in einer Situation mit unklaren Grenzen zu leben. Das bedeutete Ungewißheit, psychologische Spannung, Angst, Gewalt, Haß und für ein breites Spektrum der Bevölkerung Verfolgung, Exil, Tod.

In den Jahren des sogenannten Wirtschaftswunders ergab sich eine neue Situation. Die Repression nimmt einen selektiven Charakter an, bewegt sich untergründig und wird durch plötzliche Gewaltanwendung erkennbar. Auf der Oberfläche des Lebens herrscht scheinbare Ruhe. Es entstehen Hoffnungen auf ein schnelles ökonomisches Wachstum, die Erwartungen von wirtschaftlichem Erfolg und das Konsumverhalten mobilisieren breite Bevölkerungsschichten des Landes. Das Regime konsolidiert sich.

Die Phase der Krise des wirtschaftlichen Modells, die Anfang 1981 begann, eröffnet eine neue Situation, deren Folgen sich ab 1984 vertieft haben. Man durchlebt eine Etappe kollektiver Ungewißheit in bezug auf die Zukunft. Die Angst vor dem, was geschehen könnte, steht im Zentrum der Sorgen und Gedanken des Landes. Eine Mischung aus Hoffnungs-momenten, Protestwellen und partiellen wirtschaftlichen Veränderungen prägt das tägliche Leben. Kollektive Depressionen (politische Schwenks), Zweifel an den Chancen einer Veränderung der nationalen Situation, feh-lende individuelle und kollektive Ziele, da es nicht möglich ist, starke Gefühle wie Wut und Frustration auszudrücken, führen zu einem andauern-den Zustand der Verdrängung, deren Folgen bei den einzelnen Personen schwer zu quantifizieren sind.

Die Angst drückt sich in vier Formen aus: 1. Angst, die Arbeit zu verlie-ren; 2. Angst, zufälliges Opfer des Terrors und der Gewalt zu werden (Bombenanschläge, Entführungen, Stromausfälle, Straßendemonstratio-nen); 3. Angst, die individuellen Grundbedürfnisse und die der Familie nicht befriedigen zu können; 4. Angst vor der Kriminalität, die sich brutal und unberechenbar äußert.

Dieser permanente Zustand der Anspannung führt zu Angstzuständen, Alpträumen, Schlaflosigkeit, depressiven Verstimmungen und psychosomatischen Erkrankungen. Diese Situationen belasten das Familienleben, die Ehe, die Arbeitsverhältnisse und letzten Endes das Zusammenleben der Gesellschaft.

Die Desinformation wirkt ihrerseits auf die Angstzustände zurück. Da die Massenmedien nicht frei darüber berichten können, was im Land passiert, wächst in der Bevölkerung das Bedürfnis nach Informationen, das durch den Zustand der Ungewißheit und der Krise verstärkt wird. Dieser Zustand macht es absolut notwendig, über Geschehnisse Bescheid zu wissen, die das eigene Leben unmittelbar beeinflussen können. Auf diese Weise verbreiten sich Gerüchte und nicht überprüfbare Nachrichten und lassen einen permanenten Streß im chilenischen Alltag entstehen.

Zu der Angst vor der schwierigen politischen und wirtschaftlichen Situation muß man eine Krise der Werte und der gemeinsamen Lebensformen hinzufügen. Die Vertrauenskrise ergreift den öffentlichen wie den privaten Bereich. Zahlungen werden nicht geleistet, öffentliche Dienstleistungen funktionieren nicht mehr reibungslos, führende Personen aus Politik und Finanz werden diskreditiert, der Staatsapparat erscheint nicht mehr vertrauenswürdig, die Möglichkeit, Opfer der Willkür zu werden, ist immer gegenwärtig. Man lebt in einem Mangel klarer Verhaltensnormen.

Die Idiosynkrasie oder die kulturelle »conditio« der Nation

Dieses traurige und bittere Bild der Krise wird durch einen Faktor relativiert, der mit der Idiosynkrasie der Nation zu tun hat. Verschiedene ethnische und charakterliche Elemente, die in bestimmten Breitengraden anzutreffen sind, bilden das semiphlegmatische Temperament dieses Volkes lateinischen Ursprungs, das heißt, sie sind die Basis für den Humor und die Fähigkeit, in schwierigen Situationen über sich selbst zu lachen, die immer präsent sind. Auf diese Weise wird der Alltag, der in den armen Sektoren vom Kampf ums Überleben beherrscht wird, in den Mittelschichten von dem Versuch, das Sinken des Lebensstandards zu bremsen, und in den Oberschichten von dem Streben nach größerer materieller Akkumulation, bei allem Ernst der äußeren Umstände durch diese charakterliche Grundstruktur erleichtert.

Das in Chile anzutreffende lateinische Temperament zeigt sich auch im Angesicht persönlicher und kollektiver Leiderfahrung im autoritären Herrschaftssystem wirksam. Die intimen Berichte über traumatische Erlebnisse werden durch ironische und witzige Kommentare gemildert. Diese distanz-schaffende Verarbeitung beginnt sogar schon unter den extremen Bedingungen von Internierung, Haft und tödlicher Bedrohung. Beispiele einer unter diesen Verhältnissen erwachsenen humorvollen Haltung, die der existentiellen Bedrohung entgegenwirken soll, sind ebenso anzutreffen wie Äußerungen schwarzen Humors, mit dem die Bevölkerung auf die ständigen Krisennachrichten im politischen und ökonomischen Bereich reagiert. Ein auf den ersten Blick entgegengesetzter Zug in der chilenischen Mentalität, nämlich eine melancholische und gefühlvolle Tradition, trägt ebenfalls dazu bei, ein Einverständnis gegenüber dem politischen Druck wachzuhalten: etwa in Liedern, Folklore und Poesie.

Die Ideologie des Konsums, Eckstein des neoliberalen ideologischen Modells

Das neoliberale Modell vertrat die Theorie der beschleunigten Bereicherung wirtschaftlicher Gruppen, die in kurzer Zeit auch andere soziale Schichten erreichen sollte und so pyramidenförmig den Reichtum von einer sozialen Schicht zur nächsten weiterleiten würde. Diese Voraussetzung würde den verschiedenen Gruppen, die die Nation bilden, erlauben, einen Lebensstandard zu erreichen, der sich an dem Konsummodell der hochindustrialisierten Gesellschaften orientiert. Es wurde also die Erwartung verbreitet, daß jedermann an diesem Konsummodell Anteil haben könne, als Symbol des Fortschritts und des sozialen Status.

Das Blendwerk des unbegrenzten materiellen Konsums rief große Erwartungen bei breiten Schichten der Bevölkerung hervor und wurde zu jenem Ideal, an dem sich das Leben vieler Chilenen ausrichtete. Die offizielle Propaganda gab dieser Erwartungshaltung weitere Nahrung, die zum Aktions- und Entwicklungsfeld des »wilden« Kapitalismus wurde, der auf der Finanzspekulation beruhte.

Die ökonomische Krise des Modells hat ein starkes Gefühl der Frustration bei breiten Kreisen der Bevölkerung hervorgebracht, insbesondere bei den Mittelschichten, die sich betrogen fühlen (und gleichzeitig ernüchtert), da sie ihre Erwartungen entgegen allen Versprechungen nicht realisieren konnten. Der »homo oeconomicus« des neoliberalen Modells, der Individualist mit einer unternehmerischen, technokratischen Mentalität, immer auf seinen Vorteil auf dem freien Markt bedacht, orientiert am Stil des kulturellen Wandels, den Präsident Reagan den USA aufgezwungen hat, erreicht ein kritisches Stadium in einem Kontext, der von hoher Arbeitslosigkeit und einem Sinken des Lebensstandards im ganzen Land gekennzeichnet ist.

Die familiäre Struktur

Die Familie ist nach wie vor die wichtigste soziale Zelle des Landes. Obwohl in Chile ein Prozeß kapitalistischer Modernisierung stattgefunden hat, hat das neoliberale Modell die Familienstruktur nicht atomisieren und zerstreuen können. Im Gegenteil: Die wirtschaftliche Not und das Auseinanderfallen des sozialen Netzes haben zur Folge, daß die Familie zentrale Aufgaben der materiellen Reproduktion des Landes erfüllt: in Form von verwandtschaftlicher Fürsorge und Hilfestellung.

Jedoch hat eine Veränderung der Normen und herkömmlichen Rollenbilder innerhalb der Kernfamilie stattgefunden. Bei einem Arbeitsmarkt, der von hohen Arbeitslosenraten beherrscht wird, verliert der Mann seine traditionelle Stellung als Ernährer der Familie. Da er nicht mehr die traditionellen Rollenerwartungen erfüllen kann, ist seine Funktion in der Familie gestört. Wenn er arbeitslos ist und keine Arbeit finden kann, wird er von der Frau den Vorwurf hören, unfähig zu sein, sich in der Gesellschaft durchzusetzen. Auf der Ebene der Familienstruktur tritt also der sozioökonomische Aspekt der Arbeitslosigkeit zurück: Sie erscheint vielmehr als individuelle Unfähigkeit oder als Pech.

Da die materiellen Bedingungen nicht in der Macht der Familie stehen, ist die Entwertung der Rolle des Mannes das Hauptmerkmal in der Veränderung der Familienstruktur. Die Sozialisation des Mannes macht ihn unfähig, andere Wege zu suchen, und die Vorwürfe in der Familie bewirken in ihm auf die Dauer ein Schuldgefühl und ein Gefühl der Minderwertigkeit. Aus diesem Grund verfällt er oft dem Alkoholismus, der ein traditionelles Problem der chilenischen Gesellschaft darstellt.

Die Rolle der Frau verändert sich von der passiven Hausfrau, die im besten Falle noch das Haushaltsgeld verwalten durfte, zu einer mehr aktiven Haltung. Zuerst macht sie ihrem Mann Vorwürfe, dann sucht sie nicht-traditionelle Wege im Rahmen einer Subsistenzstrategie, und danach setzt sie diese in die Tat um. Im Unterschied zum Mann stellt sie sich der veränderten Situation in einer flexiblen Weise und nimmt ihre Verantwortung wahr, für die materielle Erhaltung der Kernfamilie sorgen zu müssen, für die Kindererziehung und letztendlich für das Funktionieren der gesamten Familienstruktur.

Der Mann sieht sich so in eine zweitrangige Funktion abgeschoben. Oft wird er den Vorwurf hören, daß er eine Last sei für die materielle Reproduktion der Familie; da seine Hauptfunktion als Ernährer in Frage gestellt ist, verliert er seine Autorität über seine Frau und die Kinder. In einigen dramatischen Fällen wird er seine Familie entweder freiwillig verlassen oder wird dazu gezwungen.

Diese Beschreibung, die im allgemeinen für die Situation der proletarischen Familie zutrifft, gilt in einer weniger dramatischen Form auch für die Mittelschicht. Dort verlassen Frau oder Tochter die schützende patriarchalische Struktur, um Arbeit zu suchen, zu studieren oder andere Möglichkeiten wahrzunehmen. Aber auch der entgegengesetzte Fall ist denkbar: Die für die Mittelschichten verschlechterte ökonomische Situation, die zunächst im Kampf um die Erhaltung des früheren Lebensstandards zum Ausdruck kommt, kann die patriarchalische Familienstruktur auch stärken. Solange es irgend geht, wird der Familienvater die verschärften Existenzkämpfe allein ausfechten. Dies bringt ihm möglicherweise ein erhöhtes Streßrisiko, das von den übrigen Familienmitgliedern nur hilflos registriert werden kann, aber — da lohnende Nebenarbeiten nur schwer aufzufinden sind — sich kaum durch gezielte Entlastung des Familienvaters abbauen läßt.

Der Druck der wirtschaftlichen, sozialen und politischen Lage bringt in vielen Familien einen Zustand der Spannung, Intoleranz, Aggression und der Gewalt hervor.

Die neokonservative Jugend — ein Produkt der autoritären Gesellschaft

Unter den Modernisierungen, die das Militärregime durchgeführt hat, nimmt die Reform des universitären Systems und des mittleren Bildungswesens einen besonderen Stellenwert ein. Es ist ein breites System aus technisch-professioneller Lehre und einem komplexen Netz professioneller Institute, Privatuniversitäten und technischer Ausbildungszentren entstanden, die sich an dem realen oder angenommenen Markt orientieren, der aus dem neoliberalen Modell entstanden ist.

Im Gegensatz zu früheren Studentengenerationen, die im Rahmen eines universellen und liberalen Bildungsverständnisses auf der Grundlage einer kostenlosen und staatlich finanzierten Lehre studierten, ist das neue Netz privater Bildungseinrichtungen durch folgende Merkmale gekennzeichnet: Es handelt sich um kleine Institutionen, die auf eine spezialisierte und deswegen partielle Ausbildung festgelegt sind, die sich an den Bedürfnissen der kapitalistischen Modernisierung orientiert.

Die Generation, die sich im heutigen Chile qualifiziert, wird nicht mehr durch die allgemeine Bildungsvorstellung geprägt, die der staatlichen Universität und Schule zu eigen war. Wir finden nun eine pragmatische Jugend vor, deren zentraler Parameter die Kosten-Nutzen-Relation der zu erwerbenden Ausbildung für den Lernenden ist, diese als ein handelbares Gut versteht, dessen realer Wert an der Rentabilität zu messen ist, die sie für den Besitzer einmal haben wird.

Das Schicksal dieser Generation aus der Mittelklasse ist es, das Netz der ökonomischen Privatagenten im kommerziellen, finanziellen und im Dienstleistungsbereich (Kommunikation und Verwaltung) zu vergrößern, aber nicht der Zutritt zur Beamtenmittelklasse eines Staates, der der Vergangenheit angehört. Ihre Arbeitssituation ist bestimmt durch starken Leistungsdruck, Maßstäbe der Effizienz herrschen vor. In Ausnahmefällen werden die fähigsten von ihnen und die mit besseren Verbindungen zum Regierungsapparat ausgestattet sind, die politische Elite am Ende des Jahrzehnts bilden.

Die autoritäre Praxis des Staates verschüttet jeden kollektiven Elan dieser Generation, und, streng genommen, braucht sie ihn auch gar nicht. Sie bezieht sich auf eine individuelle Perspektive und ist den Bürgerrechten entfremdet, die sie nicht kennt, da sie sie nie erfahren hat. Diese Generation bezieht sich nur auf sich selbst, d.h. auf die einzelnen Individuen. Im Rahmen des Konzepts der individuellen Freiheit, das der Staat toleriert, sucht sie die Befriedigung der privaten Freiheiten, die das neoliberale Regime betont hat, auf dem freien Markt. Die Gegebenheiten des Marktes in der Phase der Krise des neoliberalen Systems zwingen diese Jugend, sich sehr früh den Grenzen ihrer Beschäftigungsmöglichkeiten zu stellen und sich ebenso der individuellen Verteidigung ihrer Zukunft zuzuwenden. Die Möglichkeiten der Entspannung, des Vergnügens und der Kameradschaft sind beschränkt in einer Realität, in der Kosten-Nutzen-Rechnungen und die unmittelbare Verbindung zum Produktionsprozeß dominieren.

Die Modernisierung des Bildungswesens bedeutet nicht unbedingt einen Rückschritt gegenüber den Werten und Normen vergangener Dekaden. Eine Jugend auf der Suche nach Erfolg und sozialem Aufstieg ist nicht unter die puritanischen Werte einer traditionellen Gesellschaft gestellt. Die — zumindest formale — Gleichheit zwischen Mann und Frau, das Recht auf Arbeit der letzteren, die Akzeptanz der Ehescheidung und die partielle Akzeptanz vorehelicher Beziehungen bilden einen Teil des Moralkodex der Jugend, die in dieser neoliberalen Gesellschaft aufgewachsen ist.

Der machismo — spezifischer Ausdruck der patriarchalischen Gesellschaft in der lateinamerikanischen Kultur — zieht sich stellenweise vor dem Wunsch nach sozialem und ökonomischem Aufstieg zurück. Man strebt nach einer Partnerschaft und einer Familienstruktur, mehr nach außen geöffnet als auf sich selbst bezogen, klein (mit wenigen Kindern), funktionell und stabil, vereint durch ein gemeinsames Ziel: den Wunsch nach Erfolg.

Die unangepaßte Jugend im ehernen Rahmen der autoritären Gesellschaft

Die Anzahl der Jugendlichen, die eine kritische Einstellung zu dem Rahmen haben, den die autoritäre Herrschaft hergestellt hat, läßt sich nur schwer schätzen. Wenn wir die Wahltendenzen an der Hauptuniversität des Landes beobachten, können wir eine Wiederholung der klassischen Dreiteilung der vertretenen Studentenschaft feststellen: ein Drittel für die politische Rechte, ein Drittel für die christlich-demokratische Strömung und ein Drittel für die Linke, in einer Studentenschaft aus einem sozialen Sektor, der heute wirtschaftlich besser gestellt ist als vor einem Jahrzehnt.

Die politische Haltung ist jedoch nicht automatisch mit einer kritischen oder konformistischen Haltung gleichzusetzen. Die politische Erneuerung des Landes ist ein Phänomen, das von vielen konservativen Variablen dominiert wird. Es existiert aber ein breiter Sektor innerhalb der chilenischen Jugend, der sich unwohl fühlt innerhalb des vom Militärregime gesetzten Rahmens. Dafür gibt es verschiedene Gründe. In erster Linie zählen hier die Jugendlichen aus unteren Schichten und der Mittelklasse, denen die Krise des neoliberalen Regimes die Tür zu einer Arbeits- oder Studienmöglichkeit vollständig verstellt hat.

Diese unzufriedene Schicht, die an den sozialen Vergünstigungen nicht teilhat, bildet den zentralen Teil jener Sektoren, die sich aktiv gegen das Militärregime mobilisieren. Ebenso gibt es innerhalb der Real- und Gymnasialschüler sowie der Studentenschaft breite Kreise, die der aktuellen universitären Struktur und der neoliberalen Modernisierung des Landes kritisch gegenüberstehen. Dieser kritische Sektor der Jugend hat eigenständig Werte und Haltungen wiedererrichten müssen, das heißt, ohne die Grundlage einer Kontinuität zur vorhergehenden Generation. Diese Jugend hat ihre Lernschritte im Rahmen der autoritären Gesellschaft gemacht, der die Erfahrung sozialer Demokratie fremd ist. Aus diesem Grund fehlt ihrer Kritik des autoritären Systems die gelebte Erfahrung eines demokratischen Funktionierens der Gesellschaft. Gleichzeitig ist sie frei vom Trauma der Niederlage, das die vorige Generation mit sich schleppt.

Dennoch stimmen die Diskussionen und Hoffnungen dieser jugendlichen Generation in überraschender Weise mit den Überlegungen der vorhergehenden Generation überein. Es scheint, als würden sich die Gedanken der letzten Dekade wiederholen. Das autoritäre System hat zu einem großen Teil die Möglichkeit vereitelt, daß die heutige kritische Generation das Erbe ihrer Vorgänger überwindet. Sogar der Lesestoff der vorigen Generation, vom aktuellen Regime verboten, lebt innerhalb des selektiven Rahmens der Zensur wieder auf.

Trotzdem wird die dissidente Jugend nicht nur von der Notwendigkeit belastet, die Vergangenheit erkennen zu müssen, um ihre eigene Geschichte und ihre eigene Identität wiedererschaffen zu können. Im Vergleich mit früheren kritischen Generationen wird eine bedeutsame Umwandlung von Form und Inhalt deutlich. Der Druck des Regimes hat dazu gezwungen, neue Formen zu finden. Neue Haltungen eines sozialen oder/und politischen Kompromisses, neue Konzepte über das Leben und die Gesellschaft sind in den politischen und literarischen Schriften und in der Kunst dieser neuen Generation zu lesen. Der Einfluß der asiatischen Kultur, der in der westlichen Welt stattgefunden hat (Gandhi), ist auch bei dieser unangepaßten Jugend bemerkbar.

Prostitution und Wirtschaftskrise

Der Markt, zentrales Leitmotiv des wirtschaftlichen Neoliberalismus, beeinflußt auch die Normen des sexuellen Verhaltens der Chilenen. Die freie Marktwirtschaft in einer Phase tiefer wirtschaftlicher Krise drängt repressive und einengende Normen beiseite und macht Platz für eine scheinbare Liberalisierung. Der Markt befreit nicht von einer repressiven Haltung gegenüber der Liebe, dem Sex und dem Genuß, sondern verwandelt diese in einen Warenaustausch mit neurotischem Charakter. Es entwickelt sich eine Genußindustrie, deren Objekte auf dem Markt käuflich sind, die aber in entfremdeter Weise mit einem sozialen Bild von Ordnung, Disziplin und Konservatismus koexistieren muß.

Die Bedürfnisse, die den Markt in diesem Bereich stimulieren, und die wirtschaftliche Krise führen zu einer Ausweitung der Prostitution von Jugendlichen und Kindern als einfachstes Mittel, sich den Lebensunterhalt zu verdienen. Der physische und psychische Schaden für diejenigen, die diese Tätigkeit ausüben, und für die Familie, die auf diese Weise überlebt, ist schwer zu ermessen.

Die Verwaltung der wirtschaftlichen Krise

Die Rückkehr der Chicago Boys (1985) in die Leitung der Wirtschaftspolitik ist nicht mehr verbunden mit dem Anspruch, radikale Veränderungen in der ökonomischen Struktur im Sinne des freien Spiels der Kräfte durchzusetzen. Die Neoliberalen, deren Politik darin besteht, die Bedingungen des Internationalen Währungsfonds zu erfüllen, entwickeln kein

Programm, um die Krise, die seit 1981 andauert, zu überwinden. Sie verwalten sie nur, das heißt, sie verschieben die Lösung der Schuldenfrage, der defizitären Zahlungsbilanz und der Labilität des Finanzsystems in die Zukunft. Im Gegensatz zu ihrer Politik von 1975 bis 1982 haben die Neoliberalen zum Mittel des Staatsinterventionismus gegriffen, ohne über ein konkretes Lösungskonzept zu verfügen. Der Staat gewährleistet die Umschuldungsverhandlungen von Privatbanken und hat in großen Bereichen des Finanzsystems interveniert. So hat der Staat die Defizite im Außenhandel gedeckt, die Schulden der Banken in Dollar subventioniert und besondere Maßnahmen entwickelt, um die Arbeitslosigkeit zu verringern. So erfüllt diese Wirtschaftspolitik ihre Funktion, zur Stabilität des Regimes beizutragen.

Trotzdem beginnt das Militärregime aus Ereignissen auf internationaler Ebene gewisse Vorteile zu ziehen. Dazu zählen das Fallen des Ölpreises und der Zinssätze sowie die Atomreaktorkatastrophe von Tschernobyl. Während ersteres bedeutende Deviseneinsparungen bedeutet, kann letztere die Bedingungen für die sogenannten nicht-traditionellen Exportzweige der chilenischen Wirtschaft (Obst, Gemüse und andere landwirtschaftliche Produkte) auf dem Weltmarkt verbessern. Es ist allerdings möglich, daß die neoliberalen Wirtschaftspolitiker diesen Überschuß für die Bedienung des externen Schuldendienstes nutzen, anstatt produktive Wirtschaftszweige zu fördern oder eine Verbesserung der Arbeitereinkommen anzustreben bzw. Maßnahmen zugunsten der hochverschuldeten Mittelschicht zu ergreifen (niedrigere Binnenzinssätze).

Die Gleichgültigkeit in weiten Teilen der Bevölkerung

Die soziale und politische Polarisierung, die am Anfang der letzten Dekade, bereits unter der UP-Regierung, begonnen hat, hat Erscheinungen von Desensibilisierung und Gleichgültigkeit in breiten Bevölkerungsschichten des Landes hervorgerufen. Das Andauern dieses Phänomens ist eine Konstante in der neueren Geschichte Chiles. Im Rahmen dieser gleichgültigen Haltung entwickeln sich Verhaltensformen von gezielter Grausamkeit und Destruktivität gegenüber den Menschen. Dies geschieht, ohne von weiten Sektoren der Bevölkerung wahrgenommen zu werden.

Hier wird ein bereits bekanntes historisches Phänomen bestätigt: Breite Bevölkerungskreise einer Nation weigern sich, extrem brutale Vorkommnisse wahrzunehmen, obwohl jeder einzelne sie erfahren oder ahnen kann. Als Beispiel können die Verschwundenen gelten oder die Zahl der aufgrund der Wirtschaftskrise unter unmenschlicher Armut Lebenden.

Mobilisierung als politische und therapeutische Methode

Das autoritäre Regime hat die Gesellschaft in einen Kontrollzustand versetzt, in dem der Ausdruck der vitalen Bedürfnisse verboten ist. In diesem Zustand neigen das Individuum und die Gesellschaft zu zwei Polen: Konformismus oder Widerstand. Im Fall von Widerstand werden die vitalen Bedürfnisse ausgedrückt, die sich gegen Hunger, Arbeitslosigkeit und Willkür richten. Dieses essentielle Gefühl, die eigenen Bedürfnisse ausdrücken zu müssen — trotz des Verbots —, ist auch ein politischer Mechanismus, unabhängig von dem Wunsch, die individuelle Notlage zu beheben.

So gesehen ist die soziale Mobilisierung nicht nur ein politisches Instrument, sondern auch ein therapeutisches Mittel, das dem Individuum erlaubt, sich von seinen Ängsten zu befreien, seine Bedürfnisse auszusprechen und seine eigene Identität zu erkennen. Da sie nicht nur auf politischem Kalkül beruht, sondern auch auf der Äußerung vitaler Bedürfnisse, die bis dahin unterdrückt waren, kann die soziale Mobilisierung in einen Volksaufstand mit unvorhersehbaren Folgen münden.

Im anderen Fall kann diese soziale Mobilisierung zu einem Zustand der Unregierbarkeit führen, der den Streitkräften die Möglichkeit eröffnet, den offenen Konflikt zwischen der Zivilgesellschaft und der Militärregierung zu bewältigen und die Möglichkeit eines Demokratisierungsprozesses zu öffnen.

Die Entwicklungsrichtung, welche die soziale Bewegung einschlagen wird, hängt sehr stark von der Haltung der Oppositionsparteien ab, denen eine große Verantwortung in der Umsetzung dieser Bewegung in eine politische Lösung zukommt.

Die Anstrengungen der sozialen Bewegung haben Anfang Juli 1986 zu einem Generalstreik geführt, der die massivste Aktion gegen das Regime seit 1973 darstellte. Solange diese Opposition aber nicht in eine gangbare Regierungsalternative einmünden kann, besteht auf die Dauer die Gefahr der Demoralisierung von Teilen der Bewegung (und der Radikalisierung von anderen Teilen), wodurch eine Tendenz zum Zerfall des Nationalstaats entstehen könnte.

Die Elite eines Dritte-Welt-Landes

Ein Großteil der Elite des Landes identifiziert sich — wie in fast allen Entwicklungsländern — ideologisch mit den herrschenden Werten der entwickelten Welt. Innerhalb ihrer ideologischen und technologischen Parameter erzogen, von der herrschenden Klasse und dem autoritären Staat, der neoliberalen Technokratie und dem politischen Konservatismus beschützt, züchtet sie ein Personal heran, das die Maschinerie des Staatsapparats innerhalb des Raumes verwaltet, den die militärische Herrschaft ihr läßt, und desgleichen die Wirtschaft, insbesondere das Finanzsystem. Diese Elite, die die großen öffentlichen und privaten Unternehmen, die Universitäten und die Machtzentren des Landes leitet, wird sorgfältig selektiert, um funktional zum existierenden System zu handeln.

Das alternative Potential, gruppiert um die modernistischen und desarrollistischen Strömungen in der Nähe des politischen Zentrums und der Linken, hat es geschafft, ein Netz aus privaten Instituten und Forschungszentren zu bilden, das es ihnen erlaubt, zumindest eine kritische Haltung beizubehalten. Trotzdem erschöpft sich dieses technische und intellektuelle Reformpotential zum Teil selbst durch eine oft atomisierte Aktivität, solange das Land keine machbare politische Lösung zur Überwindung des autoritären Regimes findet.

Die Politik, das heißt die Redemokratisierung der Gesellschaft

Die Anstrengungen, das autoritäre Regime zu überwinden, betreffen in erster Linie die Frage der (Re-)Demokratisierung der Gesellschaft. Im Unterschied zur Demokratisierungswelle vor zwanzig Jahren setzen die Inhalte der heutigen Demokratisierungsversuche andere Schwerpunkte. Vor zwanzig Jahren war dieser Prozeß verbunden mit der Zielsetzung radikaler Reformen bis hin zur revolutionären Umstrukturierung der Gesellschaft. Die Anstrengungen der am Demokratisierungsprozeß interessierten Klassen und Gruppen orientierten sich an inneren sozialen Auseinandersetzungen. Es ging darum, soziale Konflikte als treibende Kraft für eine gesellschaftliche Entwicklung zu benutzen und darüber radikale wirtschaftliche Reformen durchzusetzen. Heutzutage ist der Kern des Demokratisierungsprozesses der Wiederaufbau des Zusammenlebens der Nation und die Integration sozialer Gruppen, die durch die Politik des autoritären Regimes von politischer und wirtschaftlicher Partizipation ausgeschlossen waren.

Es geht nicht um einen radikalen Bruch, sondern um die Integration aller gesellschaftlichen Kräfte als Garant der Stabilität der Demokratie und der Achtung der Menschenrechte. Von größter Bedeutung sind neue Formen des Zusammenlebens in der wirtschaftlichen, sozialen und der politischen Sphäre, um die Rolle von Parteien, Gewerkschaften, Unternehmern und aller anderen Handlungsträger des nationalen Lebens neu zu bestimmen. Hier stehen die konstituierenden, verfassungsgebenden Elemente im Mittelpunkt, weil sie Rahmenbedingungen schaffen, unter denen sich demokratische Verhältnisse behaupten können — Rahmenbedingungen, die eine Konfrontation mit Problemen wie der Verschuldungsfrage, der Rolle des Militärs, der Beziehung zu den USA und des Verhältnisses zwischen Arbeiterschaft und Unternehmertum erlauben, ohne den demokratischen Konsensus zu gefährden.

Das Exil und die mittlere Generation

Die Einsetzung des Militärregimes bedeutete für weite Kreise der Bevölkerung nicht nur Verfolgung, Vertreibung oder Tod, sondern auch die Zerstörung ihrer Erwartungen, Utopien und Mythen, in vielen Fällen die Zerstörung des eigentlichen Lebenssinnes. Besonders betroffen war die mittlere Generation, die sich während der vor-autoritären Phase in der vollen Kraft ihres Schaffens befunden hatte. Nun wurde sie der Möglichkeit beraubt, weiter auf der Grundlage ihrer eigenen Kriterien zu handeln.

Diese Generation, die zum Teil ins Exil gehen mußte, ist durch die Ereignisse am stärksten gelähmt worden und hat infolgedessen größere Schwierigkeiten gehabt, sich in der neuen Gesamtlage zurechtzufinden. Man schätzt, daß einer von elf Bürgern von der Exilproblematik betroffen worden ist. Die im Lande Verbliebenen mußten sehr schnell den neuen Rahmen verinnerlichen, den das autoritäre System vorgab, um so ihr Überleben zu sichern. Diejenigen, die aus dem Ausland zurückkehren, finden ein Land vor, das sich in vielen Aspekten verändert hat, das vom Drama seiner Bewohner anscheinend unberührt ist.

Die Restrukturierung der chilenischen Gesellschaft — Grenzen des autoritären Systems

Obwohl das Militärregime seit seinen Anfängen eine schnelle und tiefgehende Verwandlung der chilenischen Gesellschaft angestrebt hat, ist dieses Ziel nicht mit der einschneidenden Wirkung erreicht worden wie bei anderen Restrukturierungen von historischer Bedeutung. Es ist auch nicht möglich, von einer Stagnation oder Lähmung der Gesellschaft zu sprechen. Daß die erfolgten Veränderungen nicht ein Ausmaß erreicht haben, das mit Fällen eines totalen Bruchs mit der Vergangenheit vergleichbar wäre, zeigt sich in den folgenden Phänomenen (um einige aufzuzählen):

1. Es hat kein Bruch zwischen den Generationen stattgefunden. Das bedeutet, daß die Eltern-Kind-Beziehung nicht ideologisch dominiert ist. Des weiteren bedeutet es, daß es nicht notwendigerweise eine Spaltung nach Generationen gibt, in der die vorherrschenden Elemente, die der einen oder der anderen historischen Phase eigen sind, bestimmend wären und als entscheidende Faktoren zum Bruch führen würden, als Gegenposition und staatliche Kontrollinstanz innerhalb der familiären Beziehungen.

2. Die nachbarschaftliche Kontrolle und die Überwachung von staatlicher Seite sind nicht so vollständig durchgeführt worden, weil ihnen die umfassende ideologische Basis fehlt. Der die Bevölkerung vereinheitlichende Aufbau eines Feindbildes (Antikommunismus) ist nicht im Sinne des Regimes gelungen. Dies bedeutet nicht den Verzicht auf alle möglichen Formen staatlicher Gewaltanwendung.

3. Der technisch, künstlerisch und akademisch gebildeten Schicht ist weiterhin die Möglichkeit gegeben, zu handeln und sich auszudrücken, wenn sie auch durch die Zensur zu Umwegen gezwungen wird. Sie ist ein aktiver Faktor innerhalb der nationalen Diskussion. Das heißt, daß das Spiel der (politischen) Oppositionen nicht eliminiert werden konnte und seine Legitimität und seinen öffentlichen oder halböffentlichen Ausdruck nicht verloren hat.

4. Das intellektuelle und künstlerische Schaffen sieht sich in seinem Dialog mit den sozialen Bewegungen starken Behinderungen gegenüber, die Beziehung besteht gleichwohl. Der intellektuelle und künstlerische Ausdruck hat nicht, wie in anderen Fällen einer historischen Niederlage, den Rückzug in die innere Reflexion antreten müssen. Er hat sich einen Freiraum für Sozialkritik erhalten.

5. Das autoritäre System hat nicht den Punkt erreicht, wo es auf die Intellektuellen verzichten könnte. Die Irrationalität, die Willkür, die einer Diktatur eigentümlich sind, und die Gewalt, die daraus entsteht, müssen mit der politischen und intellektuellen Rationalität des Neokonservatismus und des Technokratentums koexistieren, da diese eine aktive Rolle innerhalb der Optionen des Regimes spielen.

6. Zum Wesen des Exils gehört, daß es notwendigerweise konservierend wirkt: Es verteidigt und bewahrt die frühere Identität, erhält das historische Gedächtnis. Das chilenische Exil erfüllt diese elementare Funktion, und es sind noch keine Zersetzungssymptome beobachtet worden. Es ist sogar möglich, einen partiellen Modernisierungs- und Öffnungsprozeß festzustellen.

7. Im Fall Chiles hat sich nicht bewahrheitet, daß eine historische Niederlage mit einem historischen Gedächtnisverlust der besiegten sozialen Schichten und ihrer Individuen verbunden ist. Gewerkschaften und politische Organismen der vor-autoritären Phase sind am Leben geblieben, und

die Zusammenhänge zwischen der einen und der anderen historischen Periode sind das Fundament, auf dem der Grundstein der Rückkehr zur Demokratie gelegt wird.

* * *

Zu den Aufsätzen dieses Buches:

José Joaquín Brunner beschreibt in seinem Beitrag die Veränderungen im kulturellen Bereich und nennt die Voraussetzungen für die Entstehung einer nach-autoritären demokratischen Kultur.

Manuel Antonio Garretón analysiert die wichtigsten sozialen und politischen Träger der chilenischen Gesellschaft und wie sie ihre Funktion im Redemokratisierungsprozeß neu bestimmen.

Gabriel Sanhueza Suárez beschäftigt sich mit der Rolle der sozialen Massenkommunikationsmedien und zeigt, in welcher Weise sie von politischen Machtverhältnissen und wirtschaftlichen Interessen abhängig sind. Er analysiert die gesetzlichen Grundlagen der Medienpolitik des Militärregimes und ihre Anwendungskriterien. Er beschreibt den Versuch, eine Massenmedienindustrie entstehen zu lassen, die sich in Übereinstimmung mit der neoliberalen autoritären Herrschaft befindet.

Anhand ihrer Erfahrungen im Umgang mit chilenischen Patienten und in der Familientherapie analysieren die Psychologen *David Becker* und *Eugenia Weinstein* die Problematik der Angst, die, wie bereits gesagt, ein zentraler Bestandteil des täglichen Lebens in Chile geworden ist. Es entsteht ein genaueres Bild über die Auswirkungen der Angst auf die Familienstruktur. Die Autoren zeigen Wege auf, wie diesem Problem zu begegnen sein könnte.

Enrique Errázuriz bringt uns auf wirtschaftspolitisches Gebiet und analysiert die Voraussetzungen für ein Industrialisierungsprogramm, das in der nach-autoritären Phase zum wirtschaftlichen Wiederaufbau des Landes beitragen kann. Es werden die Grundzüge des monetaristischen Experiments benannt, die die gesamte Gesellschaft geprägt haben. Dieser Text bietet wichtige Elemente, um die heutige wirtschaftliche und soziale Realität zu verstehen.

Rigoberto Rivera zeigt die vielfältigen Veränderungen in der Landwirtschaft auf. Daraus sind wichtige Ansätze einer neuen Politik in diesem Sektor erkennbar, die in erster Linie Ernährungs- und Beschäftigungsmöglichkeiten für die chilenische Bevölkerung bereitstellen könnte.

Jaime Ensignia analysiert abschließend die Probleme und die Entwicklung der Gewerkschaftsbewegung im Rahmen des Militärregimes und hebt ihre Funktion als zentraler Hebel im Redemokratisierungsprozeß hervor.

Die Photos stammen von *José Giribás,* einem Mitglied von AFI, der Asociación Gremial de Fotógrafos Independientes (Gewerkschaftliche Vereinigung unabhängiger Photographen). Sie wurden Anfang 1986 in Santiago de Chile und auf der Osterinsel aufgenommen.

JOSÉ JOAQUÍN BRUNNER

Kultur und nationale Identität

»El pueblo, la promesa, la palabra«
(»Das Volk, das Versprechen, das Wort«)
José Angel Valente

Diese Arbeit ist der Versuch, die Veränderungen zu untersuchen, die in den letzten zehn Jahren in der nationalen Kultur Chiles stattgefunden haben. Das Hauptgewicht soll hierbei auf der Analyse der Veränderung in der kulturellen Organisation und der Zielrichtung dieser Veränderung liegen. Der erste Teil behandelt die Entstehung der modernen Kultur in Chile; ihre Grundzüge werden aufgezeigt und die Ursachen für ihren Zusammenbruch in der Zeit von 1970 bis 1973 dargelegt. Der zweite Teil untersucht die Entwicklung der nationalen Kultur unter dem autoritären Militärregime und den Versuch, die Kultur zu einem Bestandteil der modernen bürgerlichen Gesellschaft zu machen. Schließlich werden in einem dritten Teil aus dem Blickwinkel der Theorie und der geschichtlichen Analyse die Bedingungen dargestellt, welche die Entwicklung des kulturellen Ausdrucks der sozial untergeordneten oder durch das Militärregime ausgeschlossenen gesellschaftlichen Gruppen bestimmt haben; dabei wird das Ziel verfolgt, die Möglichkeiten für die Entstehung einer demokratischen Nation zu ergründen.

I.

Die moderne Organisation der Kultur

Die Veränderungen, die in der modernen kulturellen Organisation Chiles seit 1973 stattgefunden haben, sind nur vor dem Hintergrund der historischen Entwicklung der chilenischen Kultur zu verstehen. Auf die Gefahr hin zu pauschalisieren, wollen wir diese Entwicklung durch die Darstellung einiger grundlegender Prozesse verfolgen.

25

Beginn einer modernen Organisation der Kultur

Mit der Krise des oligarchischen Herrschaftssystems Ende des vergangenen und Anfang dieses Jahrhunderts beginnt in Chile allmählich die Entwicklung moderner Formen der kulturellen Organisation. Die Kultur findet ihr endgültiges Zentrum in den Städten, ihre Säkularisierung schreitet voran. Die schulische Erziehung erfüllt die Funktion einer zunehmenden Integrierung der Massen und bewirkt so die Bildung verschiedener Mittelschichten. Die Professionalisierung der geistigen Tätigkeiten erweitert sich und wirkt sich auf die Heranbildung der Elite aus. Der gesellschaftliche Raum für die öffentliche Kommunikation wird breiter, und es entwickelt sich nicht nur die politische Kultur, die notwendig ist für eine demokratische Entwicklung, sondern ebenfalls eine neue nationale Identität, die sich von dem traditionellen oligarchischen Erbe befreit hat.

In dieser Zeit sinkt der Anteil der ländlichen Bevölkerung, der 1940 noch 47 Prozent der Gesamtbevölkerung ausmachte, bis zum Jahr 1960 bereits auf 39,8 Prozent und zehn Jahre später auf 24,8 Prozent. Außerdem verwandelt sich die chilenische Bevölkerung zwischen Anfang und Mitte des Jahrhunderts aus einem Volk von Analphabeten in eine Nation von Lese- und Schreibkundigen.

Im Jahre 1907 gibt es 60 Prozent Analphabeten unter der Bevölkerung über fünfzehn Jahren, 1952 sind es nur noch 19,2 Prozent, und 1970 sinkt die Zahl auf 11,7 Prozent. Die Grundschulbildung dehnt sich auf die Mehrzahl der Kinder im schulpflichtigen Alter aus. 1970 besuchten mehr als 95 Prozent der Kinder zwischen sechs und vierzehn Jahren eine Schule. Die Bildung in der Sekundarstufe genossen im Jahre 1930 weniger als 5 Prozent der Bevölkerung zwischen fünfzehn und neunzehn Jahren. 1973 besuchten 42,9 Prozent dieser Altersgruppe eine weiterführende Schule. Die Zahl der Universitätsstudenten betrug im Jahre 1935 etwa 6000; 1950 erhöht sich diese Zahl auf 15.000, 1960 sind es 24.000, zehn Jahre später 76.000 und 1973 145.000. In der Altersgruppe der 20-24jährigen bedeutet dies einen Anstieg des Anteils der Studierenden von 1,4 Prozent im Jahre 1935 auf 16,8 Prozent im Jahre 1973. Gleichzeitig wächst der Anteil der Frauen an der höheren Bildung, ebenso der Anteil der Landbevölkerung. Allgemein wächst das Streben nach beruflichem Status und den Erfolgssymbolen der Leistungsgesellschaft.

Auf der anderen Seite wird die nationale Kultur weltlich. Wenn es auch zutrifft, daß die nationale Einheit sich bis zum Ende des vergangenen Jahrhunderts in erster Linie aus dem Katholizismus spanischer Prägung (»Erbe der zweieinhalb Jahrhunderte der Kolonisation«[1]) ableitete, so gibt es doch keinen Zweifel daran, daß schon Ende des ersten Drittels dieses Jahrhunderts »überall der gleiche verzweiflungsvolle Eindruck entsteht:

Die Masse der Gläubigen hat sich von der Kirche entfernt ...«[2]. Die Vorherrschaft des katholischen Weltbildes verschwindet, und an seine Stelle tritt eine vielfältige laizistische Kultur, in der ein Gesellschaftskodex und schichtenspezifische Lebensstile in den Vordergrund treten und die Grundlage für verschiedene Weltanschauungen bilden, welche durch die politischen Ideologien rationalisiert und in alternative Vorschläge für die Organisation der Gesellschaft verwandelt werden.

Die Informationsmedien finden in derselben Zeit eine größere Verbreitung. Die Presse wird zuerst durch das Radio, dann durch das Fernsehen überholt. 1965 gab es noch fünfzig Fernsehgeräte auf tausend Einwohner, bis 1973 hatte sich diese Zahl fast verzwanzigfacht. Eine alphabetisierte Bevölkerung erhält zunehmend Zugang zu Kommunikationsmitteln, und allmählich entsteht eine Kulturindustrie. Seit den sechziger Jahren kann man in Chile von der Entstehung einer eigentlichen Massenkultur sprechen, in dem Sinne, daß sich ein Markt der Beeinflussung von Normen und Bedürfnissen entwickelt und sich die Konsumentenschaft für diesen Markt erweitert und auf dem gesamten sozialen Spektrum vervielfältigt. Schließlich entwickelt Chile im Laufe der Jahrzehnte vor 1973 das, was Shils »ein modernes intellektuelles System« nennt[3], mit seinen charakteristischen kulturellen Einrichtungen, und diese werden gleichzeitig zu einem grundlegenden Bestandteil der Modernisierung der gesamten Gesellschaft.

Kulturorganisation und nationale Entwicklung

Einer weitverbreiteten These zufolge hat die Kultur, und vor allem die öffentliche Erziehung, die Aufgabe, als wichtiges Instrument der Entwicklung eines Landes zu dienen. Sie vermitteln die Motivationen und Wertvorstellungen, die zu einer Rationalisierung des gesellschaftlichen Handelns führen, indem sie sie in den Rahmen eines »industrialistischen Wertesystems«[4] integrieren. Nach der klassischen Aussage dieser These würde die Entwicklung des Kapitalismus selbst die Modernisierung der Kultur mit sich bringen. Sobald die neue Produktionsweise sich mittels der Herstellung eines inneren Markts für Ware und Arbeitskraft etabliert hätte, würde ein Druck zugunsten der Erweiterung von Untersystemen eines zweckrationalen oder instrumentellen Handelns entstehen, der bald alle Institutionen der Gesellschaft beeinflussen würde, angefangen von der Familie über das Schulsystem und den öffentlichen Dienst bis hin zu den Streitkräften usw.[5] Nach diesem Paradigma der funktionalistischen Soziologie würden sich unter diesen Bedingungen ebenfalls die Normen für die Ausrichtungen des sozialen Verhaltens ändern und so mit der Modernität auch die affektive Neutralität, den Universalismus, das Ziel und die spezifischen Unterschiede in den Ausrichtungen sozialen Verhaltens durchsetzen.

Eine Betrachtung der modernen Entwicklung in Chile zeigt dagegen, daß die Modernisierung hier vor allem ein Produkt des Staates und staatlichen Handelns war[6], was ein übermäßiges Anwachsen des sogenannten Überbaus zur Folge hatte, der weit über die Möglichkeiten seiner ökonomischen Basis hinausging[7]. Auf dem Gebiet der Kultur und ihrer modernen Organisation ist es tatsächlich der Staat, der die Aufgabe übernimmt, durch den Erziehungssektor und die Demokratisierung der öffentlichen Politik das gesellschaftliche Leben zu rationalisieren. Das Entwicklungsstreben *(desarrollismo)* wird so in Chile zur Ideologie, die das staatliche Handeln legitimiert und den regulierenden Rahmen für die Konkurrenz und die Konflikte zwischen den verschiedenen Auffassungen über den nationalen Aufbau liefert. Die große Veränderung, wie Polanyi sie nennt, wird nicht durch den Markt herbeigeführt, sondern gegen ihn, mit Hilfe politisch-staatlicher Maßnahmen. Die moderne Kultur wird durch den Staat verbreitet und dringt von oben her in die Gesellschaft ein. Aus diesem Grund unterscheiden sich ihre Verbreitungsweise, ihre Formen und auch ihre Inhalte von denen der kapitalistischen Modernität in den Zentrumsländern.

Eine Kultur des Mittelstandes

Die durch den Staat ins Leben gerufene moderne Kultur in Chile besitzt einen bestimmten mittelständischen Stil. Das heißt, sie nimmt eine nichtbürgerliche Form an, aber nicht notwendigerweise einen anti-bürgerlichen Inhalt. Aus dieser Mittelstandskultur ausgeschlossen sind zum Beispiel die Überzeugungen und die Herausbildung von Verhaltensweisen und Motivationen, die einer durch den Markt beherrschten Gesellschaft entsprächen, in der das Verhalten durch individuelle Leistungskonkurrenz und Streben nach Privatbesitz bestimmt ist. Vorherrschend ist dagegen eine Ausrichtung des persönlichen Verhaltens nach dem Prinzip der maximalen Ausnutzung der vom Staat zu vergebenden Vorteile. Die protestantische Ethik im Sinne Max Webers gilt hier nicht. Es gilt eine Ethik, deren Hauptmerkmal es ist, mit Ergebnissen zu handeln, Vergünstigungen zu verteilen und die öffentlichen Möglichkeiten auszunutzen, im Austausch für die politische Produktion von Anhängern und Loyalitätsbeziehungen.

Dies ist, in Kurzform, die ethisch-kulturelle Basis dessen, was man in Chile den Konsensstaat genannt hat, der vom Jahre 1930 bis zum Jahre 1970 in Funktion war.

Die Kultur der Mittelschicht bildet sich um das Schulsystem heraus. Sie bewertet eine humanistische Modernität höher als eine naturwissenschaftliche und verbreitet eine konventionelle Haltung der Arbeit gegenüber. Sie bildet Forderungen und Ansprüche heraus, die sich auf die soziale Stellung und nicht auf die individuelle Leistung berufen, und verbreitet ein Gleich-heitsprinzip, das zu einer Ausweitung der Bürgerbeteiligung auf politi-schem Gebiet führt, deren wirtschaftliche Verwirklichung jedoch in die Sphäre staatlichen Handelns verschoben wird.

Kulturelle Heterogenität

Die Grenzen dieser Mittelstandskultur sind offensichtlich. Sie neigt dazu, beschleunigt die Forderungen nach staatlichen Leistungen auszudehnen, ohne aber die moralischen Grundlagen für eine wachsende Produktivität des öffentlichen Bereichs der Wirtschaft zu schaffen, und verhindert gleichzeitig die Herausbildung von Gewinnstreben als Quelle der Entwick-lung privater Akkumulation. Auf der anderen Seite bringt sie immer neue politische Forderungen hervor, bei gleichzeitig sinkender Stabilität der politischen Zugehörigkeit. Diese wird zum Mittel des sozialen Aufstiegs und der Inanspruchnahme staatlicher Vergünstigungen.

Die Rationalisierung des gesellschaftlichen Lebens ist also nicht unverein-bar mit kultureller Heterogenität, sondern bringt sie vielmehr hervor, da man davon ausgehen muß, daß die mittelständische Kultur sich nicht auf die gesamte Gesellschaft ausdehnen kann. Ihr nicht-bürgerlicher Stil entfernt sie vom Bürgertum, das seine eigenen kulturellen Formen beibehält und fort-zuführen versucht und sie als Mittel zur Unterscheidung benutzt, was sich in einer »Hochkultur« mit eigenem institutionellem System und seinen typi-schen Formen von Produktion, Zirkulation und Anerkennung ausdrückt.

Die mittelständische Kultur versucht, sich die Formen der bürgerlichen Kultur anzueignen und sich ihr zum Teil anzugleichen, aber aufgrund ihrer eigenen Aufbaulogik bleibt sie ihr fremd und sieht sich gezwungen, mit ihr zu konkurrieren, indem sie die Integration über den Markt einschränkt und die Sphäre staatlichen Handelns ausweitet.

Der Unterschied zwischen einer katholischen und privaten Kultur und einer weltlichen und öffentlichen Kultur verdeckt in gewisser Weise diese andere Trennung zwischen bürgerlicher und mittelständischer Kultur. Gleichzeitig unterhalten beide eine Reihe von komplexen Verbindungen und Abgrenzungen mit und von der Kultur (oder »den Kulturen«) der untergeordneten gesellschaftlichen Gruppen.

Diese Gruppen, die sich außerhalb des Rahmens der »hohen« und der mittelständischen Kultur bewegen, bilden den entscheidenden Faktor der Heterogenität der nationalen Kultur, wenn man ihnen eine große Anzahl verschiedenster Bestandteile zuordnet, je nach städtischer oder ländlicher, moderner oder traditioneller, laizistischer oder religiöser Herkunft; je nach gesellschaftlicher Existenzgrundlage und je nach Einbindung von Elemen-ten der Massenkultur oder Kulturindustrie.

Demokratisierung der kulturellen Organisation

Die moderne Kultur Chiles ist ein Produkt der ungleichen Demokratisierung ihrer Organisation und der Veränderungen, die sie und ihre vielfältigen Bestandteile erfahren. Es ist daher nicht möglich, von dem Demokratisierungsprozeß der Kultur als von einem einfachen Vorgang zu sprechen, der nur in einer Richtung verläuft und sich linear entwickelt. In diesem Prozeß verbinden sich, wie wir gesehen haben, die Entstehung eines modernen intellektuellen Systems, die Rationalisierung des gesellschaftlichen Lebens durch den Staat, die Entstehung einer mittelständischen Kultur und eine Neugestaltung der nationalen Kultur um eine Vielfalt von geistigen Gruppierungen und Bestandteilen der Gesellschaft herum.

Es gibt eine demokratisierende Dimension in diesem komplexen Prozeß. Sie hat ihren Grund in der Ausweitung der anderen Bildungsstufen. Beides sind Entwicklungen, die Hand in Hand gehen und die Selektionsrichtungen vervielfältigen, die den sozialen Aufstieg der verschiedenen Gruppen und Individuen durch die Bildungskanäle regulieren. Die andere demokratisierende Dimension entsteht aus der Erweiterung des öffentlichen Raums, den die gesellschaftliche Kommunikation einnimmt. Diese wird allerdings durch die Oligopolisierung des Beeinflussungsmarktes und durch die regulierende Rolle der Forderungen der Massen eingeschränkt, denen die politischen Parteien mit ihren zur Rationalisierung und Kontrolle des politischen Handelns eingesetzten bürokratischen und professionellen Strukturen nachkommen müssen.

Zusammenfassend kann man feststellen, daß die Aspekte der Modernisierung — Vermassung und Rationalisierung —, die die Entwicklung der Kultur bestimmen, sich zu einem vielschichtigen Ergebnis verbinden, das nicht ausschließlich mit einer Tendenz zur Demokratisierung einhergeht. Die Tatsache hingegen, daß die moderne kulturelle Organisation sich in einem Rahmen zunehmender politischer Demokratie entwickelt, verschafft ihr einen hohen Grad an Entfaltungsfreiheit und im allgemeinen einen Stil ziviler Toleranz, deren Basis ein ideologischer Pluralismus und die formale Anerkennung ihrer heterogenen Elemente sind.

Die kulturelle Identität Chiles

Unter diesen Bedingungen stellt sich die Frage nach der kulturellen Identität als besonders problematisch dar. Der bürgerliche Mythos ist die Existenz einer nationalen Identität, zerrissen zwischen dem Willen zu sein und der Sehnsucht nach Ordnung — symbolische Übertragung einer sozialen Klasse, die danach strebt, eine bürgerliche Nation zu begründen, aber die Schwäche dieses Ansinnens einer plebejischen Nation gegenüber erkennt.

Tatsächlich bildet sich die moderne kulturelle Identität nicht vor 1973 heraus, ständig in Schach gehalten von der Vielfalt ihrer Komponenten und den Beschränkungen seitens der mittelständischen Kultur, angesichts der Notwendigkeit, die aus den volkstümlichen Kulturen hervorgegangenen untergeordneten Komponenten zu integrieren.

Die Organisation der Nation durch den Staat führt auf diese Weise bis an die Grenzen der Ausdehnung des Konsensstaates selbst, Grenzen, die gleichzeitig politische, wirtschaftliche und kulturelle sind. Politisch kommen diese Grenzen in dem Ausschluß der nicht organisierten Teile der Bevölkerung zum Ausdruck, wirtschaftlich in der Ausgrenzung derer, die außerhalb des Verteilungsplanes stehen oder in ihm keine Verhandlungsposition einnehmen. Kulturell wirken sich diese Grenzen in dem Ausschluß jener Gruppen aus, die unterhalb des Bereichs der mittelständischen Kultur liegen.

Während also die Grenzen des Konsensstaats eine Anzahl von in dreierlei Hinsicht ausgeschlossenen Gruppen aus der modernen, als kollektive Identität verstandenen Nation erzeugen (zum Beispiel die Armen auf dem Land und in den Städten), diskriminiert jede einzelne dieser Begrenzungen besondere Gruppen, wobei die kulturellen Grenzen am weitesten und am subtilsten diskriminieren.

Aus diesem Grund ist die kulturelle Identität der Nation während der letzten Jahrzehnte stets Gegenstand einer eindringlichen Beschwörung der »nationalen Einheit« gewesen, die allerdings kaum imstande war, die tiefe Problematik dieser enormen sozialen Heterogenität, einer schwachen sozialen Integration und einer Tendenz zur ideologischen Zerstückelung und politischen Radikalisierung zu bemänteln.

Die Krise des Jahres 1973

Unter dem Gesichtspunkt des hier behandelten Themas kann die Krise des Jahres 1973 als Folge des Versuchs betrachtet werden, die institutionellen und ideologischen Komponenten der kulturellen Organisation beschleunigt zu verändern, wobei von einem bestimmten Mythos der Linken ausgegangen wurde: dem Mythos von der Existenz einer alternativen, latent vorhandenen Volks- und Arbeiterkultur, die sich mit der marxistischen Weltanschauung identifiziert und deren Verwirklichungsanspruch bei den Parteien liegt, die sich als Träger des revolutionären Bewußtseins der Massen ausrufen lassen. Die historische Entwicklung dieser Krise ist auf keinen Fall einfach, da sie sich im Zusammenhang schärfster sozialer und politischer Konflikte abspielte, zudem im Rahmen internationaler Bedingungen, die die Verwirklichung der Politik der Unidad Popular verhinderten. Wir können hier auf diese Aspekte aber nicht näher eingehen.

Es interessiert uns vielmehr, an dieser Stelle den Plan für die kulturellen Veränderungen, welche die Unidad Popular bewirken wollte, zu analysieren, unabhängig davon, ob dieser Plan in die Programme der einzelnen Parteien der Unidad Eingang gefunden hat. Im wesentlichen handelte es sich um ein Konzept, welches das zentrale Thema der Modernisierung wiederaufnahm, es aber jetzt als einen Versuch bestimmte, die nationale Organisation der Kultur revolutionär zu verändern. Die Aufgabe wurde wieder einmal dem Staat übertragen. Man erwartete, daß der Staat die Demokratisierung der Kultur vertiefen, die Verteilung ihrer Vorzüge ausweiten und die Möglichkeiten des Zugangs zu Bildung und gesellschaftlicher Kommunikation sozial ausgleichen würde.

Dieser Plan verlief also innerhalb bekannter Geleise. Gleichzeitig erlegte er aber dem Staat eine Reihe neuer Aufgaben und Forderungen auf, deren Erfüllung sich nur schwer durch eine bruchlose Erweiterung der mittelständischen Kultur erreichen ließ. Diese wiederum sah sich in ihrer eigenen Identität bedroht, da sie die Institutionen, die ihre Herausbildung und ihr Funktionieren und damit ihr Fortbestehen ermöglichten, bedroht sah. So zum Beispiel im Falle des Schulsystems, angesichts des Vorschlags der Regierung, eine nationale Einheitsschule einzuführen.

Auf der anderen Seite wurde dieses Veränderungskonzept im Namen einer Ideologie — des Marxismus — begründet, mit dem Anspruch, daß diese Ideologie sich gemeinsam mit dem kulturellen Bereich verbreiten würde. Der Marxismus wurde somit nicht nur als Analyseinstrument und Kern einer kritischen Theorie betrachtet, sondern er stellte sich als kultureller Inhalt dar, der imstande sein sollte, alle Vorgänge der Produktion sowie die Wahrnehmung der gesellschaftlichen Ereignisse zu regieren.

Dies bedeutete, der Kultur als komplexer gesellschaftlicher Gesamtheit den totalisierenden Anspruch eines reinen Volks- und Arbeiter-Standpunkts gegenüberzustellen, von dem aus man die nationale Geschichte neu schreiben, die Welt neu verstehen, die Werke der Kunst einschätzen, die Religion einer Kritik unterwerfen, die Auswahlkriterien der von der Schule zu vermittelnden Erkenntnisse ändern, wissenschaftlich die Gesellschaft analysieren, die Volkskultur aufwerten konnte und mußte, bis man auf diesem Weg zum »neuen Menschen« gelangte. Hinter diesem Konzept stand die Vorstellung, daß das revolutionäre Subjekt, das Proletariat, sein eigenes vollständiges »autonomes System intersubjektiver Bedeutungen«[8] besitze, aus dem sich notwendigerweise ein neues kulturelles Universum herausbilde, geboren in der Folge der Revolution.

Wie wir gesehen haben, hatte die kulturelle Entwicklung in Chile aber zu einem relativ hohen Grad an Zersplitterung in der Kultur der unteren

Gesellschaftsschichten geführt und sie gleichzeitig einer Reihe von gegenläufigen Prozessen unterworfen: der Modernisierung und ihrer Veränderung durch die Kulturindustrie, der Dominanz einer mittelständischen Kultur, der Etablierung komplexer sozialer und kultureller Auslese- und Ausschlußverfahren, usw.

Als sich unter diesen Bedingungen die Radikalisierung und Polarisierung der politischen Konflikte verstärkte, blieb der Plan einer alternativen Volkskultur im luftleeren Raum hängen und verlor seine Fähigkeit, gesellschaftlich bedeutende Gruppen an sich zu binden; damit büßte er seine Berechtigung vollends ein. Seine Gültigkeit konnte nur noch durch politische Mittel bestätigt werden und drückte sich im Kampf um die Kontrolle der rein organisatorischen Bestandteile der Kultur aus. Jeglicher Anspruch auf [inhaltliche] Vorherrschaft wurde zugunsten von Organisationsstrategien rein bürokratischer Art aufgegeben.

Da die Notwendigkeit taktischen Handelns zwingend wurde, verlor man den kulturellen Horizont des Kampfes aus den Augen. Die Erfolge wurden an der Häufung organisatorischer Siege gemessen, die Niederlage dagegen, wie man wenig später sah, wurde mit dem Leben vieler bezahlt und mit einem historischen Rückschritt der Kultur.

II.

Die Werkzeuge des Sieges

Mit der Machtübernahme des autoritären Militärregimes, die dem Höhepunkt einer Volksbewegung folgte, ändern sich augenblicklich die Grundlagen, innerhalb derer sich die moderne nationale Kulturorganisation bis zum Jahre 1970 entwickelt hatte. Die Bedingungen, welche die Herausforderung durch ein alternatives Kulturprojekt, das sich als Volks- und Arbeiterprojekt verstand, möglich gemacht hatten, wurden mit der Wurzel vernichtet.

Es gibt eine erste Phase, die gekennzeichnet ist durch die Unterdrükkung und wachsende Kontrolle der Hauptstützpunkte der nationalen Kulturorganisation[9]. Während dieser Phase werden sämtliche kulturellen Hauptorganisationen unter die direkte Herrschaft des Regimes gestellt, mit der einzigen bedeutenden Ausnahme der katholischen Kirche. Es ist also eine Strategie, die nur auf die Organisationen abzielt; begründet wird sie mit dem Ziel einer generellen Gesundung, Reinigung, Säuberung und gerechtfertigt mit dem Interesse der nationalen Sicherheit[10].

Daraus folgen *Eingriffe* (zum Beispiel in die Universitäten), *Zensur* (zum Beispiel bei schriftlichen Veröffentlichungen), *Untersagungen* (zum Beispiel des Zugangs zu Massenkommunikationsmitteln), *Verbote* (zum Beispiel dieses oder jenes Theaterstück aufzuführen), *Unstatthaftigkeiten* (zum Beispiel der Verbreitung des Marxismus), *Verhinderungen* (zum Beispiel der Gründung von Zeitungen oder Zeitschriften), *Ausschlüsse* (zum Beispiel von Dozenten und Lehrern, von oben nach unten, auf allen Stufen des Bildungssystems). Die Macht, die sich mit dem neuen Regime etabliert hat, entfaltet sich so bis hin zu den abgelegensten Bereichen der kulturellen Organisation und verbreitet überall dieselbe praktische Sprache der Verneinung, mit dem offensichtlichen Ziel, die kulturelle Selbstbestimmung, die sich in den Jahren zuvor entwickelt hatte, einzufrieren und zu reduzieren.

Hinter diesem offensichtlichen Prozeß begann allerdings ein zweiter und wichtigerer, der darin bestand, die kulturellen Hierarchien wiederherzustellen und die Verteilungskreisläufe der Kultur neu zu ordnen. Vor allem wurde an der Spitze der Hierarchie eine besondere, geschlossene Sphäre der hohen Kultur geweiht, deren Inhalte sich ausschließlich durch Vorzüglichkeit und guten Geschmack bestimmen. Die Vorstellung von der *bürgerlichen Nation* kehrte zu ihren Vorrechten zurück und forderte Eliteuniversitäten[11], Kunst für die Kunst, ernste Musik, klassisches Theater, universale Literatur, eine zurückhaltende und dem Regime gegenüber respektvolle Presse, eine auf die Tempel beschränkte Religion, saubere Straßen und Ordnung in der Stadt[12].

Auf der anderen Seite wollte man mittels dieses Prozesses der Re-Hierarchisierung und Reinigung der mittelständischen Kultur einen unverseuchten und unbedrohten Raum sichern. Die Schulen sollten wieder wie gewohnt funktionieren, ebenso die Universitäten. Die mittelständischen Kriterien für sozialen Aufstieg sollten respektiert und individuelle Leistung sollte belohnt werden. Vor allem aber wird den unteren Gesellschaftsgruppen ihr ›naturgegebener‹ Raum reserviert, der, nach dieser Geschichtsauffassung, im Konsum und nicht im (kulturellen) Ausdruck besteht, in der Anerkennung, aber nicht in der Beteiligung.

Nach Beendigung dieser ersten Phase der kulturellen Neuordnung und nach Lösung des Konflikts um die Vorherrschaft innerhalb des Regimes (die, vereinfacht dargestellt, momentan in Händen der bürgerlichen Führung um die Finanzfraktion herum liegt und einer extremen Form des Neo-Liberalismus der Marktwirtschaft anhängt, gegen kleinbürgerliche Teile der Allianz, die einer nationalistischen, korporativen Ideologie verhaftet bleiben[13]) sind die Voraussetzungen gegeben, um diese Vorherrschaft auf die Gesamtheit der Gesellschaft auszudehnen und eine neue moralische und geistige Führung einzusetzen, die nach und nach die Entwicklung der nationalen Kultur durchdringen soll.

Die Wahl eines Gesichtspunktes zur Interpretation

Der kulturelle Plan des neuen Regimes läßt sich auf verschiedene Weise lesen. Aus einem historischen Blickwinkel heraus wird versucht werden, die verlorene nationale Identität wiederzufinden und so die Rechnung mit einer demokratischen Geschichte, die in die Krise von 1973 und in den Höhepunkt des nationalen Verfalls mündete, zu begleichen[14]. Aus diesem Blickwinkel muß der kulturelle Plan des Regimes als ein Versuch verstanden werden, die Bedingungen für die Herausbildung einer führenden Klasse zu schaffen, die fähig ist, ihren Sieg in eine stabile Vorherrschaft zu verwandeln: »eine einige, reiche, siegreiche (…) Klasse, die souverän und unwidersprochen ihre Hegemonie ausübt«[15].

Von einem anderen Gesichtspunkt aus kann das Vorhaben als eine komplexe, defensive Operation betrachtet werden, die in erster Linie dazu dient, Dämme und Wälle aufzurichten, um die Entwicklung der modernen Massengesellschaft lenken zu können, indem die Massen deaktiviert und einer strengen Maßregelung unterworfen werden, die in der Zukunft das Funktionieren einer begrenzten und kontrollierten Demokratie ermöglicht. Noch ein anderer Gesichtspunkt wäre es schließlich, daß sich der Plan als ein verlängertes Aufrechterhalten eines in erster Linie repressiven Staates verstehen läßt, der auf kulturellem Gebiet eine Sprache der Verschleierung produziert, dazu bestimmt, die über die kulturellen Organisationen und durch diese über die Bevölkerung ausgeübte Kontrolle zu rechtfertigen.

Uns scheint die erste der drei möglichen Lesarten diejenige zu sein, die am besten die kulturelle Vorstellung des Regimes wiedergibt, vor allem ab dem Zeitpunkt, da sich der Streit um die interne Vorherrschaft entscheidet[16]. Das hindert nicht daran, Elemente der beiden anderen Lesarten einzubeziehen und zu der hier als Leitprinzip für die Interpretation gewählten in Beziehung zu setzen.

Die Marktordnung

Unserer Auffassung nach ging es in den letzten Jahren und bis heute um die Bildung einer *bürgerlichen* Nation oder, genauer gesagt, um die moderne Entwicklung einer bürgerlichen Organisation der nationalen Kultur. Dies bedeutet, daß wir uns einem Vorherrschaftsanspruch einer Klasse oder einer gesellschaftlichen Gruppe gegenübersehen, die mittels eines revolutionären Prozesses versucht, feste Grundlagen für ihre Herrschaft zu schaffen, die Grundorientierung der vorangegangenen Entwicklung in Chile zu »korrigieren« und die nationale Identität auf dem Boden neuer gesellschaftlicher Verhältnisse und einer neuen kulturellen Organisation neu zu gestalten.

Der letzte dieser Aspekte soll unsere Interpretation leiten. Die neuentstehende kulturelle Organisation unterscheidet sich von der vorhergehenden insofern grundlegend, als sie dem Grundprinzip des Aufbaus der bürgerlichen Nation entspricht. Das heißt, es kommt der *Marktordnung* zu, das zentrale Problem der Verteilung gesellschaftlicher Vorteile entsprechend der individuellen Leistung zu lösen.

Auf diese Weise definiert die Selbstregulierung der Gesellschaft durch die Marktordnung die Position der Kultur neu. Sie soll sich ausschließlich dem individuellen und kollektiven Ausdruck widmen und die Motivationen hervorbringen, die für das Funktionieren des Systems notwendig sind. Man erhofft sich damit, daß die Kultur sich auf das Feld der symbolischen Ausdrucksformen beschränken werde, während ihre Funktion in den Institutionen der Sozialisation, besonders der Familie und der Schule, in der Heranbildung von Motivationen bestehen soll, die eine Leistungskonkurrenz fördern.

Die Konsequenz wäre, daß die Selbstregulierung der Belohnungen die Verbindung von Kultur und Politik auflöste, die ja, wie wir bereits zeigten, durch den Eingriff des Staates in die Schaffung und Verteilung gesellschaftlicher Vorteile entstanden war. In gleicher Weise müßte sich das Verhältnis von Kultur und Wirtschaft verändern, da ja letztere nun ihre eigene Berechtigung durch die sozialisierende Funktion des Marktes erhält. Dieser braucht für seine effiziente Entwicklung Individuen, die mit den angemessenen sozialen Motivationen versehen sind, die wir im allgemeinen mit denen des Bentham'schen Menschen* gleichsetzen können, eines Menschen, der sich strategisch an dem Interesse orientiert, seine eigenen Konsum- und Aneignungsmöglichkeiten zu maximieren.

Aber die Herausbildung dieser Art Motivation setzt eine Ausweitung des *bürgerlichen Privatismus* voraus, der, wie Habermas sagt, den Strukturen der entpolitisierten Öffentlichkeit entspricht [17]. Tatsächlich bedeutet der Privatismus eine Abkoppelung des Individuums von der politischen Willensbildung und folglich sein völliges Aufgehen in der Sphäre der Leistungskonkurrenz.

Auf diese Weise wird versucht, die Entstehung von Forderungen an den Staat auszuschließen, deren Erfüllung nicht nur Kosten bedeuten, sondern den Staat auch dazu zwingen würde, sich für seine Entscheidungen Legitimation zu verschaffen, indem er mit den verschiedenen gesellschaftlichen Gruppen darüber verhandelt.

---

* Jeremy Bentham (1748-1832), Begründer des Utilitarismus (Anm. d. Übers.)

Insgesamt ist die Verwirklichung dieses Entwurfs, obwohl sie nicht ohne Schwierigkeiten vonstatten geht, fortgeschritten. Negativ drückt sich das im Stillstand des Ausdehnungsprozesses jener kulturellen Bereiche aus, die durch die staatliche Intervention ihre Legitimität erhalten hatten. Positiv zeigt es sich in der schnellen Expansion eines Massenkultursektors, der völlig durch die Kulturindustrie bestimmt wird und sich in der Existenz eines Marktes der Beeinflussung von Normen und Bedürfnissen speziell auf dem Gebiet der Massenkommunikationsmedien ausdrückt. Die Veränderungen in der Entwicklung des Bildungssektors führen dazu, daß seine dynamischen Bereiche — die Sekundar- und Nachsekundarausbildung sowie die höhere Bildung — dem Bildungsmarkt übergeben werden, mit der kürzlichen Ausnahme des Universitätssystems, das, dem Markt unterworfen, eine solche Häufung perverser Effekte verursachte, daß man sich gezwungen sah, den Prozeß der Neuorganisation zu unterbrechen [18].

Schließlich versuchte man innerhalb dieses Entwurfs auch die nationale künstlerische Entwicklung neu zu orientieren, indem man eine Reihe von Forderungen für die Selbstfinanzierung künstlerischer Aktivitäten aufstellte und ein von der Privatwirtschaft stammendes Unterstützungssystem schuf, das versuchen sollte, Techniken der Verwaltungsrationalisierung und Methoden des Marketing auf das künstlerische Schaffen anzuwenden [19].

So schreitet die Herausbildung der bürgerlichen Nation auf dem Gebiet der Kultur unter dem Antrieb des Marktes zumindest in diesen beiden sich ergänzenden Richtungen fort. Erstens besteht ein Organisationsplan, der insgesamt auf der Markttätigkeit beruht. Zweitens wird innerhalb der kulturellen Organisation selbst der Markt als Kontroll- und Bewertungsinstrument der verschiedenen kulturellen Aktivitäten eingeführt, besonders im Fall der für die Schaffung einer modernen bürgerlichen Kultur bedeutsamsten Bereiche: der Kulturindustrie und des Bildungswesens, das eng mit der Gestaltung der Berufsstruktur in der Gesellschaft verbunden ist.

Die bürgerliche Kulturnation

A. Die Schaffung eines deutlich sichtbaren Kulturbereiches durch die Entwicklung des Medienmarktes unter Bedingungen eines bürgerlichen Privatismus, der Entpolitisierung der Öffentlichkeit und der fast vollständigen Abhängigkeit von den internationalen Kreisläufen dieser Industrie gibt der nationalen Kultur während der letzten Jahre einen besonderen Stil, der gleichzeitig schichtenspezifisch, modern und weltlich ist. Dazu trägt vor allem das Fernsehen bei. (Die Zahl der Fernsehapparate stieg zwischen 1973 und 1980 von 933 auf 2.300 je 10.000 Einwohner.)

Unter *schichtenspezifischem Stil* verstehen wir einen Stil, der durch den Markt bestimmt wird und eine starke Unterscheidung zwischen den einzelnen Produkten und ihren Publikumsgruppen einführt, was zu einer Spezialisierung der Lebensstile führt, die wiederum die Symbol- und Bilderwelt und die soziale Existenz beeinflußt.

Weiterhin handelt es sich um einen *modernen* Stil, insofern er sich nicht auf traditionelle Rechtfertigungen beruft und nicht das Ethos einer geschlossenen und streng konventionellen Gesellschaft hat. Im Gegenteil verwendet die kulturelle Welt, die zum Beispiel durch das Fernsehen vermittelt werden soll, typische Bilder der Modernität und verstärkt den Wunsch, an ihr teilzuhaben, sowie das für eine postkonventionelle Moral typische städtische, individualistische Verhalten [20].

Schließlich sprechen wir von einem *weltlichen* Stil, der sich in mehrfacher Hinsicht äußert. Es ist ein *profaner* Kulturstil, in dessen Mittelpunkt die Unterhaltung steht und der ganz für den Konsum arbeitet. Das Genre der Fernsehserie ist nur ein Beispiel dieses Stils, der sich ansonsten auf die Werbung stützt, auf den Genuß von Bildern der großen Welt, die Pflege von mit der Schichtenzugehörigkeit zusammenhängenden Vorlieben und allgemein auf das Vergnügen an einer von jeder Verknüpfung mit Politik freien Unterhaltung.

B. Die Ausdehnung des Privatismus führt zu einer tiefgreifenden Veränderung der Formen des alltäglichen gesellschaftlichen Zusammenlebens der Bevölkerung. Sie verstärkt die Entstehung verschiedener Lebensstile, die sich vollständig an den Möglichkeiten orientieren, die jedem Haushalt für den Zugang zum Markt zur Verfügung stehen [21]. Die ethisch-kulturelle Grundlage von Politik und ihren Stützen im Alltagsleben wird auf diese Weise zerstört.

Die autonomen Formen gemeinschaftlichen Zusammenschlusses, die sich im allgemeinen in Formen der Solidarität und der Organisation um nachbarschaftliche, religiöse, kulturelle, gewerkschaftliche usw. Interessen ausdrücken, verschwinden. Die Entpolitisierung der Öffentlichkeit endlich ist nicht nur ein Ergebnis der Verbote und Verneinungen, die durch die autoritäre Macht auferlegt werden, sondern gleichzeitig das Resultat des positiven Handelns dieser Macht, die die Grundlagen der gesellschaftlichen Verhältnisse verändert, auf die sich die Politik bisher stützte.

C. Die Neuorganisation der Sozialisationsinstitutionen in Übereinstimmung mit den geforderten neuen Motivationen eines individuellen Leistungssystems bringt Veränderungen mit sich, die auf dem Gebiet der Bildung offensichtlich werden. Das Bildungssystem wird von unten nach oben unterteilt und vervielfacht, so daß Bildungszugänge entstehen, in denen die schulische und berufliche Zukunft des Einzelnen durch seine soziale Herkunft vorbestimmt wird.

Die Stufen der Massenbildung werden kulturell auf die Erfüllung ihrer Hauptaufgabe unter der neuen Herrschaft beschränkt, nämlich eine konventionelle Arbeitsmoral zu vermitteln sowie eine sich auf für die Arbeitsdisziplin notwendige Fertigkeiten beschränkende kognitive Entwicklung und die Fähigkeit zur Anpassung des Verhaltens an die Umwelt (»gute Arbeiter, gute Bürger, gute Patrioten«). Die Erziehung, die dazu bestimmt ist, das ererbte Kulturkapital zu verwerten und den Weg zu einer höheren Form der Akkumulation schulischen Kapitals freigibt, neigt zu einer stark individuellen Leistungsorientiertheit und verstärkt zu diesem Zweck die Selektions- und Anerkennungshürden. Das Ergebnis dieser Politik, besonders im höheren Bildungswesen, ist die Versperrung beruflicher Positionen und die Elitisierung des Hochschulzugangs[22], das heißt die Rücknahme der erlangten Fortschritte der mittelständischen Kultur.

D. Die Abstumpfung der mittelständischen Kultur ist eine weitere Folge der Neuorganisation der nationalen Kultur. Wie wir gesehen haben, hatte sie in Chile die in die Krise geratene Vorherrschaft der oligarchischen Kultur bekämpft und war hierin erfolgreich gewesen, wenn sie es auch nicht geschafft hatte, in die »hohe Kultur«, die im Besitz der bürgerlichen Gruppen war, einzudringen oder dieser ihren Platz streitig zu machen. Aber sie beeinflußte die nationale Kultur entscheidend und verband sich mit der Modernisierung der Gesellschaft, der Ausdehnung der Industrie und des Staates, mit der Revolution der Jugendlichen und der gesellschaftlichen Säkularisierung. Diese Kultur hatte damals einen fortschrittlichen Inhalt. Nach 1973 dagegen, als Folge einer ersten Reaktion gegen die Bedrohung von unten, seitens der Volks- und Arbeiterkultur und deren Verfechter, und einer späteren Reaktion gegen die Bedrohung von oben, seitens der Neuorganisation der Kultur im bürgerlichen Sinne, erlebte die mittelständische Kultur einen beschleunigten Rückzugsprozeß, den Verlust ihrer fortschrittlichen Elemente und die Konservativierung ihrer ideologischen Bestandteile.

Wie eine Studie über die Jugendlichen der Mittelklasse zeigt[23], haben die Heranwachsenden ihren Widerstandsgeist verloren, und der jugendliche Idealismus der sechziger Jahre sieht sich in Frage gestellt. Eine konventionelle Moral macht sich breit, und das Verhältnis zu den Erwachsenen wird nicht mehr als problematisch betrachtet. Traditionalismus verbreitet sich, und eine gemäßigte, konformistische Einstellung zu Schule und Außenwelt herrscht vor. Die Entpolitisierung der Öffentlichkeit ist von diesen Jugendlichen verinnerlicht worden.

Die Bedrohung durch eine Gesellschaft und besonders eine Kultur, die zur Herausbildung deutlich verschiedener Lebensstile (also zu schichtenspezifischer Trennung) führt, scheint aber dennoch von den Jugendlichen wahrgenommen zu werden. So wird die Ideologie der individuellen Leistung mit Mißtrauen aufgenommen, und das Gefühl gegenüber den sozialen Aufstiegsmöglichkeiten in einer auf den Markt ausgerichteten Gesellschaft ist zwiespältig. Es existiert hingegen das Bewußtsein, daß es einer Minderheit gelungen ist, sich bequem in der Gesellschaft einzurichten und voll in den Genuß ihrer Vorteile zu kommen[24]. Schließlich läßt sich dieser Studie entnehmen, die mittelständische Kultur bemühe sich darum, im Bereich der Jugend einen Platz innerhalb der nationalen Kulturorganisation zu finden und sich innerhalb dieses Bereichs neu zu orientieren.

Die Infragestellung der Marktordnung erweist sich dennoch als extrem zwiespältig. Tatsächlich kann man ihr von der mittelständischen Position aus nur die Erwartung entgegenbringen, sich vollständig in sie zu integrieren, oder aber man lehnt sie aufgrund der eigenen kulturellen Identität, die sich jetzt konservativ ausdrückt, ab. Im ersten Fall würde die neue bürgerliche Modernität als zugänglich empfunden und der Markt als Möglichkeit zur Veränderung des eigenen Lebensstils gesehen. Im zweiten Fall wird diese Modernität als Bedrohung des erlangten Status erlebt und dem Markt mit Mißtrauen begegnet. Die mittelständische Kultur entscheidet sich für den Rückzug und nicht für die offene Ablehnung.

E. Die bisher aufgezeigten Auswirkungen der neuen kulturellen Organisation lassen sich in einem Hauptpunkt zusammenfassen: sie macht es sich zur Aufgabe, in der Gesellschaft einen bestimmten Vorherrschaftsanspruch des Bürgertums auszuweiten, der weder etwas mit dem bürgerlich-revolutionären Liberalismus noch mit dem integrativen Faschismus italienischen Typs zu tun hat. Es handelt sich vielmehr um einen Herrschaftsanspruch, der die spezifische Form der Sozialisation eines *passiven Konformismus* innerhalb der Gesellschaft anwendet. Dieser entspricht direkt den Bedingungen des Privatismus, der Entpolitisierung der Öffentlichkeit und den neuen Formen des alltäglichen gesellschaftlichen Zusammenlebens und äußert sich auf diese Weise als neue bürgerliche Herrschaft[25].

Es handelt sich in hohem Maße um eine eigentlich *post-demokratische* Herrschaftsform, die es sich auf kulturellem Gebiet zur Aufgabe macht, die Massen zu deaktivieren, die gesellschaftlichen Organisationen auseinanderzunehmen, die psycho-sozialen und ethnisch-kulturellen Grundlagen der Politik neu zu definieren, die individuellen Kräfte zu kanalisieren und auf den Markt zu orientieren.

Wie wir versucht haben zu zeigen, ist diese komplexe Anstrengung gesellschaftlichen Umbaus — eine wirkliche Revolution von oben — nur im spezifischen Kontext der vorherigen Entwicklung Chiles und der Formen ihrer kulturellen Organisation zu erklären. Diese große Umwandlung der nationalen Kultur darf deshalb nicht mit einer rein defensiven und repressiven Bewegung verwechselt werden, wenngleich diese im ersten Moment da war und auch all die Jahre hindurch in mehr oder minder verdeckter

Form überlebt hat. Wir sind vielmehr der Auffassung, daß diese Veränderung einen Sinn hatte und auch noch heute hat, wenn man sie als einen Entwurf betrachtet, in dem sich ein spezifisches Vorherrschaftsstreben des chilenischen Bürgertums seinen Ausdruck gesucht hat.

Der Entwurf der bürgerlichen Nation, selbst autoritär gebildet und daher fähig, sich den Rest der gesellschaftlichen Gruppen durch passiven Konformismus unterzuordnen, ist die Entgegnung auf die oligarchische Nation, so wie sie von der konservativen Geschichtsschreibung dargestellt wird. Deshalb sieht sich die Elite des Autoritarismus selbst in einer Schlüsselrolle und stellt an sich selbst die Forderung, »wie baut man die zerbrochene nationale Identität wieder auf«[26]. Sie sucht die Antwort auf die Frage nach dem Grund für den Verfall des Landes, den Zusammenbruch der repräsentativen Demokratie, die Entwicklung der chilenischen Gesellschaft zu einer Massengesellschaft, die Aktivierung und das Aufstehen dieser Massen, den Wahlsieg des Sozialismus im Jahre 1970 in den fortschrittlichen und reformatorischen Tendenzen der chilenischen Politik, den Veränderungen des Katholizismus und der Kirche in den sechziger Jahren. Ebenso versucht man, die Situation des Landes innerhalb einer Welt neu zu definieren, die man bedroht sieht durch den Niedergang des Abendlandes und durch das Fortschreiten des Sozialismus, durch die kulturellen Widersprüche des Kapitalismus und durch die tiefgreifenden Veränderungen, die dieser von allen Ländern fordert, die einen Platz innerhalb des Handels und der internationalen Arbeitsteilung einnehmen wollen.

Die Rede von der »großen Nation«, die besonders zu Beginn des Regimes und später während der Jahre des scheinbaren wirtschaftlichen Erfolgs reichlich im Munde geführt wurde, ist nicht nur die ideologische Verkleidung, hinter der sich die engen Interessen einer Klasse verbergen. Sie drückt vielmehr den Traum dieser Klasse aus, den Moment ihrer größten Kühnheit, ihren höchsten Einsatz in der modernen Geschichte des Landes.

Die große Nation ist die moderne bürgerliche Nation, die aus der autoritären Revolution hervorgehen soll. Es ist der utopische Horizont, der den Vorherrschaftsplan des Bürgertums antreibt und der ihm während all dieser Jahre seine Lebenskraft verliehen hat. Er drückt sich in der Ideologie des neuen Liberalismus aus und besteht gänzlich aus der Idee, daß der Markt imstande sei, das Wirtschaftswachstum zu sichern, die gesellschaftlichen Verhältnisse neu zu organisieren, die Politik zu deaktivieren und die nationale Kultur umzuwandeln.

III.

Die moderne nationale Frage

Die tiefe Krise, die das autoritäre Regime heute durchmacht[27], kann sowohl dazu führen, daß der Inhalt und die Ergebnisse des kulturellen Entwurfs aus dem Blickfeld verloren werden, als auch auf der anderen Seite eine Überbewertung der Möglichkeiten einer demokratischen Entwicklung bzw. eine Unterschätzung der damit verbundenen Schwierigkeiten zur Folge haben. Wir wollen dieses Thema hier lediglich von der Analyse der nationalen Kultur her betrachten. Die Frage, die wir in diesem Zusammenhang zu formulieren haben, lautet folglich, ob und wenn ja, in welcher Form in Chile etwas existiert, was sich als demokratische Nation bezeichnen läßt.

Es hat seinen Grund, daß wir von diesem Punkt ausgehen und nicht von einem anderen. Wir könnten uns zum Beispiel auch fragen, ob und in welcher Form heute in Chile eine proletarische Nation existiert. Tatsächlich war, wie wir gesehen haben, ein solcher Ausgangspunkt der Ursprung tiefgreifender Fehler in der Konzeption der Politik und der kulturellen Vorstellungen der Unidad Popular und eine der Ursachen für die Niederlage von 1973. Aber das ist nicht der einzige Grund, warum wir diesen Ausgangspunkt ausgeschlossen haben. Wir tun es auch, weil er uns theoretisch unhaltbar erscheint, ebenso unhaltbar wie der Traum von der bürgerlichen Nation.

Unter den gesellschaftlichen und wirtschaftlichen Bedingungen Chiles, im Licht seiner historischen Entwicklung und der Erfahrung des Autoritarismus, scheint es tatsächlich nicht mehr als ein Traum zu sein, die Arbeiterklasse als Stütze der nationalen Neugestaltung oder gar als ihre Hauptstütze zu sehen. Es geht hier nicht darum, sich nur auf die Feststellung der Rolle und der empirischen Ausmaße der Arbeiterklasse in der Gesamtgesellschaft zu stützen[28], ein Argument, welches allerdings ausreichen würde, jede vereinfachte Version der proletarischen Nation in Frage zu stellen. Ebensowenig geht es darum, von irgendeiner Version, selbst einer nichtreduktionistischen, der sozialen Klassentheorie aus zu argumentieren, um zu zeigen, daß die klassischen Aussagen über das revolutionäre Bewußtsein des Proletariats und die Existenz einer autonomen, aber durch das Gewicht der bürgerlichen Herrschaft unterdrückten Arbeiterkultur unmöglich aufrechterhalten werden können. Es genügt vielmehr, noch einmal auf die untergeordnete Rolle der Kultur der unteren Gesellschaftsgruppen innerhalb der nationalen Organisation der Kultur zu verweisen, um die Idee, es sei heute möglich, die Nation in der Form einer proletarischen Nation neu zu gestalten, auszuschließen.

Wenn wir hingegen die Frage nach der *demokratischen Nation* stellen, gehen wir von einem Punkt aus, der uns theoretisch vertretbar, mit Rückhalt in der Wirklichkeit und außerdem politisch weiterführend erscheint. Tatsächlich besitzt die *moderne nationale Frage* eine besondere Bedeutung: Sie wurzelt in der Möglichkeit, eine kollektive Identität zu schaffen, die in der Lage wäre, die Vielfalt der sozialen Subjekte zu beinhalten und ihre gegenseitige Anerkennung sogar *durch* die Konflikte (und nicht nur trotz ihrer) zu erlauben und die ein kollektives Lernen möglich machen würde, nicht nur in der Entwicklung der Produktivkräfte, sondern auch im kommunikativen Handeln, wo Einstellungen und Normen geprägt und individuelle und soziale Lebenspläne bestimmt werden[29].

Selbstverständlich hat das bürgerliche Bewußtsein diese Frage während der autoritären Periode auf seine Weise behandelt. Wie wir sahen, verband dort die nationale Frage die Themen Einheit und Verfall, Massenstaat und Konformismus etc. Letzten Endes erscheint die bürgerliche Nation heute als der Typ von Ordnung, den der Markt der Gesellschaft zu geben imstande ist, unter der Voraussetzung, daß die moderne oder Massendemokratie mit dem Markt unvereinbar geworden ist.

Es handelt sich folglich nicht mehr nur um die Aufgabe des Gleichheitsprinzips (das Bentham schon lange zugunsten des Privateigentums hatte fallen lassen[30]), sondern um die direkte Infragestellung des demokratischen Prinzips, das mit der nationalen Sicherheit, so wie sie im autoritären Verständnis begriffen wird, unvereinbar geworden ist. Das heißt, sie beinhaltet das Privateigentum, aber zusätzlich die bürgerliche Weltanschauung, den Status ihrer kulturellen und sozialen Privilegien und ihre historische Zukunftsperspektive.

Von daher wird in der bürgerlichen Nation die Frage nach der Identität ausgrenzend und sogar kriegerisch gestellt, so wie ein Verständnis der Konflikte nur auf der Ebene des Marktes in Form einer Individualisierung der Interessen (Vorrechte), die belohnt oder bestraft werden können, geleistet werden kann.

Das kollektive Lernmodell, das hieraus entspringt, ist als eine wirksame Konditionierung konzipiert, die mittels der Kosten-Nutzen-Rechnung des Verhaltens durchgeführt wird, wobei die Gesellschaft und der Staat sich um die Rest-Verhaltensweisen bemühen müssen, die außerhalb des Marktes bleiben. Diese werden Gegenstand der *Disziplinierung* — eine Lerntechnik, die, zusammen mit der Eliminierung der Methode, Einfügung auf kommunikative Weise zu erzielen, in den Individuen die für den Konformismus typischen Verhaltensweisen hervorruft[31].

Die Bildung der gesellschaftlichen Subjekte

Wenn wir nun zu der angesprochenen modernen nationalen Frage zurückkehren, können wir in der Gewinnung einer Antwort auf die Frage nach der Existenz der demokratischen Nation auf kulturellem Gebiet mehr oder weniger systematisch vorgehen. Eine erste Annäherung muß uns dazu führen, die Bildung der gesellschaftlichen Subjekte, deren Pluralität und wechselseitige Anerkennung die unerläßliche Voraussetzung für die Entstehung der demokratischen Nation wäre, unter autoritären Bedingungen zu untersuchen.

Es ist genügend über die strukturelle Unbestimmtheit der gesellschaftlichen Subjekte oder, wie man sagt, über ihren nicht vorbestimmten Charakter geschrieben worden[32]. Es soll damit nicht gesagt werden, die strukturellen Positionen, zum Beispiel die in der gesellschaftlichen Arbeitsteilung verankerten, seien ohne Bedeutung für die Bildung der Individuen. Es soll nur darauf verwiesen werden, daß diese nicht gänzlich, ja nicht einmal in entscheidender Weise, auf der Grundlage der strukturellen Positionen stattfindet. Das gesellschaftliche Subjekt entsteht in dem Moment, in dem es in den Bereich der intersubjektiven Erkenntnis und in die kommunikative Sphäre eintritt, das heißt, in dem es einer spezifischen Interessenkonstellation, die sich in Form einer Absicht (Ideologie) ausdrückt, eine Bedeutung beimißt.

Die große Veränderung, die die Kultur im Laufe dieser Jahre durchgemacht hat, *verhindert eben diese Entstehung der gesellschaftlichen Subjekte.* Sie setzt ihr den Widerstand eines privatisierten Soziallebens, einer Entpolitisierung der Öffentlichkeit und der Regulierung des Verhaltens mit Hilfe des Marktes und einer wirksamen Disziplinierung entgegen. Während der Markt individuelle Strategien des persönlichen Fortkommens unterstützt, bestimmt die Disziplinierung die Herausbildung von Verhaltensweisen unterhalb der kommunikativen Schwelle und verzerrt und unterdrückt hiermit jene Kommunikation, die zum intersubjektiven Erkennen führt.

Dies hat Grund dazu gegeben, daß während dieser Jahre häufig von »Aufsplitterung«, »Isolation«, »Verstreuung« und Teilnahmslosigkeit der Bevölkerung gesprochen wurde. Nichts scheint irgendjemanden zu berühren, nicht einmal die Hoffnung. Man lebt unsichtbar inmitten der Gesellschaft, die Horizonte sind eng, das reine Überleben verbraucht die Kräfte der meisten. Die »gesellschaftlichen Bewegungen« gelangen kaum an die Oberfläche, schwach, zerbrechlich, unerheblich.

Man sprach daraufhin von einem merkwürdigen Zustand der Anomie[33]. Tatsächlich schien aus dem Blickwinkel der unteren Gesellschaftsgruppen und derer, die dem autoritären Regime unterlagen, ihre Stellung in der

Gesellschaft es ihnen unmöglich zu machen, die neuen, von der bürgerlichen Kultur verbreiteten Normen zu verinnerlichen und nach ihnen zu handeln. So entstand ein Auseinanderklaffen zwischen der sozialen Struktur und der Kultur, mit den bekannten Folgen der Anomie: Verwirrung gegenüber der Geltung von Normen, Rückzug in die Privatsphäre, das Gefühl, zur Veränderung der Außenwelt wenig beitragen zu können, ein Gefühl der Sinnlosigkeit, usw.

Möglicherweise steht diese Diagnose in Beziehung zu bestimmten sozialpsychologischen Merkmalen der beherrschten oder ausgeschlossenen Gruppen während dieser Zeit. Tatsächlich liegt das Problem aber tiefer. Es handelt sich nämlich um die tiefgreifende Schwierigkeit, gesellschaftliche Subjekte innerhalb einer rein durch den Markt bestimmten und durch autoritäre Verfahren gekennzeichneten Ordnung heranzubilden. Das, was wir demokratische Nation genannt haben, bleibt also etwas nur latent Vorhandenes, sozusagen ein Wetteinsatz gegen die jetzige Geschichte, bestenfalls so etwas wie ein Sproß der Zukunft, auf die wir hinarbeiten.

Wir befinden uns einem System gegenüber, das den passiven Konformismus hervorbringt, mit seiner psychologischen Entsprechung des Normenverlusts auf allen Gebieten gesellschaftlichen Handelns. Unter diesen Bedingungen entbehren erstens die gesellschaftlichen Subjekte einer stabilen sozialen Grundlage; aufgrund der Veränderungen im täglichen gesellschaftlichen Zusammenleben sind sie zweitens nicht in der Lage, andere kommunikativ zu erreichen oder von anderen erreicht zu werden — kommunikative Dialektik, die unerläßlich für die wechselseitige Anerkennung ist. Wegen der Verzerrungen in der Öffentlichkeitssphäre sind sie drittens nicht fähig, ihre eigene Identität im Wechselverhältnis zur Identität der anderen Subjekte zu entwickeln, da hiergegen der Privatismus und die Entpolitisierung sowie das Fehlen eines politischen Systems wirklicher Repräsentation steht.

Es können sich nur jene Subjekte herausbilden, die Träger einer, historisch gegenüber den Veränderungen der Gesellschaft extrem resistenten Identität sind, wie es etwa manche Parteien oder, in anderen Bereichen, religiöse Gruppen oder kleine intellektuelle, künstlerische oder berufliche Gemeinschaften sein können; oder aber Gruppen, die in einem Gemeinschaftsleben verankert sind, das aus sich selbst irgendeine Form der Solidarität erzeugt, wie es zum Beispiel bei den Gewerkschaften der Fall ist.

Die demokratische Nation als alternatives Prinzip der kulturellen Organisation findet sich in dieser enorm heterogenen, labilen und verstreuten Struktur von entstehenden oder überlebenden Subjekten verwurzelt, deren Identitäten vielfältig sind und deren Verhältnis von Kontinuität oder Bruch mit der Vergangenheit gleichzeitig eine Anhäufung von Problemen erzeugt.

Die Überwindung der Vergangenheit

Das Problem der Vergangenheit stellt sich für die Gesamtheit der Menschen, die dabei sind, die demokratische Nation zu bilden, wenn man davon ausgeht, daß in der Perspektive der modernen nationalen Frage die zu schaffende kollektive Identität eine Lösung dieses Problems erfordert.

Wir haben bereits gezeigt, daß die bürgerliche Nation die Vergangenheit in Form eines Verlustes für sich zurückgewinnt und auf diesem Weg die nationale Einheit wiederherzustellen sucht, mit dem Ziel, für die Zukunft ihre weltliche Herrschaft zu sichern.

Merkwürdigerweise scheint die demokratische Nation nicht von einem Verlust auszugehen. Ist das die Folge einer besonderen Verneinung, zu verstehen als das Produkt einer schlecht vollbrachten kollektiven Trauer? Wir wissen es nicht. Aber sicher ist, daß die demokratischen Bestandteile der Kultur, die bis 1973 wirksam war, noch nicht als Prinzipien der eigenen Identität oder als zentrales Prinzip der nationalen Identität, die man aufzubauen versucht, zurückgewonnen worden sind. Unter dem Druck einer unaufhörlichen Kritik des autoritären Regimes an der demokratischen Entwicklung Chiles [der vorangegangenen Periode] zieht sich die demokratische Nation zurück und findet in sich selbst keine fest angesiedelten Komponenten, die es ihr ermöglichen würden, sich theoretisch, ideologisch und praktisch auszurüsten.

Ein entscheidendes Element dieser Schwäche der demokratischen Nation wurde in letzter Zeit intensiv erforscht. Es handelt sich hierbei um die Zwiespältigkeit und die innere Schwäche der Zielvorstellungen der Linken in der Vergangenheit[34]. Aber der zentrale Grund dieser Schwäche, der in der Selbstbeschränkung der demokratischen Entwicklung der chilenischen Kultur wurzelt, wurde vernachlässigt und belastet heute stark die Bildung einer demokratischen Nation. Wir meinen hier besonders das Problem der Nicht-Integration von volkstümlichen Elementen in die nationale Kultur und ihre verspätete Integration fast ausschließlich in der Form politisch-parteilicher Mobilisierung.

Dennoch wird die Überwindung der Vergangenheit noch durch weitere Faktoren bestimmt, die bis heute in der Grundlegung der demokratischen Nation noch nicht gelöst wurden. Dies gilt zum Beispiel für die Erfahrung der Jahre 1970 bis 1973 und ihre nicht nur regierungspolitische, sondern auch soziale und kulturelle Bedeutung, mit der älteren Frage nach der Verbindung der christlichen und laizistischen Komponenten in der demokratischen Kultur und mit dem offenen Abgrund in der chilenischen Gesellschaft nach 1973 durch die Unterdrückung und ihre Folgen: Tote, Verschwundene, Gefolterte, Exilierte ...

Die Schwierigkeit der Politik

Wir sagten, daß die demokratische Nation sich nur durch die wechselseitige Anerkennung der verschiedenen Subjekte, sogar durch die Konflikte und nicht nur trotz ihrer, konstituieren kann. Das zentrale Problem, das sich hier stellt, ist das der Formen, die die Politik zukünftig annehmen soll[35].

Der Begriff der politischen Kultur entspricht nur begrenzt der Art von Fragen, die die gesellschaftliche Praxis während der letzten Jahre in die Diskussion gebracht hat. Letztendlich deshalb, weil dies das Vorhandensein eines relativ offenen politischen Systems voraussetzen würde, dessen Funktionieren allmählich eine Kultur heranbilden würde, die sich dann politische nennen und eine wichtige Rolle in der Organisation der nationalen Kultur spielen würde. Unter den Bedingungen des Autoritarismus ist das Erscheinen einer solchen Kultur gänzlich ausgeschlossen. Aber es gibt trotzdem in verzerrter Form eine gewisse politische Debatte, politisches Handeln und politische Konflikte.

Welches sind also die kulturellen Dimensionen, die die verzerrten Formen der Politik unter Bedingungen des Autoritarismus ins Spiel bringen? Zuerst einmal wird die Politik innerhalb einer Verbotszone gelebt und als eine Art gesellschaftlicher Aktivität, die gezwungenermaßen einen hochselektiven und minoritären Charakter hat. Dann muß sich die Politik ihre Personen suchen − wie in dem Schauspiel von Pirandello*. In diesem Fall die gesellschaftlichen Subjekte, deren Identität sie entwickeln will und deren Interessen und Pläne sie vertreten muß. In beiden Fällen erscheint die Politik ohne organische Verbindung mit der Gesellschaft und stellt daher eine gewollte Bemühung um langsam sich einstellende und seltene Resultate dar.

Die eigentliche politische Sphäre verliert damit ihre Berechtigung, wie wir am Beispiel der Jugendlichen der Mittelklasse gesehen haben. Aber es ist nicht nur das. Die Politik und die politisch schon immer oder erst seit kurzem Tätigen bilden zudem einen aktiven Kern inmitten der Gesellschaft, der notwendigerweise als esoterisch und weit weg von den alltäglichen Lebensbedingungen der Gesellschaft und wahrscheinlich als Träger einer ansteckenden Gefahr, das Verbotene zu tun, empfunden wird. Unter solchen Umständen sieht sich die demokratische Nation und ihre eigene Kultur stark geschwächt, da die Politik und ihre stetige Entwicklung eine der zentralen Stützen in ihrer Herausbildung sind. Die gesellschaftlichen Subjekte werden in ihrer Identitätsbildung behindert und erleben auf eine

---

* Luigi Pirandello: »Sechs Personen suchen einen Autor« (Anm. d. Übers.)

relativ künstliche Weise ihre Konflikte, während die Gesamtheit der Gesellschaft einen gefährlichen Grad an Intoleranz kultiviert und eine Logik des Krieges und der Vernichtung des Feindes verbreitet, die Teil des autoritären Plans ist.

In diesem Sinn steht die Idee einer demokratischen Nation selbst (oder besser die Idee ihres Planes) unter Verbot, da sie die Anerkennung der Verschiedenheiten und die kulturelle Selbstbeschränkung des Gewaltgebrauchs zur Lösung von Differenzen anstrebt und für ihren Aufbau benötigt. Die bürgerliche Nation hingegen bereitet ihre Zukunft in dieser Gegenwart vor, die gekennzeichnet ist durch den Ausschluß der Verschiedenheit und die Nicht-Anerkennung des Anderen, der nötigenfalls durch die Staatsgewalt unterdrückt werden kann.

Der kollektive Lernprozeß

Wir sagten, daß eine Bedingung für die Entwicklung einer demokratischen Kultur die Ermöglichung eines wirklich kollektiven Lernprozesses für die Gesamtheit der Gesellschaftsmitglieder ist. Ein Lernprozeß, der nicht nur im Bereich instrumentellen Handelns erfolgt, sondern besonders auf dem Gebiet der Schaffung von allgemein anerkannten Normen Bedeutung erhält. In diesem Sinne kann man sagen, daß die ethisch-kulturelle Grundlage der demokratischen Nation die gemeinschaftliche Verarbeitung ihrer Konflikte und die gemeinsame Aushandlung der Ziele gemeinschaftlichen Handelns ist.

Der erste Punkt erfordert einen öffentlichen Raum für die Politik und setzt gerechte Zugangsbedingungen für die Vertretung aller Gesellschaftsmitglieder voraus. Der zweite Aspekt erfordert eine Gestaltung des Staates, bei der die Kontrolle und die Balance der Kräfte gewährleistet ist, die parlamentarische Ausarbeitung der Gesetze und der Schutz der Rechte des Einzelnen gegenüber einer Autorität, die zudem öffentlich verantwortlich für ihre Entscheidungen ist.

Nur unter diesen Bedingungen kann sich die Vielfalt der Subjekte zu einer Gesellschaft zusammenschließen und ihr Handeln politische Wirkung im Staat erlangen und können damit die Legitimität der Entscheidungen, die Wirksamkeit der Vertretung und die Räume für Erneuerung und Kritik gesichert werden. Nur so kann man davon ausgehen, daß die Grundlagen für einen kollektiven Lernprozeß im Bereich des kommunikativen Handelns gegeben sind, deren Folge immer ein Fortschritt der gesellschaftlichen *Rationalisierung* dieser Formen des Verhaltens und der Interaktion ist. Hieraus folgt eine Veränderung der Formen der sozialen Integration.

Wie Habermas sagt, sind »die Strukturen der Rationalität nicht nur Teil der Erweiterung des zweckrationalen Handelns, d.h. der Technologien, Strategien, Organisationen und Qualifikationen, sondern auch Teil der Vermittlung des kommunikativen Handelns in den Mechanismen der Konfliktregulierung, in den Weltanschauungen und in der Identitätsbildung. Ich würde sogar die Behauptung vertreten, daß neue Prinzipien der gesellschaftlichen Organisation neue Formen der sozialen Integration bestimmen und letztere ihrerseits ermöglichen, die zur Verfügung stehenden Produktivkräfte einzusetzen oder neue zu schaffen und danach die gesellschaftliche Komplexität zu erhöhen«[36].

Dies alles ist in die Erstellung unserer eigenen Arbeitshypothese mit einzubeziehen. So sagten wir, daß die moderne nationale Frage die gesellschaftliche Herausbildung einer kollektiven Identität impliziert, die diese Lernprozesse auf dem Gebiet der Schaffung neuer Formen der sozialen Integration ermöglicht. Tatsächlich hat ein großer Teil der heute unter dem Namen »demokratische Nation« stattfindenden Diskussion mit dieser Sache zu tun. So wird, wenn von demokratischem Konsens, von Pakt oder Projekt, von Block für die Veränderung etc. gesprochen wird, nicht nur auf eine strategische Politik abgezielt, sondern man versucht vor allem, jetzt schon einen ethisch-kulturellen Rahmen einer alternativen Entwicklung für die demokratische Nation zu finden.

Die kollektive Identität der Nation

Man könnte aus den Aussagen dieses letzten Teils entnehmen, die demokratische Nation sei, für den Augenblick, nicht mehr als ein Wetteinsatz gegen die Gegenwart und nur ein Prinzip Hoffnung. Aber man soll sich nicht täuschen. Die Geschichte schreibt sich unter autoritären Regimen auf überraschende Weise. Die lange Zeit, die dem Zusammenbruch solcher Regimes vorausgeht, ist auch die Zeit, in der die Kräfte für ihre Überwindung sich vorbereiten. Das sollte nicht als rhetorische Floskel verstanden werden. Es genügt, die realen Bewegungen in der Gesellschaft zu betrachten, um die Herausbildung dieser Elemente zur Überwindung zu entdecken und den Fortschritt und die Grenzen dieses Prozesses zu verstehen. Wir wollten nur den Schwerpunkt der Betrachtung auf diesen letzteren Aspekt, auf die Begrenzungen, legen. Ebenso muß hinzugefügt werden, daß die Entwicklung der demokratischen Nation auf der rein kulturellen Ebene immer der politischen Entfaltung nachfolgen wird. Die Ideen scheinen oft dem Handeln vorauszugehen, aber ihre Verwandlung in gesellschaftliche Kraft, in die allgemeine Anschauung der Mehrheit, ist in der

Regel eine Erscheinung, die erst auf das Handeln folgt. Deshalb schließt sich die Kultur viel enger an die langen Zyklen der Geschichte und ihren Wechselrhythmus an. Bis sie in das kollektive Bewußtsein aufgenommen werden, brauchen sie viel Zeit.

Wenn wir schließlich hier von der demokratischen Nation als Metapher für ein kulturelles Universum sprechen, das ausharrt und versucht, sich als Projekt für eine nationale Kulturorganisation zu gestalten, so sprechen wir zweifach von einem allmählich und unter Schwierigkeiten fortschreitenden Prozeß und seinen Erfordernissen in der Zukunft, die in gewisser Weise schon jetzt eingelöst werden müssen. Das, was allgemein »demokratischer Wiederaufbau der Gesellschaft« genannt wird, ist hier nicht aus dem letztendlich einfacheren Blickwinkel des politischen Kampfes für die Demokratie behandelt worden. Wir zielen auf ein breiteres und tieferes Problem als das der reinen Änderung des politischen Regimes ab. Dort verläuft nur ein Teil unserer gemeinsamen Geschichte. Ihre am tiefsten greifende Veränderung dagegen wird Ergebnis der Kultur sein, die zu schaffen wir in der Lage sein müssen; das wäre die Veränderung der Formen der sozialen Integration, die die Nation erwirbt, und der Kommunikationsformen, die sie ermöglicht. Es wird davon abhängen, ob sie den sozialen Aufbau der Realität, die wir teilen, erweitert, ob sie ein sinnvolles Leben für alle sichert, ob sie die Sinngebung für unser Handeln und die Erklärungen, mit denen wir auf die Fragen nach unserer persönlichen und gesellschaftlichen Existenz antworten, verändern wird.

Auf diesem Gebiet die demokratische Nation anzustreben bedeutet, sich in der besten Tradition der Emanzipationstheorien vorzustellen, daß es möglich ist, das Leben zu verändern, und daß es notwendig ist, dies unter den unumgänglichen Bedingungen des eigenen Lebens zu tun. Das bedeutet die Anerkennung der anderen, der Vielfalt und folglich der Konflikte, die wesentlicher Bestandteil der Nation sind. Die Einheit der Nation ist so das Problem der modernen kollektiven Identität geworden, und nicht mehr das ihrer Vereinheitlichung unter der Diktatur einer Klasse, die sich in einer instrumentell wirksamen, aber kommunikativ eingeschränkten und durch den Staat verwalteten Kultur ausdrückt.

(Übersetzung aus dem Spanischen: Christine Weißert)

Anmerkungen

1 G. Vial: *Historia de Chile,* Santiago de Chile (Editorial Santillana) 1981, Vol. I, tomo 1, S. 38

2 A. Hurtado: *Es Chile un País católico?* Santiago (Ediciones Splendor) 1941, S. 86

3 Siehe E. Shils: *Los Intelectuales en los Países en Desarrollo,* Buenos Aires (Ediciones Tres Tiempos) 1976, bes. Kap. 1

4 Siehe Wirtschaftskommission für Lateinamerika (CEPAL): *Educación, Recursos Humanos y Desarrollo en América Latina,* New York, Vereinte Nationen, E/CN. 12/800, 1967

5 Siehe J. Habermas: *Toward a Rational Society,* London 1971, bes. Kap. 4

6 Von sehr verschiedenen Blickwinkeln aus wird diese These von A. Pinto und M. Góngora u. a. vertreten.

7 Siehe wiederum die Arbeiten von A. Pinto über die Interpretation der Entwicklung in Chile

8 J. Nun: »El Otro Reduccionismo«, in: *América Latina: Ideología y Cultura,* FLACSO, San José/Costa Rica 1982, S. 19

9 Ich habe diesen und mehrere andere Punkte ausführlich in dem Buch *La Cultura Autoritaria en Chile,* FLACSO, Santiago 1981, behandelt.

10 Siehe a. a. O.

11 Siehe zum Beispiel J.J. Brunner: *Ideologías y Cambio en la Universidad Chilena,* FLACSO, Santiago 1981

12 Siehe J.J. Brunner: *La Cultura Autoritaria,* a. a. O.

13 A. a. O., bes. Kap. 2

14 Diese These wird ausgeführt zu Beginn der *Historia de Chile* von Gonzalo Vial, a. a. O.

15 A. a. O., S. 32. Vial bezieht sich hier auf die Klasse, die sich siegreich nach dem Bürgerkrieg von 1891 erhebt und die sich, aufgebläht durch den Sieg, sehr bald ihrem Abgrund nähert.

16 Ich habe diesen Punkt näher ausgeführt in: *La Cultura Autoritaria,* a. a. O., und seine Anwendung auf die Universitätspolitik in: *Ideologías y Cambio,* a. a. O.

17 Siehe J. Habermas: *Problemas de Legitimación en el Capitalismo Tardío,* Buenos Aires (Amorrortu Editores) 1975

18 Siehe J.J. Brunner: *Argumentos y Realidad en la Universidad Chilena,* FLACSO, Santiago 1982

19 Siehe J.J. Brunner: *La Cultura Autoritaria,* a. a. O., Kap. 3

20 Siehe J. Habermas: *Communication and the Evolution of Society,* London 1979, bes. Kap. 2

21 Siehe J.J. Brunner: *Cultura, Vida Cotidiana y Sociedad,* FLACSO, Santiago 1982. Eine gekürzte und überarbeitete Version dieser Arbeit erschien in der Zeitschrift *Chile-América* (Rom), 84-85/1983

22 Siehe G. Briones: *Mercado de Trabajo, Ocupación y Educación Universitaria en la Economía Neo-Liberal. Chile: 1976-1981,* PIIE, Santiago 1982

23 Siehe E. Valenzuela/E. Solari: *Los Jóvenes del Ochenta,* SUR, Santiago 1982

24 A. a. O., bes. Darstellung 25-27

25 Siehe J.J. Brunner: »Ideología, Legitimación y Disciplinamiento«, in: *Autoritarismo y Alternativas Populares en América Latina* (mehrere Autoren), FLACSO, San José/Costa Rica 1982

26 G. Vial: *Historia* (Anm. 1)
27 Siehe M. A. Garretón: *Evolución, Política y Problemas de la Transición a la Democracia en el Régimen Militar Chileno*, FLACSO, Santiago 1982; außerdem A. Varas: *La Política Chilena frente al Cesarismo o la Democracia*, FLACSO, Santiago 1983
28 Siehe G. Campero: *El Sindicalismo Chileno después de 1973*, ILET, Mexico und Santiago de Chile 1981; ebenso ders.: *El Movimiento Sindical Chileno en el Capitalismo Autoritario*, ILET, Santiago 1982; siehe auch J. Martínez/ E. Tironi: *Clase Obrera y Modelo Económico*, SUR, Santiago 1983
29 Ich verdanke diese Formulierung den Unterhaltungen im Circulo de los Jueves und folglich den Arbeiten A. Flisfischs, N. Lechners und T. Moulians. Außerdem hierzu J. Habermas: *Communication and the Evolution of Society*, a. a. O.
30 Siehe C. B. Macpherson: *The life and times of liberal democracy*, Oxford 1977
31 Siehe J. J. Brunner: »Ideología, Legitimación y Disciplinamiento«, in: a. a. O.
32 Siehe N. Lechner (Hg.): *Que significa Hacer Política?* DESCO, Lima 1982
33 Zum Beispiel J. J. Brunner: *La Cultura Autoritaria*, a. a. O., Kap. 1
34 Das Thema wurde in mehreren Arbeiten von T. Moulian behandelt.
35 Das Thema wurde bei mehreren Gelegenheiten von N. Lechner behandelt.
36 J. Habermas: *Communication and the Evolution of Society*, a. a. O., S. 120 (aus dem Spanischen ins Deutsche rückübersetzt)

Sozio-politische Subjekte und Demokratisierung

Einleitung

Bei der Analyse der chilenischen Gesellschaft während der letzten Jahre hat man auf zwei einander ergänzenden Linien gearbeitet. Einerseits hat man die großen sozialen und politischen Prozesse untersucht und Wesen, Entwicklung und Perspektiven der Militärregierung und der strukturellen, institutionellen und kulturellen Transformationen, die im Lande stattgefunden haben, analysiert. Die strukturellen Phänomene sowie die soziopolitischen und ideologischen Prozesse mit ihren Widersprüchen und Konflikten bilden den großen Rahmen, innerhalb dessen die verschiedenen sozialen Subjekte handeln. Es ist dies eine Studie des »Kontextes«, des strukturellen historischen Hintergrundes, des äußeren Rahmens der »Kämpfe« und der »Kämpfe« selbst, nicht hingegen der »Kämpfenden«[1]. Andererseits sollen die großen Schauplätze mittels der Subjekte selbst herausgearbeitet werden, es soll der einzelne »Kämpfer« eher als der »Kampf« in seiner Gesamtheit untersucht werden; Merkmale und Entwicklungsstadien der sozialen Kräfte innerhalb der Gewerkschaften, der Militärs, der Kirche, der Studenten und der Bauern sollen untersucht und in jeder

---

Die erste Fassung der vorliegenden Arbeit wurde als Vortrag gehalten beim Regionaltreffen der Länder des Cono Sur, das mit dem Titel:»Los procesos de planificación y sus condicionantes socio-políticos en el Cono Sur« (Planungsprozesse und ihre sozio-politischen Grundlagen im Südkegel) von der Sociedad Interamericana de Planificación in Santiago im Mai 1984 organisiert wurde. Eine zweite Version erschien als Vorwort in Guillermo Camperos Buch *Los gremios empresariales* (ILET 1984). Die vorliegende Fassung erschien zum Ersten Chilenischen Kongreß für Soziologie und zur Veröffentlichung durch die Interamerikanische Gesellschaft für Planung.

Gruppe sollen die sozialen Subjekte aufgezeigt und interpretiert werden, um die Komplexität einer Gesellschaft darzulegen, die sich nicht auf strukturelle Dynamik und Logik reduzieren läßt. Viele dieser Subjekte waren für die Intellektuellen und die Aktionisten unbekannte Größen, und diese Unkenntnis mußte teuer bezahlt werden. Heute schließen wir uns den gewaltigen kollektiven Anstrengungen an, diese Subjekte zu entdecken und zu erfassen.

An dieser Stelle sollen beide Linien zusammengeführt werden[2]. Wenn man davon ausgeht, daß die Machtübernahme der Militärs im Cono Sur, unabhängig vom Erfolg oder Scheitern ihres Modells, einen Bruch im Konstituierungsprozeß der Gesellschaft, das heißt ihrer Handlungsträger und sozialen Subjekte, bedeutete, so kommt dem Entfallen eines Komplexes von Beziehungen und Faktoren, der Frage nach den Perspektiven der Demokratie als alternativem Regierungssystem, eine andere Bedeutung zu. Sie impliziert den Rekonstituierungsprozeß der sozialen Identität und der Identität der Subjekte[3].

Untersucht man ausschließlich den Kontext oder den »Kampf« als solchen, so läuft man Gefahr, eine Gesellschaft aufzuzeigen, die Prozessen, Spannungen und Konflikten unterworfen ist, in der es jedoch keine Menschen gibt, die sich organisieren, handeln und kämpfen über die externe Dynamik und vorgegebene Richtlinie, der sie sich anzupassen haben, hinaus. Gefühle, persönliche Standpunkte, Interessen und Errungenschaften der Männer und Frauen werden nur berücksichtigt als einzelne Elemente innerhalb des großen umfassenden Rahmens von Wirtschaft, Politik oder Kultur. Wir lernen die Geschichte kennen, nicht jedoch diejenigen, die sie machen, ihre Hintergründe und ihre Vorgehensweise.

Doch kann ein Studium der sozialen Subjekte nicht den Kontext ignorieren, innerhalb dessen sie sich bewegen. Der Versuch, den »Kämpfer« für sich allein zu untersuchen, kann zur totalen Identifizierung des Analytikers mit dem Subjekt führen, so daß die Interpretation der Wirkung seiner Handlung verwechselt wird mit der Darstellung des Subjekts. Damit erscheinen die »anderen« sozusagen als bloße Konstruktionen des untersuchten Subjekts ohne eigene Ratio, und sein Handeln ähnelt der Verteidigung gegen Schattenfiguren, von denen man nicht weiß, wofür sie stehen und wofür sie kämpfen. (Wir erinnern an die berühmte Erzählung von Cortazar: Der Erzähler identifiziert sich bei der Beschreibung eines Boxkampfes in so hohem Maße mit einem der beiden Boxer, daß er schließlich nur noch dessen Handlung beschreibt, ohne zu verstehen, wie dieser von seinem nie erwähnten Rivalen besiegt wurde.)

Die Analyse des Subjekts wird zu seiner eigenen Rechtfertigung, und die vielfältigen Bedeutungen eines Konfliktes, eines »Kampfes« werden reduziert auf die vom Subjekt erzielte Wirkung. Ohne Kontext, ohne »andere«

mit eigener Identität, wird die erklärende Darstellung der Handlung des Subjekts schwanken zwischen externer struktureller Determinierung und totalem reaktivem Voluntarismus gegenüber dem Milieu, innerhalb dessen es seine Handlung entfaltet.

Analytische Fragen zu den Subjekten

1. Die Analyse der sozialen Subjekte schwankt zwischen zwei Extremen. Zum einen gibt es die klassische Interpretation, welche die sozialen Klassen als die privilegierten Subjekte bzw. als die einzigen überhaupt sieht[4]. Das bedeutet, die Subjekte sind von der Gesellschaftsstruktur vorgegeben und das, was wir »handeln« sehen, sind Ausstrahlungen dieser Struktur mit objektiven »immanenten« Interessen. Das Grundproblem dabei besteht in der Wahrnehmung dieser Interessen (falsches oder richtiges Bewußtsein), der Organisierung zu deren Durchsetzung (Gewerkschafts- und Parteientheorie) und der Konfrontation mit anderen zur Umsetzung der Interessen in Realität (Klassenkampf). Die soziale Szenerie wird von den Klassen dominiert, und die augenscheinliche Vielfalt der konkreten Subjekte innerhalb einer Gesellschaft wird immer wieder interpretiert als »Fraktionen« oder »Repräsentanten« der Klasse, also in direkter Beziehung zu den Klassen. Hierbei dominiert die situationsgebundene Analyse des Subjekts, seiner Determinierung durch die Gesellschaftsstruktur und durch vorgegebene Kräfte und Gesetze. Die Handlung hat allein den Sinn, der ihr durch die objektive Situation des Subjekts zugeordnet wird, das Subjekt ist nicht »schuld« an diesem Sinn.

Andererseits gibt es die Form der sozialen Analyse, die das Subjekt aus der objektiv determinierten Situation loslöst und ihm autonomen Willen und die Fähigkeit zur fast völligen Selbstbestimmung verleiht. Hierbei liegt der Schwerpunkt auf dem »Sinn«, den das Subjekt selbst seiner Handlung verleiht, und verstärkt damit die Bedeutung von Ideologien und Theorien. Die Subjekte sind einzig und allein Träger von Interessen, die sie selbst für sich anerkennen und proklamieren oder die aus ihrem konkreten Verhalten hervorgehen. Die sozialen Klassen lösen sich auf in einer Vielfalt von empirischen Subjekten mit der alleinigen Determinierung durch die Interaktion und ihren entscheidenden eigenen Willen.

2. Die Subjekte, mit denen sich die soziale Analyse vorzugsweise befaßt und die hier angesprochen werden, sind nicht zu verwechseln mit einer beliebigen Gruppe, die am Leben einer Gesellschaft teilnimmt. Es geht um diejenigen, die vielleicht nicht ganz angemessen bezeichnet werden als »relevante soziale Subjekte«. Mit anderen Worten, wir sprechen von den

»Handlungsträgern«, das heißt den Trägern der kollektiven Handlung, die sich in ihrer Theorie oder Praxis auf Prinzipien der Strukturierung, der Beibehaltung oder Transformierung der Gesellschaft berufen, die eine gewisse »historische Dichte« haben, die sich in die historischen Projekte für und gegen eine Gesellschaft integrieren.

Wie bereits anderweitig dargestellt[5], besteht hier eine nie gelöste Spannung zwischen Subjekt und historischem Handlungsträger. Ein Handlungsträger oder Konstituierungsprinzip einer kollektiven Handlung, das bereit ist zur Definition, Unterstützung oder Transformation einer Gesellschaft, wird sich niemals mit einem Subjekt eindeutig identifizieren können. Es wird immer dementsprechend handeln und versuchen, dies unter Berufung auf seine Repräsentanten zu tun bzw. versuchen, seine Handlungen hervorzuheben. Wir sprechen von Handlungsträgern, obwohl wir das Rollenverhalten kennen, nach dem sich das Volk niemals identifizieren wird mit einer Klasse noch mit ihren Organisationen, seien dies Gewerkschaften oder Avantgarden; weder identifiziert sich der Revolutionär mit der Partei noch die Nation mit ihm oder dem Staat, der Demokrat identifiziert sich ebensowenig mit den Kräften, die sich auf die Demokratie berufen, wie der Fortschritt oder die Wissenschaft mit dem Betrieb, der Technokratie oder den Intellektuellen (ebensowenig wie auf anderer Ebene das Christentum mit den Kirchen etc.). Es gibt kein »relevantes« Subjekt ohne Berufung auf einen Handlungsträger und das Bestreben, ihn zu repräsentieren. Jedes relevante Subjekt nennt immer parteiisch und offensiv seinen Handlungsträger, doch identifiziert es sich nicht mit ihm. Ein historischer Handlungsträger verhält sich fast immer und parteiisch zu verschiedenen Subjekten, dies können Organisationen, Gruppen oder Individuen sein.

3. Aus dieser Perspektive ergibt sich als Hauptaufgabe für die soziale Analyse die Untersuchung der Art und Weise, wie sich eine sozial determinierte Kategorie (Arbeiter, Jugendliche, Unternehmer etc.) in einen Handlungsträger transformiert[6], das heißt in etwas, was über die Summe der empirischen Kennzeichen dieser Kategorie und die Erscheinungsformen ihrer Organisation hinausgeht. An diesem Punkt kann unseres Erachtens die These erstellt werden, daß jede Gesellschaft ihre eigene Matrix zur Konstituierung sozialer Subjekte hat, das heißt eine spezifische Form, in der eine »Kategorie« oder »soziale Basis« zu einem sozialen Subjekt des von uns gemeinten Typus auf lokaler oder nationaler Ebene wird.

Diese »konstituierende Matrix« sozialer Subjekte erinnert an die für jede Gesellschaft spezifische Gliederung von Staat und bürgerlicher Gesellschaft, der eine allgemeine Klassentheorie allein nicht gerecht werden kann, auch wenn diese Gliederung eindeutig die Klassenstruktur beinhaltet. Die Analyse dessen, was als Produktionsweise einer Gesellschaft bezeichnet wird, ist eindeutig nicht ausreichend zur Bestimmung dieser

Matrix, die gleichzeitig mit in jedem einzelnen Fall für sich zu prüfenden Determinierungen die wirtschaftlichen Verhältnisse (oder materielle Basis), die politischen Verhältnisse (oder das System der Machtverhältnisse) und die Kultur (oder das Bild, das die Gesellschaft von sich selbst hat) beinhaltet. Weiter unten soll dies am Falle Chiles untersucht werden.

4. Die von uns untersuchten Subjekte (Handlungsträger) sind um bestimmte Konstituierungsprinzipien oder -schwerpunkte herum strukturiert. Es existiert einerseits das, was als korporativer oder »partikularistischer« Schwerpunkt im weiten Sinne bezeichnet werden kann[7] und der sich folgendermaßen herauskristallisiert:

a) aus den sozio-kulturellen Merkmalen oder Bedingungen der sozialen Kategorie, der das Subjekt angehört;

b) aus den diesen Bedingungen erwachsenden Forderungen;

c) aus den Charakteristika der Organisationen und Institutionen des Milieus, innerhalb dessen sich das Subjekt entfaltet.

Andererseits existiert der sozio-politische Schwerpunkt bzw. das sozio-politische Prinzip. Dieses besteht aus:

a) der Orientierung an der Beibehaltung, Modifikation oder Transformation des sozialen Systems;

b) dem Bezug zum Staat;

c) der Form der Beziehungen zu anderen Subjekten bei der Entwicklung dieser Orientierungen.

Das bedeutet, es existieren primär korporative und primär sozio-politische Subjekte entsprechend ihrem jeweiligen Konstituierungsprinzip oder -schwerpunkt, auch wenn dieser für das einzelne Subjekt eine zeitabhängige Variable sein kann. Somit kann die Hypothese erstellt werden, daß die höchste Fähigkeit zu Integration, Einfluß und Stabilität eines sozialen Subjekts abhängig ist von seiner Potenz, beide Schwerpunkte zu kombinieren[8].

Kollektive Handlung kann im korporativen Raum, das heißt innerhalb des Spielraums der sozialen Kategorie oder der Organisation verbleiben, oder im politischen Bereich stattfinden, das heißt auf dem Gebiet umfassender Entscheidungen oder staatlichen Handelns.

Die Verbindung der aufgezeigten Prinzipien, das heißt der Prinzipien der Strukturierung und Konstituierung des Subjekts mit dem Bereich, in dem sie zum Tragen kommen, erlaubt eine erste Klassifizierung der historischen Subjekte. Es gibt demgemäß korporativ strukturierte Subjekte, die sich im rein korporativen Raum bewegen, wie dies die mittelständischen Berufsvereinigungen lange Zeit waren. Und es gibt korporative Subjekte, die sich im politischen Raum bewegen, wie dies — um das Beispiel fortzuführen — dieselben Gruppen in der Zeit von 1970 bis 1973 taten. Und es gibt sozio-politisch strukturierte Subjekte, die sich im korporativen Raum bewegen, wie dies lange Zeit bei der chilenischen Studentenbewegung der

Fall war, die aus den Jugendgruppen der Parteien, aus denen sich die Studentenvereinigungen gebildet hatten, hervorgegangen war[9]. Typisch soziopolitische Subjekte schließlich, die sich im politischen Raum bewegen, sind die Parteien[10].

Soziale Subjekte und Demokratisierung

Die dargelegten analytischen Prinzipien können auf die Situation Chiles und einen Kontext des politischen Übergangs oder der Demokratisierung Anwendung finden. Wir werden hier nur vier Punkte, die den Rahmen des Problems bilden, näher behandeln.

1. Zuerst müssen wir auf das, was wir als konstituierende Matrix der sozialen Subjekte in Chile in den letzten Jahrzehnten vor dem Regierungswechsel bezeichnet haben, eingehen. In anderen Untersuchungen haben wir bereits hingewiesen auf ihre Definition als Verflechtung von sozialer Basis und parteipolitischer Struktur mit breitem und klar abgegrenztem Spektrum, das gegenüber dem Staat Druck ausübt als Basisvertreter der kollektiven Handlung[11]. Die Gewerkschaften, die Bauern und die Studenten, um einige aufzuführen, organisierten sich ausgehend von diesem »Rückgrat«, das über die sozio-politische Organisation Staat und bürgerliche Gesellschaft verband. Dies bedeutete die Konsolidierung einer starken politischen Klasse als Mittlerin zwischen den »Menschen«, der Politik und dem Staat. Die Merkmale dieser Konstituierung der sozialen Subjekte waren die starken Strukturen der politischen Zusammenarbeit, das heißt die charakteristische Präsenz der politischen Kräfte und die relative Schwäche der sozialen Klassen und der autonomen Organisationen der bürgerlichen Gesellschaft. Hier ist noch anzumerken, daß einige Subjekte, etwa die mittelständischen Berufsvereinigungen, sich zu diesem Rückgrat distanziert verhielten, vor allem im Vergleich mit den historischen Handlungsträgern, wie zum Beispiel den großen Gewerkschaftsorganisationen[12].

Zusammen mit dem Fehlen einer politischen Klasse, die sie repräsentiert hätte, macht dies ebenso die zögerliche Integration in die politische Szene deutlich wie das Fehlen zusammenhängender Projekte historischer Handlung mit Schwergewicht auf defensiven Strategien.

Für die Subjekte der eigentlichen kapitalistischen Klasse war diese Distanz zweifelsohne geringer aufgrund ihrer Verbindungen zur »politischen Rechten«. Vor allem jedoch wurde sie kompensiert durch die größere Stärke »ihrer« bürgerlichen Gesellschaft (wirtschaftliche Macht, private Erziehung, ihnen nahestehende, von Parteiorganisationen unabhängige Medien, mehr Einfluß und Tradition der korporativen Organisationen).

2. Nach mehr als einem Jahrzehnt der Militärdiktatur ist die Hauptfragestellung in bezug auf die konstituierende Matrix der sozialen Subjekte heute auf ihren Fortbestand, ihren Zerfall oder ihre Substituierung zu richten. Ist sie unversehrt erhalten geblieben, so besteht das Hauptproblem nun in ihrer Reintegration und der Wiederherstellung ihrer Öffentlichkeit; liegt ein Zerfallsprozeß mit der Verschmelzung alter und neuer Konstituierungsformen der sozialen Subjekte vor, so besteht das Problem in der Beziehung des im Zerfall befindlichen Sektors zu den neuen Strukturierungsmechanismen. Falls es schließlich zur Bildung und Konsolidierung einer neuen sozialen Ordnung mit eigener konstituierender Matrix gekommen ist, besteht das Hauptproblem nun im Entstehen der neuen sozialen Subjekte und ihren internen Konfliktmustern.

Ohne daß wir hierzu eine detaillierte Lösung ausarbeiten, gestatten uns unsere Studien sowohl zu den strukturellen Transformationen (im ökonomischen Bereich und auf dem Gebiet der sozialen Schichtenbildung) als auch zu den institutionellen Transformationen (Normen der sozialen Organisation und Konfliktregulierung, Existenz eines repressiven Systems, Beschränkungen der politischen Betätigung etc.) während der Militärregierung, eine allgemeine Hypothese zu erstellen [13].

Die konstituierende Matrix der sozialen Subjekte in Chile, das »Rückgrat«, machte einen relativen Zerfallsprozeß durch unter Fortbestand vieler seiner Elemente und höchstens schwacher Ansätze zu seiner Substituierung. Es wurde weder ganz und gar eliminiert noch durch eine neue soziale Ordnung substituiert, was den Wünschen der Militärregierung entsprochen hätte. Dieser Zerfall wird an verschiedenen Prozessen erkennbar.

Zuerst setzte eine Reduzierung, Schwächung und Verarmung der materiellen Basis bzw. der Konstituierungsspielräume der klassischen sozialen Subjekte ein (Reduzierung der industriellen Infrastruktur, des Erziehungswesens, des staatlichen Apparates, Zersetzung des Beziehungsnetzes in der Landbevölkerung), ohne daß an ihrer Stelle die materielle Basis oder der Raum für neue Subjekte, die wie dynamische Schwerpunkte hätten entstehen können, geschaffen worden wäre. Dies führte dazu, daß dieselben Subjekte weiter existierten, jedoch zahlenmäßig reduziert, schwächer und ärmer. Diese Entwicklung verlief parallel zu der Häufung individueller Positionen in der sozialen Struktur und dem Rückgang schwer organisierbarer Bereiche, das heißt dem Einsetzen eines nachhaltigen Atomisierungsprozesses.

An zweiter Stelle steht auf institutioneller Ebene der Wegfall der Möglichkeiten zu kollektiver Handlung, zurückzuführen sowohl auf die Repression als auch auf die Reduzierung des öffentlichen Raumes und auf die Normen für Organisation und Konfliktregulierung. Hinzu kommt der abnehmende staatliche Bezug der organisierten Aktion und der Verbindungen zwischen sozialen und politischen Organisationen. Dies hat die Intensivierung des Atomisierungsprozesses zur Folge, und die kollektive Handlung durchbricht in vielen Fällen ihre Schranken.

Drittens fiel auf der Ebene der eigentlichen politischen Subjekte das parteipolitische Spektrum Chiles nicht der Zerstörung anheim und konnte seine Stabilität und Authentizität[14] unter Beweis stellen. In jedem Fall kam es in diesem Spektrum zu relativ bedeutenden Veränderungen, erkennbar an zwei Phänomenen: dem Zerbröckeln und dem langsamen Wiedererstehen der Rechten und der sozialistischen Linken. Offen bleibt dabei, ob es in Zukunft wieder eine dreiteilige Parteienlandschaft geben wird (die Rechte, ein nicht schwankendes Zentrum und die Linke mit verschiedenen Organisationen, die aber derselben Matrix oder politischen Aktion angehören) oder ob sich vier Schwerpunkte in der politischen Landschaft etablieren werden (die Rechte mit einer oder zwei Parteien, das Zentrum mit einer starken Partei und mehreren anderen in seiner Gefolgschaft und zwei linke Parteien mit unterschiedlicher Matrix, der sozialistischen und der kommunistischen). Die wichtigste Entwicklung ist eine gewisse Veränderung der internen Beziehungen zwischen Parteien und sozialen Organisationen, wobei das uneingeschränkte Dominieren eines Modells der Verflechtung dieser beiden Institutionen überzugehen scheint in eine Kombination des Verflechtungsmodells mit dem Modell der Spannungsbeziehung zwischen Parteiorganisation und sozialer Organisation. Bewirkt wird dies durch die Ausdehnung jenes Bereichs, der keinen Zugang zur Parteiorganisation hat und sehr schwer von ihr vertreten werden kann.

Insgesamt gesehen resultierte aus dem relativen Zerfall der konstituierenden Matrix der sozialen Subjekte der Fortbestand der kollektiven Subjekte aus früherer Zeit in reduzierter Form unter Einschränkung ihres korporativen und politischen Raumes, die zunehmende Heterogenität der Gesellschaft mit Ausdehnung der nicht organisierbaren Bereiche, die Verschärfung der Probleme der Herausbildung eines von oben her übergreifenden Rückgrats der organisierbaren Bereiche und die Zunahme ihrer Repräsentationsprobleme, die Erzeugung einer organisch schwachen Basisaktivität und das zunehmende Auseinanderklaffen zwischen korporativer Forderung und umfassender Politisierung. Man kann also nicht umhin, von einer Krise der Repräsentation zu sprechen. Doch der Fortbestand der parteipolitischen Struktur und der Führungsstrukturen in der sozialen Organisation würde sicherlich das Abnehmen dieser Distanz und das Entstehen eines gewissen Mobilitätspotentials in Zeiten der sozialen oder politischen Krise ermöglichen.

3. Dies bedeutet nun, daß die Veränderungen in der Form der Konstituierung der sozialen Subjekte, die hier grob umrissen worden sind, im Zusammenhang mit den verschiedenen Phasen der Militärregierung gese-

hen werden müssen [15]. In anderen Worten, abhängig von den Problemen jeder einzelnen dieser Phasen war der eine oder der andere Typus der sozialen Subjekte vorherrschend. In der Installierungsphase der Militärregierung, als der Schwerpunkt auf reaktive und repressive Aspekte gelegt wurde, war der wichtigste und fast alleinige Handlungsträger der Regierung der staatlich-militärische, und in der übrigen Gesellschaft war die Kirche derjenige Handlungsträger, der dem politischen System einen Ersatzraum bot und für seinen Überlebenskampf den besten Rückhalt bieten konnte. In der Phase, in der das Regime den Schwerpunkt auf die Transformation der Gesellschaft legt, wird der staatliche Handlungsträger zum hegemonischen Kern aus militärischer Führung und einer Gruppe von Technokraten, die die Transformation zu steuern hat. Innerhalb der Gesellschaft entstehen an der Seite der Kirche Subjekte des korporativen Typus mit dem Handlungsprinzip der Verteidigung der von diesen Transformationen bedrohten Identität. Die Phase der Krise des Regierungsprojektes ist gekennzeichnet durch die Schwächung des staatlichen Handlungsträgers und dadurch, daß innerhalb des Bereiches, der die Regierung unterstützt, eine Vielzahl korporativer Subjekte entstehen, die sich vom Regime mittels für ihre Bereiche spezifischer Forderungen distanzieren und deren Hauptproblem – dies ist am Beispiel der Unternehmer deutlich geworden [16] – in dem Schritt vom korporativen zum politischen Bewußtsein besteht. In der übrigen Gesellschaft geht die Opposition dazu über, sich zu strukturieren in verschiedenen politischen Subjekten, die versuchen, den durch die Krise entstehenden Raum einzunehmen, und in verschiedenen sozialen Subjekten, die das korporative Prinzip der Bedürfnisbefriedigung mit dem politischen Prinzip der Demokratisierung zu verbinden suchen.

Hierbei liegt das Problem im Wiederaufbau der Beziehungen zwischen dem »politischen Bereich« und dem »sozialen Bereich«. Hinter der scheinbaren Abkoppelung des einen Bereiches vom anderen verbirgt sich eine seltsame Beziehung, in der keiner der beiden Bereiche Autonomie entwickelt. Zwischen dem sozialen und dem politischen Bereich gibt es keine Bindeglieder, denn beide Bereiche identifizieren sich, verschmelzen und ersetzen sich gegenseitig. Dies bedeutet, die politischen Subjekte zeigen sich beunruhigt durch die Instrumentalisierung der sozialen Mobilisierung und die sozialen Subjekte durch die konzertierte politische Aktion. Die mangelnde Vielfalt trägt zur Unbeweglichkeit bzw. zum Zerbröckeln beider Bereiche bei.

4. Die Analyse des vorherrschenden Subjektstypus und seiner Handlungsprinzipien in der jeweiligen Phase der Militärregierung kann auf die Übergangs- und Demokratisierungsprozesse ausgedehnt werden. Es ist durchaus interessant, daran zu erinnern, welchen Charakter diese Prozesse

unter dieser Art von Regierung annehmen [17]. Die Haupthypothese zu diesem Komplex wird dahingehend erstellt, daß der Wechsel von der Militärregierung zu einer Regierung demokratischen Typs, d.h. des Übergangs, nicht durch eine Konfrontation mit anschließender militärischer Niederlage der Streitkräfte eintritt, sondern durch die Entscheidung der Streitkräfte, die Macht abzugeben, entweder innerhalb eines von ihnen selbst festgesetzten Zeitraumes oder innerhalb einer in Verhandlungen ausbedungenen Frist. Daraus folgt, Ende der Militärregierung und »revolutionäres Moment« treten nicht gleichzeitig ein, und die Militärregierung wird kaum freiwillig auf die Macht verzichten. Davon ausgehend ist der Prozeß der sozialen Demokratisierung im Unterschied zur politischen Demokratisierung bzw. zum Übergang ein für die künftige demokratische Regierung noch ungelöstes Problem und wird möglicherweise zur Voraussetzung für ihre Stabilität. Geht man jedoch aus von dem Typus der Transformationen, die innerhalb der Gesellschaft stattgefunden haben und auf die wir bereits eingegangen sind, so kann von einem »unsichtbaren Übergang« gesprochen werden, entstehend aus der Rekonstituierung der »sozialen Basis« und ihrer Verbindung zur politischen Gesellschaft, auch wenn dies nicht über vom Regierungssystem abhängige Mechanismen und Zeiträume zum Ausdruck kommt. Abschließend ist eindeutig hervorzuheben, daß die Aussage, ein Übergangsprozeß finde in diesen Fällen aufgrund der Rücktrittsentscheidung der Streitkräfte statt, nicht das Vorliegen eines eigenständigen Entschlusses beinhaltet, sondern eine von der Vereinigung zweier Prozesse innerhalb der bürgerlichen Gesellschaft abhängige Entscheidung: einerseits der Prozeß der sozialen Mobilisierung, der die Krise der Gesellschaft in die Streitkräfte hineinträgt, andererseits der Prozeß der politischen Konzertierung, der diese Mobilisierung zu einem gangbaren politischen Weg »transformiert«.

In diesem Zusammenhang kann das Problem der Subjekte wieder aufgeworfen werden. Hier ist zu unterscheiden zwischen Subjekten mit dem Ziel der Destabilisierung eines Regierungssystems mit den Handlungsprinzipien des Protestes und der Mobilisierung, Subjekten mit dem Ziel des Überganges mit dem Grundprinzip der konzertierten Aktion, und Subjekten der demokratischen Konsolidierung, deren Grundprinzip in der Vereinigung einer Übereinkunft nach den Regeln des politischen Spiels mit einem Projekt der sozialen Transformation besteht. In anderen Worten, diejenigen sozialen Kräfte, die in der Lage sind, eine Militärregierung zu destabilisieren oder ihr Ende herbeizuführen, müssen nicht dieselben sein, die einen Übergang zur Demokratie gewährleisten, und diese wiederum gewährleisten ebensowenig in jedem Falle die Stabilität der Demokratie in Zukunft [18].

Dieser letzte Gesichtspunkt hebt im Falle Chiles zwei unterschiedliche Probleme hervor: einerseits die Notwendigkeit, eine neue Art von Bezie-

hung herzustellen zwischen sozialen und politischen Subjekten des Mittel-
standes und der unteren Schichten, die bisher antagonistisch aufeinander-
trafen, d. h. eine Beziehung, die die Bildung eines progressiven historischen
Blocks gewährleistet, der den Konsens nach Spielregeln mit dem langfristi-
gen Konsens gemäß sozialer Transformation verbindet. Politisch gesehen
bedeutet dies eine neue Art von Beziehung der Subjekte des politischen
Zentrums zu den Subjekten der chilenischen Linken insgesamt [19]. Ein zwei-
tes Problem besteht in der Konstituierung derjenigen Subjekte, die eine
Beziehung vom politischen zum sozialen Bereich bzw. vom politischen zum
korporativen Bereich herstellen, die sich unterscheidet von der Beziehung,
wie sie aus der bis 1973 vorherrschenden konstituierenden Matrix entstanden war. Dies bezieht sich nicht allein oder unbedingt auf die Beziehungen,
die von den traditionellen sozialen Subjekten hergestellt wurden, sondern
auf die Möglichkeit des Entstehens von Subjekten, die nicht nur Interessen,
sondern auch nichtkorporative Forderungen zum Ausdruck bringen, d. h.
Zielsetzungen und Gedanken, in denen korporatives Denken und politische Aktivität (Menschenrechtsbewegungen, kulturelle Vereinigungen etc.)
verschmelzen, die sowohl eine Prätorianisierung der Gesellschaft als auch
ihre polarisierende Ideologisierung und Aufsplitterung in Parteien verhindern.

(Übersetzung aus dem Spanischen: Waltraud Mayer)

Anmerkungen

1 A. Touraine: *La Société invisible*, Paris 1977
2 Der Verfasser hat hauptsächlich zu der zweiten der genannten Linien gearbeitet, insbesondere zur Analyse von Regierungen und politischen Prozessen. Siehe M. A. Garretón: *El proceso político chileno*, FLACSO, Santiago 1983, und T. Moulian: *La Unidad Popular y el conflicto político en Chile*, Santiago (Ediciones Minga) 1983
3 Dazu unter anderen N. Lechner: *La conflictiva y nunca acabada construcción del orden deseado*, FLACSO, Santiago 1984; O. Landi:»Sobre lenguajes, identidades y ciudadanías políticas«, in: N. Lechner: *Estado y política en América Latina*, México (Siglo XXI) 1981; J. Nun:»La rebelión del coro«, in: *Revista Nexos* (México) 46/1981; A. Touraine: *Actores sociales y pautas de acción colectiva en América Latina*, Borrador de discusión, PREALC, Santiago 1984. Zur Charakterisierung dieser Militärregierungen siehe M. A. Garretón: *El proceso ...*, a. a. O., und»Proyecto, trayectoria y fracaso de los regímenes militares del Cono Sur: un balance«, in: *Revista Alternativa* (Santiago) 2/1984
4 Siehe dazu eine kritische Abhandlung in: J. Nun: *La rebelión*, a. a. O.
5 Wir greifen hier sehr frei alte Formulierungen auf von A. Touraine: *Sociologie de l'action*, Paris 1965.
6 A. Touraine: *Actores sociales ...*, a. a. O.
7 Wir wissen wohl, daß diese Bezeichnungen irreführend sein können. Der Terminus »korporativ« verweist nicht allein auf den Aspekt der »Organisation« oder »Korporation«, sondern erstreckt sich auf spezielle Merkmale einer bestimmten sozialen Kategorie (z. B. Frauen, Jugendliche).
8 Ein gutes Beispiel hierfür ist die chilenische Studentenbewegung der letzten Jahrzehnte. Ihre »goldene Zeit« war während der Universitätsreform, in der beide Schwerpunkte vereinigt wurden: Berücksichtigung der Interessen und Ziele der Studentenschaft und Entwurf eines Projektes der Transformation auf nationaler Ebene. In den vorangegangenen Etappen dominierte isoliert, je nach Universität, entweder der korporative Schwerpunkt — bei einigen privaten Universitäten vor den sechziger Jahren — oder der politisch-soziale Schwerpunkt — dies war bei der Universidad de Chile der Fall. Das fast uneingeschränkte Vorherrschen dieses letzten Prinzips Ende der sechziger und zu Beginn der siebziger Jahre führte zum Verschwinden der studentischen Reformbewegung und zu ihrer Substituierung durch eine politische Studentenbewegung. Siehe E. Valenzuela: *La FECH de los años veinte: un movimiento estudiantil con historia*, SUR, Santiago, Documento de Trabajo, 1980, und *La FECH de los años treinta*, SUR, Documento de Trabajo, 1982, und M. A. Garretón:»Universidad y política en los procesos de transformación y reversión en Chile 1967-1977«, in: G. Rama (Hg.): *Universidad, clases sociales y poder*, Caracas (El Ateneo) 1982
9 Siehe Anm. 8
10 Auch hier wird beim Versuch der Klassifizierung der sozialen Subjekte der provisorische Charakter unserer Entwürfe offenbar, die nicht das gesamte Spektrum von möglichen Subjekten berücksichtigen können.
11 M. A. Garretón: *El proceso ...*, a. a. O.

12 G. Campero: *Los gremios empresariales,* ILET, Santiago 1984
13 Zu den Veränderungen in der Sozialstruktur siehe J. Martínez/E. Tironi: *Estratificación y cambio social en Chile en la década de los setenta,* CEPAL 1983. Unter anderen zeigen folgende Gruppen in ihrer Arbeit die institutionellen Veränderungen allgemein, auf dem Agrarsektor, im Arbeits- und Erziehungswesen je nach Arbeitsgebiet auf: Grupo de Estudios Constitucionales (Arbeitsgruppe zu Verfassungsstudien), Grupo de Investigaciones Agrarias (GIA — Arbeitsgruppe zu Untersuchungen im Agrarsektor), Programa Interdisciplinario de Investigaciones en Educación (PIIE — Interdisziplinäres Programm zu Untersuchungen im Erziehungswesen), Programa de Economía del Trabajo (PET — Programm der Arbeitsökonomie).
14 Eine umfangreichere Behandlung dieser Themen in M.A. Garretón: *El proceso ...,* a.a.O., und ders.: *Los partidos políticos en la transición y consolidación democrática en Chile,* FLACSO, Documento de Trabajo, 1984
15 Eine detaillierte Analyse dieser Phasen allgemein in *Proyecto, trayectoria ...,* a.a.O. Für den Fall Chiles *El proceso ...,* a.a.O.
16 G. Campero: *Los gremios ...,* a.a.O.
17 M.A. Garretón: »La transición política en el Cono Sur«, in: *Leviatán* (Madrid) 13/1983
18 Dies wird offenbar bei der Analyse sich widersprechender Ideologien von potentiell destabilisierenden Subjekten wie z.B. die mittelständischen Berufsvereinigungen und der Bedingungen, die sie einer demokratischen Regierung scheinbar stellen, um den Übergang zu ihr zu fördern; siehe G. Campero: *Los gremios ...,* a.a.O.
19 Ausführlicher behandelt in *El proceso ...,* a.a.O., und in *Los partidos ...,* a.a.O.

GABRIEL SANHUEZA SUÁREZ

Kollaboration und Opposition der Massenmedien

Vorbemerkung — Massenkommunikation als Geschäft

Die sozialen Kommunikationsmittel in Lateinamerika waren schon immer ein ideologisches Kontrollinstrument der nationalen herrschenden Klassen. Die wichtigste Rolle hierbei spielten in erster Linie die Großgrundbesitzer und danach die Industriellen. Diese beiden Gruppen wurden häufig durch ein und dieselbe Person repräsentiert und zwar dann, wenn Großgrundbesitzer ihren Gewinn in die urbane Industrie investierten. In diesem Sinn waren die Kommunikationsmittel in Lateinamerika von Anfang an eine Anlagemöglichkeit für das Kapital[1].

Die ausländische Kontrolle wird im allgemeinen nicht über direkte Besitzanteile ausgeübt. Dies ist auch nicht nötig, da die Sektoren, denen die Massenmedien in Lateinamerika gehören, ein ausgezeichnetes Beispiel dafür sind, wie die herrschenden Kreise mit dem imperialistischen Zentrum verbunden sind, dessen Interessen sie vertreten und an dessen Geschäften sie beteiligt sind[2].

Die Unabhängigkeit der Kommunikationsmittel in Lateinamerika ist auch deshalb nicht gewährleistet, weil

1. Zeitungen, Radiosender und Fernsehen sich durch Werbung, die größtenteils von den großen nordamerikanischen Werbeagenturen in Auftrag gegeben wird, finanzieren[3]. Der Anteil der Werbung beträgt bei Zeitungen bis zu 70 Prozent, bei Radiosendern bis zu 50 Prozent und im Fernsehen bis zu 30 Prozent.

2. Die Abhängigkeit von den internationalen Presseagenturen ist fast total. Bei einer Gesamtauflage von fünfzehn Millionen Zeitungen täglich in Lateinamerika kommen durchschnittlich 72 Prozent der Nachrichten von den zwei größten Presseagenturen: UPI und AP[4].

67

3. Die Ausbildung der Journalisten an den Universitäten oder an latein-amerikanischen Instituten für die Weiterbildung von Journalisten entspricht den nordamerikanischen Konzepten. Das Bild des neutralen Journalisten, dessen Aufgabe darin besteht, »objektive« Nachrichten zu verbreiten, ist zusammen mit der kapitalistischen Form des Eigentums eine Kontrollgarantie. Ein großer Teil der Unterrichtsprogramme an den ausbildenden Institutionen wird von nordamerikanischen Universitäten und Stiftungen unterstützt, und diese leiten auch die Ausbildung. Die Sociedad Interamericana de la Prensa (SIP) spielt in diesem Sinne eine wichtige Rolle. Das Centro Técnico der SIP erhielt eine Million Dollar von der Ford-Stiftung für die Mitarbeit bei der Einführung einer ›freien und verantwortungsvollen Presse‹ in Lateinamerika [5].

4. Die technologische Abhängigkeit durch die Einführung neuer Übermittlungstechniken in den Medien wird immer größer. Die Kabelfernsehtechnik und das Satellitenfernsehen liegen ausschließlich bei den großen, transnationalen Kommunikationsgesellschaften [6].

Chile bildet keine Ausnahme in diesem Konzept. Schon in den sechziger Jahren waren die Kommunikationsmittel in den Händen des Handels- und Bankenkapitals, bei starker Beteiligung ausländischen Kapitals [7]. Die Medien der Edwards-Gruppe sind ein Beispiel für diese Zusammenarbeit mit ausländischem Kapital, und sie verfügt im Vergleich zu den anderen Medien des Landes fast über ein Monopol. Verflechtungen gibt es mit der nordamerikanischen Rockefeller-Gruppe, und zwar nicht nur über die Edwards-Bank, sondern auch durch die wichtigste chilenische Tageszeitung *El Mercurio,* deren Direktor auch Präsident der International Economy Corporation Sa. war, ein Unternehmen, das auf Kapitalinvestitionen in Industrie und Handel spezialisiert ist. Im nationalen Rahmen beteiligt sich die Gruppe Edwards an mindestens sechzig Industrieunternehmen. Auf dem Sektor der Massenkommunikation ist sie an folgenden Firmen beteiligt:

a) El Mercurio Sa., Zeitungsverlag mit drei Tageszeitungen in Santiago;
b) Sociedad Chilena de Publicaciones y Comercio Sa., mit Beteiligung an Publikationen in den Provinzen (16 Tageszeitungen);
c) Editorial Lord Cochrane, spezialisiert auf Zeitschriften;
d) vier andere Unternehmen auf dem Publikationssektor, die nicht direkt dieser Gruppe angehören, jedoch durch hohe Aktienanteile von Banken oder zahlreiche Vertreter im Vorstand mit ihr verbunden sind (Ercilla, Radio Chilena und Distribuidora Latinoamericana de Publicaciones).

Insgesamt liefert die Edwards-Gruppe Woche für Woche 2,7 Millionen Tageszeitungen oder Zeitschriften aus. Um diese Zahl würdigen zu können, muß man wissen, daß in Chile Tageszeitungen und Zeitschriften eine wichtige Rolle spielen: 91 Prozent der Arbeiter und 47 Prozent der Landbevölkerung lesen regelmäßig eine Tageszeitung — ein im Vergleich zu anderen lateinamerikanischen Ländern sehr hoher Prozentsatz.

So wie die gesamte chilenische Presse sind auch die Erzeugnisse der Edwards-Gruppe von internationalen Presseagenturen abhängig. Die internationalen Nachrichten von *El Mercurio* stammen zu 49 Prozent von nordamerikanischen Agenturen und zu 31 Prozent von europäischen. Der Rest wird von eigenen Diensten geliefert. Die Agenturen der Dritten Welt und aus Osteuropa spielen keine Rolle[8]. — Erwähnenswert ist auch der permanente Einfluß der Comics-Serien in den Zeitungen, die in Chile hauptsächlich von der US-amerikanischen Comics King Features Syndicate vertrieben werden, dem größten Vertrieb dieser Art auf der Welt.

Zusammenfassend kann man sagen, daß die chilenische Bevölkerung durch die Massenmedien im Sinne der Werte und der Ideologie der nationalen und internationalen herrschenden Kreise beeinflußt werden soll. Der Versuch, diese Medienpolitik zu ändern, wurde am 11. September 1973 abrupt beendet, und es wurde schon im Übermaß über die Rolle der Massenkommunikationsmittel beim Sturz der Unidad Popular geschrieben. Praktisch gesehen hat es in den drei Jahren der UP mehr den Wunsch als die tatsächliche Verwirklichung einer Umstrukturierung der Medien gegeben. Diese Neustrukturierung hätte bedeutet, sie in ein Instrument zu verwandeln, das den sozialen Anspruch nach freier und gleichberechtigter Entwicklung der unterdrückten Gruppen der Gesellschaft verwirklicht.

Das Ausbleiben einer entsprechenden Politik, teilweise begründet durch das Übereinkommen zwischen Unidad Popular und Christdemokratie, die Besitzverhältnisse in den sozialen Kommunikationsmitteln nicht zu verändern, verhinderte die Schaffung von Alternativen zu dem einseitigen Kommunikationsmodell Sender-Empfänger, das durch die herrschende Ideologie eingeführt wurde. Dies bedeutet jedoch nicht, daß der herrschende ideologische Einfluß nicht eingeschränkt wurde. Den größten Erfolg stellte zweifellos Quimantú dar, der staatliche Verlag, der mehr als fünf Millionen Bücher zu niedrigen Preisen herausbrachte und in Schichten, die bis zu diesem Zeitpunkt wenig lasen, explosionsartig das Lesen verbreitete. Hierdurch kam man bei der Schaffung neuer und der Veränderung bestehender Massenmedien voran. Es gab jedoch ohne Zweifel keinen Bruch mit dem bürgerlichen Kommunikationsmodell, nicht einmal innerhalb der sogenannten linken Presse. Offensichtlichstes Beispiel hierfür war die populistische Tageszeitung *Clarín*, die einerseits den Arbeiter als Volkshelden glorifizierte, gleichzeitig jedoch eine Sensationsberichterstattung aufrechterhielt[9].

Die Militärregierung unterbrach den Prozeß der Umwandlung und Entwicklung der sozialen Kommunikationsmittel in Chile, der seinen Höhepunkt während der UP-Regierung hatte, mit Gewalt, und ein anderer, nicht weniger komplexer Prozeß wurde in Gang gesetzt.

Die aktuellen Kommunikationsmittel sehen sich einem Plan absoluter Kontrolle und Zentralisierung mit dem Ziel effizienter Repression im Rahmen des Militärkonzepts der nationalen Sicherheit gegenüber, andererseits einer Konzeption, die das Ziel der Atomisierung und Privatisierung im Sinne der freien Konkurrenz innerhalb eines liberalen Wirtschaftsmodells verfolgt [10].

Innerhalb dieser Logik der Diktatur wurden folgende Maßnahmen ergriffen:

— Reduzierung der Zahl der sozialen Kommunikationsmittel
— Entpolitisierung
— Monopolisierung der Macht über Information
— Abschaffung von Partizipationsmöglichkeiten
— Vereinheitlichung bezüglich des Ziels und des Inhalts der Information
— Billigung des ausländischen kulturellen Einflusses (speziell des nordamerikanischen).

Um diese Ziele zu erreichen, ist die Diktatur auf drei Ebenen vorgegangen, die sich miteinander kombinieren: eine neue juristisch-institutionelle Ordnung, die der Doktrin der nationalen Sicherheit entspricht; physische und materielle Gewalt; und die Neustrukturierung der Kommunikation.

Die Entwicklung der gesetzlichen Grundlagen

Bis zum 11. September 1973 wurde in Chile die Massenkommunikation durch verschiedene gesetzliche Vorschriften, die ihre Grundlage in Artikel 10 der Verfassung von 1925 hatten, geregelt. Artikel 10 garantierte allen Bürgern der Republik »die Freiheit, ihre Meinungen mündlich oder schriftlich, durch die Presse, das Radio, Fernsehen oder in jeder anderen Form ohne Zensur verbreiten zu können, unbeschadet des Rechts, Delikte und Mißbrauch, die bei der Ausübung dieser Freiheit verübt wurden, zu verfolgen«. Der gesetzliche Rahmen der repräsentativen Demokratie stellte sicher,

— daß es kein Delikt ist, eine politische Idee zu unterstützen;
— daß die Meinungsfreiheit garantiert ist und jeder Zeitungen und Zeitschriften herausgeben kann und nur die im Gesetz aufgeführten Einschränkungen gelten;
— daß die politischen Parteien und Universitäten Vorrang bei dem Kauf und der Leitung von Massenmedien haben. Das Fernsehen war aufgrund der Einflußmöglichkeiten dieses Mediums ausschließlich in Händen der Universitäten und des Staates [11];
— das Recht, Bücher, Drucksachen und Zeitschriften zu importieren und

in den Handel zu bringen, soweit sie den Gesetzesvorschriften entsprachen.

Seit dem Militärputsch können wir zwei Etappen unterscheiden. Die erste dauerte bis zur Annahme der politischen Verfassung von 1981 durch Volksentscheid, die zweite datiert ab 1981 und soll bis 1989 aufrechterhalten werden; danach soll die neue Verfassung endgültig in Kraft treten.

Bis 1981 gab es keine zusammenhängende Gesetzgebung, die für die restriktive Vorgehensweise der Regierung gegenüber den sozialen Massenmedien als Rahmen oder Kontrolle fungiert hätte. Man behauptete, daß die »Carta Fundamental« von 1925 weiterhin gültig sei, außer, wenn sie durch Erlaß des Militärs oder durch gesetzesvertretende Verordnung geändert würde. Ein stilles Einverständnis oder offene Unterstützung der willkürlichen Maßnahmen seitens der Unternehmer und Eigentümer der Massenmedien kompensierte das Fehlen einer zusammenhängenden Gesetzgebung. Aufschlußreich hierfür ist die Studie von Carlos Ashton[12] mit dem Titel »Reestructuración de los sistemas de broadcasting de radio y televisión«, in der er vorschlug, die Sendeanlagen und Radios den Streitkräften zu unterstellen und die ideologische Seite der Informationen vom Militärrat für Fernmeldewesen der Streitkräfte kontrollieren zu lassen. Die Zeitung *El Mercurio* ihrerseits, zu einem wichtigen Machtzentrum aufgestiegen, wies die Diktatur ständig auf die Notwendigkeit hin, dem gesamten Volk eine hegemoniale Ideologie aufzuzwingen und die notwendige Kontrolle über die Massenkommunikation durchzusetzen[13].

Mit Unterstützung der Eigentümer gelang es der Junta ohne Schwierigkeiten, die ersten legalen Maßnahmen in bezug auf die Massenmedien zu ergreifen. Zu ihnen gehörten die Erlasse 107 und 122, die die Ausübung der Zensur regeln. Erlaß 122 besagt wörtlich: »Die Gründung, Herausgabe, Veröffentlichung, Zirkulation und der Vertrieb neuer Zeitungen, Zeitschriften und Druckerzeugnisse im allgemeinen müssen direkt durch die Kommandantur der Zone im Ausnahmezustand genehmigt werden.«

Die ersten Kontrollmaßnahmen wurden in den gesetzesvertretenden Verordnungen 76, 11, 113 und 229 festgelegt: Verordnung Nr. 76, veröffentlicht am 11. November 1973, verfügte die Suspendierung der Nationalen Kommission für das Fernmeldewesen und bestimmte, daß ihre Kontrollfunktion vom »Ministerium für Nationale Verteidigung« und durch das »Komitee für Fernmeldewesen für die Nationale Verteidigung« übernommen wurde. Das heißt, man folgte dem Vorschlag von Ashton. Verordnung Nr. 111, veröffentlicht am 8. November 1973, legte fest, daß Rektor Delegado, von der Junta zum Rektor der Universität von Chile ernannt, das Amt des Generaldirektors der Corporación de Televisión übernimmt. Verordnung Nr. 113 vom 8. November 1973 veränderte Verfügungen bezüglich des Gesetzes Nr. 17377 über das Fernsehsystem und erreichte dadurch größere Macht- und Kontrollbefugnisse für die Militärjunta, die durch das Erziehungsministerium und die designierten Rektoren der Universitäten wahrgenommen werden.

Es ist fast unmöglich, jeden einzelnen der zahlreichen Erlasse und Dekrete dieser ersten Etappe zu kommentieren. Schon allein deshalb, weil ihre Bekanntmachung in die Befugnisse der Befehlshabenden der einzelnen Ausnahmezustands-Zonen fällt, und weil ständig neue Verordnungen erlassen wurden, die sich häufig nicht nur auf die Kommunikationsmedien bezogen.

Ein Beispiel ist der Erlaß Nr. 2 des Befehlshabenden der Belagerungszone der Provinz El Loa gegen die gewerkschaftlich organisierten Proteste der Kupferarbeiter in Chuquicamata 1978, der auch bezeichnende Einschränkungen der Meinungsfreiheit enthält, unter anderem das Verbot, im Rahmen des Ausnahmezustands Nachrichten zu verbreiten, »die antipatriotische Propaganda darstellen«. Noch weitergehend legt die Verordnung Nr. 2 in bezug auf Personen, die Kontakt mit Kommunikationsmedien aufnehmen, die außerhalb ihrer Belagerungszone liegen, fest: »... daß wer immer dies mit schadenbringender Absicht tut, Verantwortung auf sich nimmt, die der Kommandant der Zone im Belagerungszustand aufgrund seiner gesetzlichen Vollmachten beurteilen wird«[14]. Das heißt, die Einschränkung der Meinungsfreiheit betrifft in diesem Fall nicht nur die Bevölkerung der Belagerungszone, sondern ganz Chiles, da die Verordnung die Übergabe von Nachrichten an andere Kommunikationsmittel des Landes verbietet.

In dieser Etappe verbietet die Regierung am 30. Juni 1976 die Tageszeitung *La Tercera de la Hora*. Damit sollte die Diskussion eines Dokuments einer Gruppe christdemokratischer Rechtsanwälte über die Verletzung der Menschenrechte unterbunden werden. Offiziell erklärte die Regierung bei dieser Gelegenheit: »daß die Publikation sämtlicher Nachrichten, Kommentare, Antworten oder Kritiken im Zusammenhang mit den Menschenrechten verboten ist«. Einen Monat vorher war zum zweiten Mal die Radiosendung der Christdemokraten »Presidente Balmaceda« aufgrund »tendenziöser, alarmierender und antipatriotischer Propaganda« verboten worden. Der Direktor des Radios, Belisario Velazco, wurde am 24. Mai 1976 verhaftet und für neunzig Tage in den Norden des Landes verbannt. Nachfolgend wurden andere Sendeverbote ausgesprochen, bis schließlich die Sendelizenz nicht erneuert wurde.

Die Endphase dieser Etappe wird durch die »Actas Constitucionales« eingeläutet, die der Verfassung von 1981 vorausgehen und in bezug auf die Massenmedien festlegen, daß niemand Eigentümer, Direktor oder für andere Funktionen Verantwortlicher werden könne, der schuldig befunden wurde, »gegen die institutionelle Ordnung verstoßen zu haben«.

Die Verfassung von 1981 institutionalisiert die gesamte Praxis der Einschränkung der Meinungsfreiheit der acht vorhergehenden Jahre; obwohl sie das Recht auf Meinung und Information (festgelegt in Artikel 19, Nr. 12) anerkennt, ist sie die erste Verfassung der Welt, die das »Delikt der Meinungsäußerung« erfindet, aufgeführt in Artikel 8, der als Rechtfertigung für alle folgenden Vorschriften, die dic Meinungsfreiheit unterbinden, dient.

Die Aufhebung der verfassungsmäßigen Rechte ist in der Verfassung im Übergangsartikel 24 bestimmt. In ihm werden fünf Arten des Ausnahmezustands definiert, bei dreien von ihnen hebt der Präsident der Republik die Meinungsfreiheit auf. Es handelt sich um: »Estado de Emergencia«, »Estado de Sitio« und »Estado de Asamblea«. Chile lebte 1973 bis 1978 unter dem »Estado de Sitio« (Belagerungszustand) und danach unter dem »Estado de Emergencia« (Notstand), mit der Ausnahme von Anfang September 1983, als er für einige Tage aufgehoben wurde. Nach dem Generalstreik vom 30. Oktober 1984 rief die Regierung wiederum den Belagerungszustand aus.

Neben dem Ausnahmezustand verfügt der Übergangsartikel 24, Absatz b, noch die »Einschränkung« der Herausgabe von Presseerzeugnissen. Der Gebrauch des Wortes Einschränkung und nicht Verbot machte es der Zeitschrift *APSI*, von einer Gruppe fortschrittlicher Journalisten herausgegeben, möglich, vor Gericht (bis hin zum Obersten Gerichtshof) einen Prozeß gegen die Schließung des Magazins zu gewinnen. Allerdings nützte die Entscheidung der höchsten Instanz nicht viel, da das Innenministerium mit der gleichen Argumentation, die die Zeitung weiter erscheinen ließ, die Einschränkung erreichte, daß sie nur internationale Nachrichten veröffentlichen darf.

Möglicherweise aufgrund eines Irrtums wurden in den Verfügungen des Übergangsartikels 24 die audiovisuellen Kommunikationsmittel nicht berücksichtigt. Die fehlende Präzision der Diktatur wird jedoch reichlich durch die Vielfalt der gegen die Meinungsfreiheit gerichteten Gesetzgebung und die Einseitigkeit ihrer Anwendung aufgewogen. Für das zeitlich nicht begrenzte Sendeverbot für Radio Cooperativa 1983 bezog man sich beispielsweise auf Artikel 41 der Verfassung, der sich auf den Ausnahmezustand und die unterschiedlichen Anwendungsmöglichkeiten der Zensur bezieht. Wiederum betrachtete die Diktatur nicht einmal ihre eigenen Gesetze als bindend: zur Zeit des Verbots von Radio Cooperativa herrschte der Notstand, der nur die »Einschränkung« der Informations- und Meinungsfreiheit gestattet [15].

Es ist offensichtlich, daß die Verfassung von 1981 die Macht der Nationalen Direktion für Soziale Kommunikation stärkt [16], indem sie die Verantwortung dieses Gremiums für die Erteilung von Konzessionen für die

Gründung, Herausgabe und Distribution von neuen Tageszeitungen, Zeitschriften und Gedrucktem allgemein bestätigt.

Es existieren auch einschränkende Gesetze noch aus der Zeit vor dem Putsch, die weiter angewendet werden und dem institutionellen Modell der Diktatur angepaßt wurden. Sie waren unter konservativen Regierungen verabschiedet worden. Die wichtigsten dieser Gesetze sind:

Das Gesetz 16643: »Mißbrauch der Öffentlichkeit«, das aus der Zeit der konservativen Regierung Alessandri stammt und Strafen gegen Medien wegen Beleidigung von Personen zum Inhalt hat. Es wurde durch die gesetzesgebende Verordnung Nr. 18313 vom 17. Mai 1984 modifiziert, die die Strafen für Delikte der Beleidigung und Verleumdung drastisch erhöhte. Gleichzeitig wurde eine neue Bestimmung eingeführt, die verbietet, über das Privatleben von Personen zu berichten. Damit sollten die dissidenten Medien zum Schweigen gebracht werden, die zu jener Zeit verschiedene Korruptionsfälle aufgedeckt hatten, in die Pinochet selbst oder nahe Angehörige verwickelt waren.

Gesetz 12927: Innere Sicherheit des Staates. Hauptsächlich in den §§ 17 und 34 bezieht es sich auf die Ausübung von Journalismus. Es gesteht den Befehlshabern der Ausnahmezustands-Zonen weitgehende Machtbefugnisse zu und beinhaltet auch die Delikte der »antipatriotischen Propaganda« und der »Verbreitung von Nachrichten, die Panik unter der Bevölkerung oder Demoralisierung der Streitkräfte hervorrufen können«, oder von Nachrichten, die »starke Beunruhigung oder Mißfallen in der Bevölkerung« hervorrufen »und das wahre Ausmaß der Tatsachen verzerren«.

Die gesetzesvertretende Verordnung Nr. 3259 hebt ebenfalls die verfassungsmäßigen Garantien ohne zeitliche Begrenzung auf, indem sie die Erlaubnis des Innenministeriums für die Gründung, Herausgabe, Kommerzialisierung und Verbreitung von Kommunikationsmitteln vorschreibt; das Gesetz 18015 stellt den Verstoß dagegen unter Strafe.

Die gesetzesvertretende Verordnung Nr. 70, die politische Aktivitäten der Parteien verbietet und auch Publikationen, die über sie berichten. Die Rechtsverordnung (Decreto Supremo 1029 von August 1981), die während des Ausnahmezustands verbietet, »Nachrichten über terroristische Aktivitäten im Land bekanntzugeben oder hervorzuheben, indem sie das Informationsrecht hierüber nur dem Innenministerium, der Secretaría General de Gobierno oder der regionalen Intendantur zugesteht«.

Die Tolerierung einiger Medien der Opposition bis zur Ausrufung des Belagerungszustands im November 1984 (*APSI, Análisis, Cauce, Fortín Mapocho, La Bicicleta* und *Pluma y Pincel*) geschah mehr aus einem Kalkül der Machthaber, um argumentieren zu können, daß man die verfassungsmäßig garantierten Prinzipien und besonders die Meinungsfreiheit respektiere, und um ein günstigeres Bild der Lage ins Ausland vermitteln zu können. Auf die Frage, wie es zu erklären sei, daß sich diese Publikationen so lange halten konnten, antwortete Juan Pablo Cárdenas, Chefredakteur von *Análisis,* im März 1985:

»Aufgrund des internationalen Drucks, insbesondere aus den Vereinigten Staaten, wo man ja verhältnismäßig sensibel ist im Blick auf die Pressefreiheit, hat die chilenische Regierung mitunter die Herausgabe von oppositionellen Zeitschriften erlaubt − in der Annahme, daß diese Publikationen nie einen nennenswerten Einfluß würden gewinnen können, vergleichbar dem des Hörfunks oder des Fernsehens.« Zeitschriften wie *Análisis* mußten in der Tat lange Zeit ein Schattendasein fristen. Aber die politische Entwicklung führte dazu, daß sie mittlerweile eine respektable Verbreitung gefunden hatten, und möglicherweise gehörten sie zuletzt zu den auflagenstärksten Zeitschriften Chiles. Als die Regierung dies erkannte, ging sie mit allen ihr zur Verfügung stehenden Mitteln dagegen vor. Zu den auffälligsten Maßnahmen zählte in diesem Zusammenhang das Verbot, Photos zu veröffentlichen; zuletzt folgte die Schließung der sechs Zeitschriften.

Zwang durch Ausübung von Gewalt

Die direkte Gewalt gegen die sozialen Kommunikationsmittel in den ersten Monaten nach dem 11. September ist weitgehend bekannt. Ein Bericht der UNESCO[17] spricht von 11 Morden an Journalisten, dem endgültigen Verbot von 28 Zeitungen und Zeitschriften, der Konfizierung und dem Verbot von 40 der 180 Sender des Landes, der Schließung von Quimantú, einem der wichtigsten Verlage Lateinamerikas; Dutzende Journalisten verurteilt zu Gefängnisstrafen und mehr als vierhundert, die das Land verließen; die Verringerung der internationalen Presseagenturen mit Sitz in Santiago von 15 auf 10, und so weiter.

Die Gewalt der Militärs führte bis zur Bombardierung von Sendestationen der Linken. Seitdem haben die Operationen zur »Befriedung« nicht aufgehört. Der Krieg wurde fortgesetzt und die Gewalt war ständiger Bestandteil beim Prozeß der »Normalisierung«[18]. Die Androhung von körperlicher Gewalt hatte nicht nur die Eliminierung der oppositionellen Medien zum Ziel, sondern auch die Unterwerfung der verbleibenden, ebenso wie die Disziplinierung der Journalisten, die in ihnen arbeiten. Die Effektivität der autoritären Ordnung wurzelt hauptsächlich in der Allgegenwart der Gewalt, physischer Gewalt, die nicht gegen alle ausgeübt wird, von der aber alle wissen, daß sie ihr Opfer werden können, und deren Ziel es ist, die Herrschaft der *Selbstzensur* einzuführen, die in den letzten zwölf Jahren der Diktatur im allgemeinen auch ohne große Störungen funktioniert hat. Der Sender, der die Nachricht bringt, übt Selbstzensur, ebenso der Interviewte, der Angst hat, sich durch die eigene Stellungnahme zu kompromittieren, und der Journalist, der alles, was gefährlich sein und ihn mit irgendjemand in Konflikt bringen könnte, ausmerzt; danach die Selbstzensur des Chefredakteurs und des verantwortlichen Direktors des Mediums. Auf diese Weise werden Nachrichten völlig entstellt oder überhaupt nicht veröffentlicht.

Bei den Medien gibt es Tabu-Kataloge mit Themen und Persönlichkeiten, über die nicht berichtet werden darf, ebenso wie es Journalisten gibt, die nicht offiziell beschäftigt werden dürfen, weil sie auf schwarzen Listen stehen. Auch gibt es Journalisten, die in den Massenmedien arbeiten können, aber in den Gebäuden der Regierung, im Verteidigungsministerium und anderen Einrichtungen der Militärs ihrem Beruf nicht nachgehen dürfen. Die Diktatur fördert nur jene Journalisten, die an Spezialkursen der »Central Nacional de Informaciones« oder der »Academia de Seguridad Nacional« teilgenommen haben.

Journalisten, die versuchen, sich keiner Selbstzensur zu unterwerfen und — normalerweise über die Medien der Opposition — allgemein verschwiegene Vorgänge bekanntzumachen, werden durch Gewalt zum Schweigen gebracht. In den regelmäßigen Berichten der Menschenrechtskommission der Vereinten Nationen [19] finden sich zahlreiche Berichte über diese Art von Einschüchterung. Wir zitieren Claudio Salas B., Reporter von Radio Chilena, Eigentum der katholischen Kirche: »Ich wurde am 21. November 1977 um zwei Uhr morgens entführt und an einen unbekannten Ort gebracht. Dort schlugen und verhörten sie mich bezüglich meiner politischen Aktivitäten. Dann wollten sie Informationen über meine Arbeitskollegen haben … Ungefähr um sechs Uhr morgens ließen sie mich frei und drohten Repressalien gegen meine Verwandten an, falls ich etwas über meine Verhaftung erzählen sollte …« 1982 wurden zum Beispiel vierzehn Journalisten verhaftet (von denen einige später berichteten, daß sie schwer gefoltert worden waren) und des Landes verwiesen, darunter Carlos Caucamán und Jesús Diaz. Am 20. Mai 1984 überfiel die Geheimpolizei Jorge Lavanderos, Vorsitzender des Direktoriums der Zeitschrift *Fortín Mapocho,* auf offener Straße und brachte ihn fast um. Die Agenten nahmen bei dieser Gelegenheit Dokumente an sich, die Pinochet persönlich beschuldigten, illegal Luxusvillen gekauft zu haben. Die Zeitschrift wollte sie in der nächsten Ausgabe veröffentlichen.

Nicht nur Übergriffe gegen Personen, auch Formen der materiellen Gewalt, wie zum Beispiel die zweimalige Zerstörung der Sendeanlage von Radio »La Voz de la Costa« in Osorno, Eigentum der Stiftung »Radioschule für ländliche Entwicklung«, gehören in dieses Schema. Das Klima des ständigen Terrors und der Bedrohung war so offensichtlich, daß selbst die eingangs erwähnte SIP (Interamerikanische Pressegesellschaft) dies in ihrem Bericht vom Oktober 1978, dem zweiten, den sie über die Situation der sozialen Kommunikationsmittel veröffentlichte, anerkannte: »Die Angst vor Repressalien von seiten der Regierung dauert an, die Gewalt ist ein allgegenwärtiger Bestandteil des Lebens eines chilenischen Zeitschriftendirektors.« »Solange der Ausnahmezustand gilt, müssen Repressalien als Möglichkeit in Betracht gezogen werden, da nicht auf normale Schutzbestimmungen zu zählen ist. Kein Direktor kann sich frei fühlen, wenn die Regierung ein Probeexemplar seiner Publikation am Tag vor der Veröffentlichung verlangt.«[20]

Eine Analyse der Folgen der weitverbreiteten Angst findet sich in der Zeitung *Solidaridad*, Organ des bischöflichen Solidaritätsvikariats: »Das soziale Gefühl der Bevölkerung atomisiert sich nach und nach. Durch eine massive ideologische Bearbeitung wird allmählich die Überzeugung geschaffen, daß alles, was bedeuten würde, sich mit nationalen Problemen zu beschäftigen, schlecht ist, da es politisch ist; daß alle Versuche, an einer gemeinsamen Verwaltung teilzunehmen, nicht akzeptiert werden, wie es den Bemühungen um Demokratie geschieht. Dies alles bewirkt nach und nach, zusammen mit der Angst, eine starke Apathie«[21].

Seit dem nationalen Protest vom 11. Mai 1983, bei dem sich die massive Unzufriedenheit der großen Mehrheit mit der Politik der Militärregierung äußerte, beginnen wichtige Kreise des Journalistenverbandes ebenso wie viele Arbeiter in den sozialen Kommunikationsmitteln, die Angstbarriere zu überwinden und mit der Selbstzensur zu brechen. Einen Tag nach dem Protest suspendierte das Innenministerium per Dekret die Ausstrahlung der Nachrichtensendungen von »Radio Cooperativa«/Santiago und seiner Filialen in Valparaiso und Temuco für unbestimmte Zeit. Als Grund wurde die Verbreitung einer Erklärung des Verbandes der Kupferarbeiter über den Protesttag genannt. Der Journalistenverband ebenso wie der Verband der Radiosender (ARCHI) wies diese Maßnahme zurück. Zum ersten Mal seit zehn Jahren gingen Journalisten und Studenten gemeinsam auf die Straße, um ihren Protest gegen die Zensur demonstrativ zum Ausdruck zu bringen; sie trugen Tücher vor dem Mund, Symbol für den »Maulkorb«.

Ein weiteres Unterdrückungsinstrument ist die *wirtschaftliche Gewalt*. Nach den Angaben des Journalistenverbandes liegt die Arbeitslosenrate für Journalisten bei 22 Prozent. Dieser Prozentsatz enthält noch nicht die 120 Journalisten, die 1985 ihren Abschluß an den Universitäten gemacht haben und keine Arbeit finden. Den Journalisten mit einer festen Anstellung wurde seit der Einführung des sogenannten »Plan Laboral« bis zu 30 Prozent ihres Gehaltes gekürzt; der Plan schaffte auch das System des tariflich gesicherten Mindestlohnes für Journalisten ab. Das Verbot der sechs Zeitschriften bedeutete Arbeitslosigkeit für sechzig Journalisten.

Schließlich ist hier die Einschränkung und Kontrolle der Ausbildung für Journalisten zu nennen. Bis 1973 gab es an fünf Universitäten eine Fakultät für Publizistik, heutzutage gibt es nur noch drei, eine in Antofagasta und zwei in Santiago; das neue Hochschulgesetz hat das alleinige Recht der Universität, Journalisten auszubilden, abgeschafft und festgelegt, daß diese Ausbildung auch an Fachinstituten möglich ist. (Diese Bestimmung soll aufgrund verschiedener Proteste vom Erziehungsministerium eventuell revidiert werden.) Die Anzahl der Studenten ist zurückgegangen, einerseits wegen des Stopps der Politik der »offenen Türen«, Ergebnis der Universitätsreform Mitte der sechziger Jahre, und andererseits wegen der hohen Immatrikulations- und Studienkosten, beides war früher praktisch gebührenfrei.

Machtstruktur des Informationssystems

Die Massenmedien in Chile zeichnen sich durch ihre Anpassung an und ihr Funktionieren in dem kapitalistischen Modell der freien Marktwirtschaft aus, das sich in den letzten zehn Jahren zu einem extremen Neoliberalismus gesteigert hat. Einem Bericht des Journalistenverbandes zufolge konnten sich die chilenischen Kommunikationsunternehmen — mit Ausnahme der Verlage — bis 1981 in die neue Politik einfügen. (Die Produktion von Büchern ist seit 1973 deutlich gesunken [22]. Nach dem Statistischen Jahrbuch der UNESCO gelten folgende Zahlen:

    1975: 628 Titel,
    1976: 529 Titel,
    1977: 387 Titel.

Während der drei Jahre der Regierung der Unidad Popular war die jährliche Produktion auf über 1.000 Titel gestiegen.) Die anderen Massenkommunikations-Unternehmen profitierten besonders von dem sogenannten Wirtschaftsboom 1979/80, als logische Folge des Eingebundenseins in ein kommerzielles System, das sich darin gründet, Produkte mit Hilfe der Werbung an den Konsumenten zu verkaufen.

Die folgende Tabelle zeigt die Auflagenhöhe der wichtigsten chileni-schen Tageszeitungen von 1980 im Vergleich zu 1973 [23]:

Santiago	1973	1980
El Mercurio	180.000	360.000
Las Ultimas Noticias	70.000	85.000
La Tercera de la Hora	150.000	450.000
El Cronista		15.000
La Segunda	35.000	25.000
Provinzen		
El Sur (Concepción)	35.000	35.000
El Mercurio (Antofagasta)		22.000
El Mercurio (Valparaiso)		70.000
La Estrella (Valparaiso)		28.000

Nach Zahlen des Nationalen Instituts für Statistik INE schwankte die jähr-liche Auflage der nationalen Tageszeitungen in der Zeit zwischen 1972 und 1977 folgendermaßen [24]:

```
1972 . . . . . . . . . . . . . . . . . .  191.000.000
1973 . . . . . . . . . . . . . . . . . .  186.000.000
1974 . . . . . . . . . . . . . . . . . .  133.000.000
1975 . . . . . . . . . . . . . . . . . .  142.000.000
1976 . . . . . . . . . . . . . . . . . .  226.000.000
1977 . . . . . . . . . . . . . . . . . .  237.000.000
```

Die Tabellen lassen erkennen, daß die Verringerung der Kaufkraft großer Teile der Bevölkerung den Zeitungsabsatz in dieser Periode nicht beson-ders beeinträchtigt hat. In einigen Fällen, zum Beispiel *El Mercurio de Santiago* (Edwards-Gruppe) und *La Tercera* (die Germán Pico Canas, zugleich Eigentümer einer Reihe von Industrien im Lande, gehört), konnten sie ihre Auflage sogar verdoppeln beziehungsweise verdreifachen. Der Grund hier-für könnte in der gewaltsamen Abschaffung der progressiven Presse liegen. Man darf nicht vergessen, daß allein die Tageszeitung *Clarín* vor 1973 mehr als 200.000 Exemplare verkaufte. Die fünf Tageszeitungen der Lin-ken (*El Siglo, Ultima Hora, Puro Chile, Clarín* und *La Nación*) hatten ins-gesamt einen Marktanteil von 35 Prozent in Santiago.

Die Auflagensteigerung fand außerdem auf Kosten der Zeitschriften statt. Seit 1975 wurden den nationalen Tageszeitungen täglich Magazine beigelegt, die ein breites Themenspektrum abdecken (Sport, Frauen, Erziehung, gesellschaftliche Ereignisse, Wissenschaft, usw.). Diese Maga-zine vermitteln Informationen, die sonst von den Zeitschriften verbreitet wurden. 1978 wurden in Santiago 33 Magazine herausgegeben. Dies bedeutete für *La Tercera* beispielsweise einen durchschnittlichen Anstieg der Seitenzahl pro Jahr von 29,1 im Jahr 1969 auf 64,6 im Jahr 1979 an Wochentagen, und bei den Sonntagsausgaben von 52 Seiten 1969 auf 80 Seiten 1979. Die Auflage der Zeitschriften dagegen fiel von 47 Millionen jährlich 1972 auf 11 Millionen 1977.

Die Werbung als Finanzierungsquelle gewann durch die vom Regime geförderte Konsumorientierung, verstärkt durch die Zunahme der Importgüter, die während der Periode des »Booms« im Überfluß vorhanden waren, erheblich an Bedeutung. Mehrere Analysen der Presse der Hauptstadt zeigen auf, daß ungefähr die Hälfte des zur Verfügung stehenden Raumes für Werbung genutzt wurde. Eine Aufstellung vom Juni 1977 ergab, daß der *Mercurio* an Wochentagen zu 53,7 Prozent aus Werbeanzeigen besteht, sonntags sind es 61,8 Prozent[25]. In den Radioprogrammen wurden etwa 53 Prozent für Werbung verwendet[26]. Die Höchstgrenze für Werbung im Fernsehen, sechs Minuten pro Stunde (Gesetzesvertretende Verordnung Nr. 113), wird während der Zeiten mit den größten Einschaltquoten häufig auf über zehn Minuten ausgedehnt. Góngora bezeichnet die Werbesendungen im chilenischen Fernsehen als wichtigsten Programmpunkt mit einem Anteil von zwanzig Minuten pro Stunde[27].

1970 wurde für folgende Produkte in der Presse und im Fernsehen am meisten Werbung gemacht: Bekleidung und Stoffe, Autos und Ersatzteile, Lebensmittel, Artikel für die Wohnung und Geräte für die Landwirtschaft. 1975 stehen an erster Stelle: Banken und Geldanlagen, und ein herausragender Platz kommt der Werbung für gesellschaftliche Ereignisse (Filme, Fußball etc.) zu. 1977 dagegen wird hauptsächlich für Lebensmittel, Autos und Ersatzteile, Kosmetik, Bekleidung und Stoffe geworben. Hierzu muß man wissen, daß 1975 und 1977 unter der Rubrik Lebensmittel, mit Ausnahme einiger weniger wie Milch, Seife, Tee, keine Waren des Grundbedarfs zu verstehen sind. Es handelt sich vielmehr um Luxusartikel oder um Waren und Dienstleistungen, die nur für soziale Schichten mit hohem Einkommen erschwinglich sind[28].

Eine Analyse der Werbung in *El Mercurio* im Juni 1978 ergab folgende Zusammensetzung[29]:

Kleinanzeigen	35,47 %
Luxuskonsumartikel	25,83 %
Fahrzeuge	12,35 %
Investitionen	11,45 %
Regierungsanzeigen	7,44 %
Berufsständische und nicht offizielle Anzeigen	3,60 %
Grundbedürfnisartikel	2,42 %
Immobilien	1,41 %

Die Hälfte aller Anzeigen entfällt also auf Luxuskonsumgüter, Autos und Investitionen. Die Werbestrategien orientieren sich in erster Linie an den Gesellschaftsschichten mit der höchsten Kaufkraft. Es verwundert nicht, daß die Zahl der Werbeagenturen stark gestiegen ist. Schon 1974 arbeiteten 86 Firmen, von denen 65 Prozent Neugründungen waren[30]. Zugleich halten die ausländischen Agenturen wie McCann Erickson, Walter Thompson und Grant Advertising die wichtigsten Aufträge und binden die größten Kunden.

Bis zu einem gewissen Punkt (mit Ausnahme des Fernsehens, das staatliche Unterstützung bekommt) hatten die Massenmedien ihre finanzielle Basis im Marktsystem, in dem der Erfolg der Unternehmensführung sich am Werbeaufkommen mißt, das seinerseits durch die Auflagenhöhe oder die Käuferschicht bestimmt ist. Als Unternehmen haben sie die Aufgabe, höchste Gewinne zu erzielen, als soziales Kommunikationsmittel, der politischen Linie des Unternehmens zu entsprechen, meistens Wirtschaftsgruppen, die in den letzten zehn Jahren das neoliberale Modell und die damit zusammenhängende Doktrin der nationalen Sicherheit verteidigt haben.

Der Zusammenbruch des »Wirtschaftsbooms« 1982 hat die Regierung gezwungen, den Massenmedien finanzielle Unterstützung zukommen zu lassen und somit im Gegensatz zum eigenen neoliberalen Kurs zu handeln. Zeitungen, die keine Bürgschaften oder direkte Subventionen von der Regierung annehmen wollten, sahen sich gezwungen, den Betrieb einzustellen. Beispiel hierfür ist die *Crónica* aus Concepción, die Anfang 1984 nicht mehr herausgegeben werden konnte. Die Edwards-Gruppe und *La Tercera* haben enorme Schulden bei der Staatsbank, dadurch sind auch sie von der Regierung abhängig. Wie im Februar 1985 aus Chile gemeldet wurde, sind die beiden Medienkonzerne mittlerweile absolut zahlungsunfähig und werden von Beamten *(interventores)* der chilenischen Regierung verwaltet.

Die staatliche Subventionierung sollte nicht als Abkehr von den Grundsätzen zur Finanzierung der Massenmedien mißverstanden werden, sie setzte vielmehr in einer Notsituation ein, in der die Verteidigung der Ideologie des Systems durch die mit ihm verbundenen Medien unbedingt gewährleistet werden sollte. In gewisser Weise wiederholt sich die Erfahrung aus der Zeit der Unidad Popular, als *El Mercurio* Geld vom CIA erhielt, um seine Kampagne gegen die Regierung Allende fortführen zu können.

Die Gesetzgebung vor dem Putsch sicherte dem Staat das Monopol für Telekommunikation zu: Post- und telegraphischer Verkehr, die Telefongesellschaft und der wichtigste Fernsehsender: Televisión Nacional de Chile, der 1969 gegründet wurde. Heute leitet die Regierung direkt nur noch fünf

Medien, die Tageszeitung *La Nación,* die immer Regierungsorgan war, Televisión Nacional de Chile, Radio Nacional — der stärkste Sender, der im ganzen Land empfangen werden kann; ohne kommerzielle Werbung —, Radio Colo-Colo und die Nachrichten- und Werbeagentur ORBE. Der nationale Fernsehkanal erreicht, über 21 Sendeverstärker, alle Provinzen in Chile. Die Einmischung der Militärs in dieses Medium, die Neuformulierung der Kulturpolitik und der Personalwechsel haben ihre Auswirkungen auf die Programme.

Eine Analyse des Programmangebots im nationalen Kanal aufgrund der verfügbaren Daten, die keine Analyse des ideologischen Inhalts sein kann, ergibt folgende Änderung:

1) Drastische Reduzierung der Nachrichtensendungen, der kulturellen und Bildungsprogramme, stattdessen eine aufsehenerregende Steigerung sogenannter Unterhaltungssendungen (Musicals, Serien, Shows, humoristische Sendungen, etc.). Die Nachrichtenprogramme wurden von 19 Prozent 1972 auf 15 Prozent 1982 vermindert[31]. Kritisch-politische Sendungen gibt es überhaupt nicht mehr. Obwohl sie schon bis 1973 quantitativ nur schwach im Programm vertreten waren (2 Prozent der Sendezeit), kam ihnen doch für die öffentliche Meinung große Bedeutung zu. 1973 wurden 17,6 Prozent der Sendezeit durch kulturelle Programme bestritten, heutzutage sind es schätzungsweise 4 Prozent. Die Sendezeit der kommerziellen Unterhaltungssendungen, die vorzugsweise von den Gesellschaften und Werbeagenturen gekauft werden, wurde auf 85 Prozent gesteigert.

2) Drastische Verringerung der nationalen gegenüber ausländischen Produktionen. 1973 betrug der Anteil der nationalen Produktionen 65 Prozent, der ausländischen 35 Prozent. Heute dagegen sind es 25 Prozent nationale und 75 Prozent ausländische Produktionen.

3) Die ausländischen Programme kommen hauptsächlich aus den Vereinigten Staaten: es sind 60 Prozent der gesamten ausländischen Produktionen und 40 Prozent des gesamten Programms im nationalen Kanal. Der Rest — es handelt sich hauptsächlich um *telenovelas* (Edelschnulzen in Serie) — kommt aus Argentinien und Mexiko.

Die Agentur ORBE ist die einzige nationale Nachrichtenagentur; früher Privateigentum, wurde sie unter dem jetzigen Regime verstaatlicht und erweiterte ihr Angebot auf die Produktion von Werbung; sie kanalisiert die gesamten staatlichen Werbeaktionen in die Medien. Auf diese Weise stellt sie eine mächtige Waffe in den Händen der Regierung dar, um Kommunikationsmittel wirtschaftlich zu stärken oder zu schwächen. Wenn die Regierung auch nur über eine beschränkte Anzahl von Medien direkt verfügt, so darf man doch nicht vergessen, daß sie durch ihre Wirtschaftspolitik die Gründung oder Übernahme von Medien durch nationale Finanzgruppen, die internationale Verbindungen haben, begünstigte. Die wichtigsten Gruppen diesbezüglich sind die Gruppe Edwards, die das ganze Land abdeckt; die Sociedad Periodística de Chile, die *La Tercera de la Hora* herausbringt, die Zeitung mit der höchsten Auflage; die Gruppe Cruzat-Larrain mit den Zeitschriften *Ercilla Vea, Deporte Total* und den Radiosendern Minería und Galaxia. Untersuchungen von Fernando Dahse ergaben, daß nur sieben Wirtschaftsgruppen mehr als achtzehn einflußreiche Kommunikationsmedien besitzen[32].

Der Consejo Nacional de Televisión (Nationalrat für Fernsehen), verantwortlich dem Erziehungsministerium, ist für die Kontrolle und Überwachung des Fernsehens zuständig. Die Regierung verfügt, indem sie die Rektoren der Universitäten ernennt, die Mitglieder des Rates sind, über sechs von acht Sitzen. Ausgeschaltet wurden sechs Parlamentsmitglieder und zwei Vertreter der Mitarbeiter des Fernsehens. Daneben gibt es den Consejo de Calificación Cinematográfico (Filmzensur), der ebenfalls vom Erziehungsministerium abhängt und über Vorführgenehmigung oder -verbot des weltweiten Filmangebots bestimmt. Die nationale Filmproduktion ist praktisch verschwunden. Eine andere Form der Kontrolle von Radio und Fernsehen seitens der Regierung wird durch die Subsecretaría de Telecomunicaciones ausgeübt, die 1977 gegründet wurde. Diese Institution vergibt, erneuert und kündigt die Konzession für die Nutzung der Frequenzen und steht ihrerseits unter Kontrolle der Empresa Nacional de Telecomunicaciones (ENTEL). ENTEL kontrolliert das Primärnetz der Telekommunikation, das den Anschluß für Sendeverstärker, die internationalen Verbindungen über Satelliten, die Nutzung der Satelliten von den nationalen Fernsehstationen über INTELSAT genehmigt.

Die Notwendigkeit der umfassenden Kontrolle von Radio und Fernsehen ergibt sich aus der Bedeutung, die beide Medien in den letzten zehn Jahren gewonnen haben. In Chile gibt es fast drei Millionen Fernsehempfänger[33], im Stadtgebiet von Santiago haben 97 Prozent der Wohnstätten einen Fernseher – das ist der höchste Prozentsatz in ganz Lateinamerika. 1982 sendeten die TV-Kanäle 5, 7, 11 und 13 wöchentlich im Durchschnitt 410 Stunden[34]. Im ganzen Land gibt es 162 Radiosender, die größtenteils kommerziell orientiert sind. Acht von ihnen werden im ganzen Land, 75 regional und 79 lokal begrenzt empfangen.

Die Nachrichtenagenturen werden nicht von der Regierung kontrolliert, hier dominieren ohne große Konkurrenz die multinationalen Kommunikationskonzerne. Außer ORBE gibt es nur ausländische Nachrichtenagenturen: Associated Press, United Press, Agence France Press, Latin Reuter und EFE. *El Mercurio* bezieht, wie schon gesagt, 49,7 Prozent seiner internationalen Informationen von AP und UPI, das heißt aus den USA. UPI liefert Nachrichten in 92 Länder mit einer Tagesproduktion von elf Millionen Worten; 578 Journalisten arbeiten für sie im Ausland. AP deckt 108

Länder ab, übermittelt siebzehn Millionen Worte täglich und beschäftigt 559 Journalisten im Ausland[35].

Diese Zahlen besagen das folgende: Die multinationalen Agenturen handeln mit der Ware Nachricht; aber von 120.000 Informationen, die täglich bei den Agenturen ankommen, werden nur 30.000 an die Medien, die ein Abonnement haben, weitergegeben. UPI filtert alle ankommenden Nachrichten zuerst in der New Yorker Zentrale, bevor sie nach Lateinamerika übermittelt werden. Bezüglich des Inhalts stellte eine Studie von CIESPAL (Centro Interamericano de Estudios Superiores de Periodismo para América Latina) vor einigen Jahren fest, daß bis zu 40 Prozent der von UPI und AP über Lateinamerika gelieferten Nachrichten Fußball betreffen.

Zusammenfassend kann man sagen, daß die Militärjunta die Wichtigkeit der Medien erkannt und alle Anstrengungen unternommen hat, um auf wirtschaftlichem Gebiet eine Kommunikationspolitik durchzusetzen, die auf den Prinzipien der freien Marktwirtschaft und der Eigenfinanzierung der Medien durch Werbung beruht. Auf ideologischem Gebiet wurde die Doktrin der nationalen Sicherheit, vom Staat durch Gesetzgebung und Gewaltanwendung kontrolliert, maßgeblich. Dies war bestimmend für die Ausmerzung des dissidenten Informationsapparates und die Kontrolle über jene Sektoren, die, wenn auch nur gemäßigt, gegen das Regime opponierten; stattdessen die Schaffung eines zentralen, von den Streitkräften kontrollierten Informationsapparates und die Stärkung der Medien jener Wirtschaftsgruppen, die mit ihnen zusammenarbeiten — insgesamt eine Machtkonzentration durch die Verfügung über die Information seitens der Streitkräfte und mit ihnen verbundenen Sektoren sowie die Stärkung der ausländischen kulturellen Einflußnahme in den Medien.

Auswirkungen auf das Bewußtsein

Die Auswirkungen der neuen Medienpolitik auf das Bewußtsein der chilenischen Bevölkerung ist ein Forschungsgebiet, das bisher fast nicht untersucht wurde. Es gibt allerdings Studien der Abteilung für Kommunikation und Entwicklung des Instituto Latinoamericano de Estudios Transnacionales (ILET), die sich hauptsächlich auf den Einfluß des Fernsehens beziehen. Eine Untersuchung von Augusto Góngora[36] über die Fernsehgewohnheiten und -vorlieben in den Ober-, Mittel- und Unterschichten ergab folgendes Bild:

1) Programme, die bei den Ober- und Mittelschichten gut ankamen: »Sábados Gigantes«, »Jappening con Ja«, »Show de Pepsito TV«, »60

Minutos«, »Vamos a Ver«, »Aniversario de TV Nacional«, Fußball, »Noche de Gigantes«, »Andrea Celeste«, »Wahl der Miss Chile«.

2) Programme, die von den unteren Schichten positiv aufgenommen werden: Fußball, »Sábados Gigantes«, »Jappening con Ja«, »60 Minutos«, »Best Sellers«, »Pecado de Amor«, »Doña Xepa«, »Andrea Celeste«, »Vamos a Ver«, »Aniversario de TV Nacional«.

Es fällt auf, daß — unabhängig von der gesellschaftlichen Stellung — unter den Sendungen, die den höchsten Beliebtheitsgrad aufweisen, ausschließlich Unterhaltungs- oder Unterhaltungs-Werbeprogramme zu finden sind. Ihnen allen liegt immer die gleiche Idee zugrunde, die bis zum Überdruß wiederholt wird, wenn sie erst einmal ihre publikumswirksamen Qualitäten gezeigt hat. In diesem Sinn gibt es keine wesentlichen Unterschiede zwischen den Programmen der verschiedenen Kanäle.

Ein wichtiger Aspekt der Untersuchung von Góngora liegt in den Aussagen von 95 Interviewpartnern. Es handelt sich um 70 Männer und 25 Frauen zwischen 20 und 69 Jahren. Sie wurden, ausgehend von zwei Kriterien: Beruf und Wohnort, ausgewählt*. Unter den Befragten gibt es Tischler, Industriearbeiter, Kellner, fliegende Händler, Hausfrauen, Hausangestellte, Bauarbeiter und Handwerker. Sie wohnen in Florida, Conchalí, Pudahuel, Maipú und Peñalolen, alles ärmere Stadtviertel in Santiago. Ungefähr 20 Prozent sind arbeitslos .

Auf die Frage: »Warum haben Sie ein Fernsehgerät gekauft?« gaben mehr als 60 Prozent an: »um sich zu Hause unterhalten lassen zu können«, »für die Unterhaltung der Kinder«, »damit alle wissen, daß wir einen Fernseher haben, und wir nicht schlecht angesehen werden.« Eine andere Frage lautete: »Warum sehen Sie gerne fern?« Unterhaltung und Flucht aus dem Alltag scheinen die wichtigsten Gründe zu sein: »Was käme für uns heraus, wenn wir nicht fernsähen? Würde das etwas ändern?«

In den organisierten Kreisen der Bevölkerung ist die Aufnahme der Fernsehprogramme anders. Es gibt ein ausgeprägtes, kritisches Bewußtsein und eine klare Infragestellung der Rolle, die das Fernsehen erfüllt, und seiner Aufgabe, die Realität vergessen zu machen. »Es ist eine Art von Opium«; »Leute, die sich nicht engagieren, wenden sich ausschließlich dem Fernsehen zu«; »Wenn die Leute keinen Fernseher hätten, würden sie allmählich aufwachen«.

---

* Das ist nicht unbedingt ein repräsentativer Querschnitt. Viele der Schlußfolgerungen von Góngora sind mehr Vermutungen und Wegbereiter für zukünftige Untersuchungen als endgültige Aussagen von wissenschaftlicher Gültigkeit. Wir nehmen seine Untersuchung als Anhaltspunkt für die Beantwortung der Frage nach den Wirkungen des Fernsehens in Chile.

Eine andere Studie, die sich auf Kinderprogramme bezieht[37], kommt zu dem Ergebnis, daß das chilenische Fernsehen jährlich etwa 3.000 Stunden Kindersendungen ausstrahlt, dies entspricht ungefähr einem Viertel des Gesamtprogramms. Die Autoren berücksichtigen ausschließlich Sendungen, die sich direkt an Kinder wenden, was nicht bedeutet, daß diese nicht auch andere Programme sehen. Der größte Teil der Sendungen setzt sich aus Trickfilmen zusammen, die ausschließlich zur Unterhaltung gedacht sind (das bedeutet, sie haben keinen formal erzieherischen Inhalt), was allerdings formative Einflüsse nicht ausschließt. Trickfilme werden im allgemeinen von einem unkritischen Publikum gesehen, die diesen Filmen ohne besondere Aufmerksamkeit folgen, wodurch der beabsichtigte kommunikative Prozeß erzielt wird, da der Zuschauer dem Programm keinerlei Widerstand entgegenbringt[38].

Die Autoren folgern, daß in Chile, wo Kinder mehr Zeit vor dem Fernsehen als in der Schule verbringen (1.400 Stunden TV gegenüber 1.000 Schulstunden), die Trickfilme den größten außerschulischen, sozialisierenden Anreiz darstellen. Und so wie die Trickfilme selbst aus einer multinationalen Kultur kommen und sie repräsentieren, wird dieser Einfluß im Kind bestimmend, indem es dieser Produktionswelt ausgesetzt wird, die in der Mehrheit aus den Vereinigten Staaten kommt.

Ein anderes Phänomen stellen die Telenovelas *(soap operas)* dar, deren Verhaltensmuster weitgehend passiv von der Mehrheit der Bevölkerung übernommen werden. Nach Informationen, die 1982 im *Mercurio* veröffentlicht wurden, hatte die Telenovela »Soledad« (Frauenname) eine tägliche Einschaltquote von circa zwei Millionen Menschen in Santiago[39]. Dies bedeutet, daß von den vier Millionen Einwohnern der Hauptstadt die Hälfte dieses Programm gesehen haben. Nach Angaben der selben Quelle gibt es keine Telenovela, die weniger als 300.000 Zuschauer täglich hat. Das wichtigste Thema ist natürlich die Liebe, die als magischer Schlüssel für die Lösung aller menschlichen Probleme dargestellt wird. Der Mensch erscheint immer als Objekt und nicht als Subjekt des Geschehens. In allen Telenovelas gibt es ein gemeinsames Schema: Liebe, Leiden und das glückliche Ende, das die Fluchtbedürfnisse der Zuschauer nährt. Als Mittel für die Verbesserung der wirtschaftlichen und sozialen Lage werden Erbschaften und Eheschließungen eingeführt und nicht die eigene Anstrengung und Arbeit.

Die Soziologin Josefina Puga[40] versuchte, die Auswirkungen der Telenovelas auf chilenische Frauen zu bestimmen. Dies geschah mittels Interviews unter der Mittelschicht (Hausfrauen und junge, nicht verheiratete Frauen) und in sozial schwachen Schichten (ebenfalls Hausfrauen und junge Unverheiratete sowie Hausangestellte), die über folgende Sendungen befragt wurden: »Trampa para un soñador« (Falle für einen Träumer) aus

Argentinien, »Alguien por quien vivir« (Einer, für den zu leben lohnt) aus Argentinien mit chilenischen Schauspielern und »La Señora«, eine chilenische Produktion, die es schaffte, 35 Prozent aller Haushalte in Santiago vor dem Fernseher zu versammeln.

Die Umfrage läßt den Schluß zu, daß die Frauen aus der Mittelschicht mehr kritische Distanz bewahren. Sie sehen die Telenovelas zwar täglich, machen sich jedoch darüber lustig oder empfinden sie als irreal. (Sie glauben nicht an Ehen zwischen Personen weit voneinander entfernter sozialer Schichten und lachen angesichts der Idee, daß die Reichen ihre Kinder verschenken, wie es in »Trampa para un soñador« zu sehen ist.) Die Antwort auf die Frage, warum sie weiterhin die Serien sehen, lautet im allgemeinen: um sich zu erholen, um die Zeit totzuschlagen, sich zu unterhalten oder sich über das irreale Spielgeschehen zu amüsieren.

Bei den Frauen der unteren Schichten scheint die Situation anders zu sein. Sie nehmen die Telenovelas ernst und versuchen sie als Vorbilder zu nehmen. Hier herrscht offenbar eine große Verwirrung zwischen Realität und Scheinwelt, und Kritikvermögen fehlt in hohem Maße. Die befragten Frauen übernehmen die im Fernsehen gezeigten Verhaltensmuster. (Sie kritisieren die Stiefmutter, die sich nicht wie eine Mutter verhalten hat, oder das ehebrecherische Verhalten des Ehemannes in »Alguien por quien vivir«.) Antworten wie »mir gefällt das, was dort passiert, weil es wie in Wirklichkeit ist« oder »die Liebesbeziehung ist sehr schön, so sollten alle Paare sein« waren sehr häufig. Die Hypothese, daß die sozial schwächsten Gruppen am meisten von der durch das Fernsehen vermittelten Ideologie beeinflußt werden, taucht in fast allen Studien aus Chile auf.

Es scheint, wie gesagt, daß die Haltung der organisierten Bevölkerungskreise der unteren Gesellschaftsschichten eine andere ist. Eine Umfrage des Centro de Indagación y Expresión Cultural Artística (CENECA) bestätigt mit ihren Resutaten die Schlußfolgerungen von A. Góngora: Der organisierte Sektor ist wählerischer beim Anschauen von Fernsehprogrammen. Man sieht gezielt bestimmte Sendungen, während die anderen einfach das Gerät laufen lassen. Die Kritikfähigkeit gegenüber den »Botschaften« der Sendungen ist größer. Der Inhalt der Sendungen wird zur Realität des gesellschaftlichen, nationalen Lebens in Bezug gesetzt. Man erkennt hinter bestimmten Programmen die Interessen der Regierung oder ökonomischer Gruppen. Man fordert mehr Realitätsgehalt in den Sendungen. (Die nichtorganisierten Befragten forderten nur weniger Reklame.)

* * *

Die Debatte, die heutzutage in Chile von Beschäftigten in den Massenmedien geführt wird, geht davon aus, daß die politische Situation total verändert werden und darauf aufbauend ein Rahmen für ein unabhängiges Informationswesen erarbeitet werden muß. Die Gesetzgebung für die Massenkommunikation muß revidiert und neu formuliert werden [41]. Auf konzeptioneller Ebene ist es notwendig, politische Grundlinien für ein neues nationales Informationswesen für die Zeit nach der Diktatur auszuarbeiten. In dieser Hinsicht müssen neue Prinzipien, zum Beispiel bezüglich der Demokratisierung der Information, ihrer Eigenschaft als Gemeinschaftsgut und der Unabhängigkeit der Massenkommunikation entwickelt werden. Ein weiterer Aspekt, dessen Dringlichkeit schon erkannt wurde, ist die Erarbeitung konzeptioneller Studien über Massenkommunikation und Entwicklungsmodelle, in denen die Bedeutung des Verhältnisses von Information, Kommunikation und Beteiligung einer gut informierten Gemeinschaft im Rahmen einer integrierten Entwicklung dargestellt wird.

Deutlicher als jemals in der Vergangenheit wurde die Notwendigkeit erkannt, daß eine Kommunikationspolitik erarbeitet werden sollte, die die Information als Teil der Strategie für einen nationalen Wandel betrachtet. Ebenso sollte schon jetzt damit begonnen werden, alternative Informationsmodelle zu entwickeln, die der historischen und kulturellen Realität Chiles entsprechen. Ausgehend von den sozialen, politischen und wirtschaftlichen Strukturen müssen die Wertorientierungen für derartige Modelle bestimmt werden. Es müssen Alternativen zu den gegenwärtigen und auch zu den traditionell gültigen Konzepten für das Informationswesen gefunden werden. Alternative Finanzierungskonzepte, die die Inhalte der Information nicht beeinflussen oder konditionieren; die Definition einer Politik der sozialen Kontrolle und deren Ziele; die Beteiligung der unterschiedlichen sozialen Gruppen des Landes an der Orientierung und Verwaltung der Massenkommunikationsmittel.

Es ist offensichtlich, daß alle diese Empfehlungen nur umsetzbar sind, wenn das wirtschaftliche, politische und soziale Modell, das die aktuelle chilenische Realität bestimmt, beendet wird. Nur ein demokratisches System kann eine konstante Suche nach bestmöglichen Formen der Meinungsfreiheit garantieren.

(Übersetzung aus dem Spanischen: Katharina Reinert)

Anmerkungen

1 In Lateinamerika wie in den USA waren die Massenmedien von Beginn an ein Teil der Warenproduktion. Über die Medienindustrie in den USA und ihre Verflechtungen mit Lateinamerika siehe D. Prokop: *Soziologie des Films*, Neuwied/Berlin 1970; A. Mattelart: »Hollywood en Vente?«, in: *Ecran* (Paris), 24/ 1974; A. Mattelart: *La cultura como empresa internacional*, Era, Ciudad de México 1974

2 Über die Besitzverhältnisse der Medien siehe P. Schenkel: *La estructura de poder de los medios de comunicación en 5 países latinoamericanos*, Santiago 1973

3 Siehe H.I. Schiller: »Madison Avenue Imperialism«, in: *Communication in International Politics*, Urbana 1970

4 H. Uribe: »La desinformación: Industria imperialista«, in: *Imperialismo y medios masivos de comunicación*, 2 Bde., Lima 1973

5 R.B. Nixon: »La enseñanza del periodismo en América Latina«, in: *Comunicación y Cultura*, Nr. 3, Santiago

6 A. Mattelart: »Nuevas estrategias de dominación para América Latina en el campo de las comunicaciones«, in: *Cultura Popular*, Ciudad de México 1982

7 L. Pacheco: *La inversión estranjera en la industria chilena*, Santiago (CORFO) 1970

8 H. Vera: *Los mecanismos de control ideológico de los medios de comunicación en América Latina*, photokop. Fassung, Brüssel 1983

9 Siehe P. Biedma: »La lucha ideológica en torno a la prensa en Chile«, in: *Comunicación y Cultura* (Buenos Aires/Santiago), 1/1973

10 Siehe J.J. Brunner: *La cultura autoritaria en Chile*, Santiago (Ed. Granizo) 1981

11 Über das Rechtssystem für das Fernsehen informiert G. Munizaga: *Marco jurídico legal del medio televisio en Chile*, Santiago (CENECA) 1981

12 In den Anfängen der Militärregierung war Ashton Chef der Kultur- und Informationspolitik für das Ausland.

13 Siehe P. Santillana: »El Mercurio und die Ideologie der Diktatur«, in: *Die Presse in Chile*, hg. vom Komitee zur Verteidigung der chilenischen Kultur, Zürich o.J., S.47ff. Es werden die Kommentare und Leitartikel von *El Mercurio* seit dem 11. September 1973 analysiert.

14 Der vollständige Text von Erlaß 2 findet sich in Kapitel VII des Berichts der Menschenrechtskommission des Wirtschafts- und Sozialrats der Vereinten Nationen vom 1.2.1979

15 Siehe *Informe sobre la situación y perspectivas de la comunicación social*, ausgearbeitet vom Consejo Nacional del Colegio de Periodistas de Chile, hektograph. Ausgabe, Santiago 1983

16 DINACOS (Dirección Nacional de Comunicación Social) ist abhängig von der Secretaría General de Gobierno, das heißt dem Präsidenten der Republik, und wurde direkt nach dem Putsch gegründet.

17 Bericht der UNESCO über Chile, 1976, zit. in: *Die Presse in Chile*, hg. vom Komitee zur Verteidigung der chilenischen Kultur, Zürich o.J., S.88

18 X. Barraza: *La cultura y el nuevo orden en Chile*, photokop. Ausgabe, Santiago 1977

19 Über verschiedene Fälle der Repression gegen Journalisten und Arbeiter siehe die Jahresberichte der UNO über Chile, besonders die vom 1.2.1974, 1.2.1978 und 1.2.1979

20 Zit. in *El Mercurio* (Santiago), 20.10.1978

21 *Solidaridad* (Santiago), 59/1979

22 Fernando Ainsa: »Die Buchproduktion der Welt ›explodiert‹«, in: UNESCO-Dienst, Ausgabe April 1983, Handbuch, Ravensburg

23 Munzinger-Archiv/Internationales Handbuch, Ravensburg

24 Zit. bei V. Fuenzalida: »La influencia de la Televisión en otros medios de comunicación social«, in: *Estudios Sociales* (Santiago), 22/1979

25 Zit. bei S. Prenafeta: »Situación del periodismo científico y educativo en Chile«, in: *Estudios Sociales* (Santiago), 19/1979

26 Nach Angaben des Nationalen Instituts für Statistik (INE)

27 A. Góngora: *La Televisión del mundo popular,* Santiago (ILET) 1983

28 R. Colle: »Publicidad y Cristianismo, una lucha de valores?«, in: *Estudios Sociales* (Santiago), 1977

29 S. Prenafeta: »Situación ...« (Anm. 25)

30 Nach Angaben des Chilenischen Verbandes der Presseagenturen (ACHAP)

31 V. Fuenzalida: »La influencia ...« (Anm. 24)

32 F. Dahse: *El mapa de la extrema riqueza,* Santiago (Editorial Aconcagua) 1979

33 A. Góngora: *La Televisión ...* (Anm. 27)

34 V. Fuenzalida: »La influencia ...« (Anm. 24)

35 Documents de la CIC, No. 11 (Le monde des agences de presse), 13, 14, 15 und 46 (A quién pertenecen los medios de comunicación de masas), UNESCO, Paris 1979

36 A. Góngora: *Percepción de la TV en sectores populares,* Santiago (CENECA) 1982

37 M. Alcides Jofre/C. Bunster: *Programación infantil y dibujos animados en la TV chilena,* Santiago (CENECA) 1982

38 Über die Kulturindustrie für Kinder siehe A. Mattelart/A. Dorfmann: *Como leer al Pato Donald,* La Habana (Editorial Ciencias Sociales) 1975

39 M.O. del Piano: »Zwei Millionen sehen täglich ›Soledad‹«, in: *El Mercurio,* 1.8.1982

40 J. Puga: *Las telenovelas: valores y antivalores,* Centro Bellermino, Santiago 1982

41 Siehe »Declaración sobre Libertad de Expresión«, angenommen vom Vierten Nationalkongreß der Journalisten vom 11. bis 13. November 1983, kopierte Ausgabe, Dezember 1983, Santiago de Chile. Und »Los Acuerdos del Seminario del Tabo« über das Thema »Eine neue Medienordnung für Chile«, durchgeführt Ende November 1984

Hochhaus an der Avenida 11. Septiembre,
die von der Bevölkerung Santiagos
»Nueva Providencia« genannt wird

Die U-Bahn
der Hauptstadt

Der Paseo Ahumada hat sich, wie viele andere Straßen im Zentrum
Santiagos, in einen Markt verwandelt: Resultat einer Wirtschaftspolitik, die eine enorme Arbeitslosigkeit hervorgerufen hat

Plötzlich entfaltet eine Frau ein Plakat mit der Aufschrift »Keine Straffreiheit für die Unterdrücker des Volkes! Freiheit für die politischen Gefangenen!«

Verteilung des Mittagessens in der Gemeinschaftsküche der Población La Victoria

Das Grab Pablo Nerudas, Nobelpreisträger für Literatur, auf dem Hauptfriedhof von Santiago

Jeden Freitag um 13 Uhr treffen sich die Witwen von drei ermordeten Lehrern, Frau Parada, Frau Nattino und Frau Guerrero, um vor dem Regierungspalast gegen den Mord zu protestieren und die Bestrafung der Schuldigen zu fordern

Der bekannte Schauspieler Roberto Parada, Vater des ermordeten Lehrers Manuel Parada, bei der Aufführung des Stücks »Was in der Luft liegt«, in dem er Zeuge einer Entführung durch die Polizei wird

Nach einem Brand, der vierzehn Wohnungen zerstörte, bauen Arbeiter
des POCH (staatliches Beschäftigungsprogramm) neue Hütten auf

Bewohner der Población Huamachuco in Renca, die auf der Müllhalde
nach eßbaren oder verkäuflichen Dingen suchen

Zwei junge Frauen von der Osterinsel am Flughafen von Mataveri, wo sie jeden Mittwoch das Flugzeug der Lan Chile erwarten, einzige Verbindung zum Kontinent

Osterinsel, Moais in der Nähe des Vulkans Rano-raraku. Auf der durch ihre Steinfiguren berühmten Insel will die amerikanische Weltraumbehörde NASA, entsprechend einem Vertrag mit der chilenischen Regierung, eine Landebahn für Raumfähren bauen

Andrés Zaldivar,
ehemaliger Präsident der
Christdemokratischen Internationale, eine führende
Figur der Opposition

Gabriel Valdés, Vorsitzender
der Christdemokratischen Partei

Bischof Camus

Clotario Blest, einer der bedeutendsten Gewerkschaftsführer in der Geschichte der Arbeiterbewegung Chiles

Ricardo Lagos, ein führender Vertreter der Sozialistischen Partei

Der bekannte Volkswirtschaftler Sergio Bitar, Mitglied der Christlichen Linken

Fanny Pollarolo, bekannte Sprecherin der Kommunistischen Partei

Während einer Demonstration im Stadtzentrum wird ein Student verhaftet

Ein Kind läßt sich von der starken Präsenz der Polizei auf dem Paseo Ahumada nicht beunruhigen

DAVID BECKER/EUGENIA WEINSTEIN

Familie und Angst Psychodynamische und psychotherapeutische Aspekte

Angst aus familientherapeutischer Perspektive: Ziele und Hintergründe der Untersuchung

Angst war schon immer eine weit verbreitete Erfahrung derjenigen in der Gesellschaft, deren alltägliches Leben in Gegenwart und Zukunft unter dem Trauma der politischen Repression stand. Die Diskussion um den Untersuchungsgegenstand Angst wird von uns heute jedoch nicht nur aus der Perspektive langjähriger psychotherapeutischer Erfahrung mit von der Repression direkt Betroffenen, sondern auch ausgehend von der Hypothese geführt, daß Angst in der heutigen Zeit ein zentrales Element sozialer Interaktionen allgemein darstellt. Diese Hypothese basiert auf der Beobachtung, daß sowohl in direkt von Repression und Angst betroffenen als auch in davon nicht betroffenen Familien ähnliche Weisen der Interaktion und Realitätsinterpretation vorliegen; diese Beobachtung führte die Autoren zu der Annahme, das soziale Zusammenleben Chiles allgemein sei gekennzeichnet von Todesangst, Mißtrauen, Unsicherheit und Einsamkeit.

Wenn ein Kleinkind in der Nacht aufwacht und Angst bekommt, so schreit es sofort und ruft nach seinen Eltern. Das Kind vertraut darauf, daß es jemand erhört und ihm in seiner Angst beisteht: Dies ist der Grund für sein Weinen, sein Schreien, darauf beruht sein Appell, es erwartet, daß man es beschützt. Demgegenüber war es für die Autoren jedesmal aufs Neue überraschend festzustellen, daß in von ihnen beobachteten (und

Dieser Text ist der Abdruck eines Referats, das die Autoren auf der ersten Tagung für Familientherapie in Santiago de Chile 1986 gehalten haben.

selbst mitgetragenen) familiären Interaktionen angesichts von Angst und Bedrohung völlig andere Reaktionen zu verzeichnen waren. Hier sind die affektiven sozialen Beziehungen von Vorsicht und Mißtrauen, der Unfähigkeit, das Leid zu teilen, und Introversion geprägt. Außerdem war ein Schwinden des Vertrauens in die institutionelle Basis des Lebens (Familie, Kirche, Polizei, Justiz, Regierung usw.) sowie als Folge der zunehmenden politischen Polarisierung im Lande Unsicherheit in ehemals sicheren urbanen Bereichen, wie z.B. Kinos, Metro, Straßen, festzustellen.

Die Unfähigkeit, die eigenen Ängste mitzuteilen, die mit dem allgemeinen Umsichgreifen von Angst als Folge der auf den unterschiedlichsten Ebenen erfolgenden Zensur einhergeht, erschwert die Wahrnehmung der Realität und deren Rückbestätigung. Das Sicherste, das Zuverlässigste ist demnach, mißtrauisch zu sein. Dies bedeutet, daß das Leben unter ständiger Bedrohung, das Fehlen zuverlässiger Parameter in Gestalt von Personen, Gruppen, Institutionen und sozialen Beziehungen, die fortschreitende Auflösung der Grenzen zwischen Sicherheit und Gefahr, zwischen Erlaubtem und Verbotenem, zwischen dem Realen und dem Möglichen und die Schwierigkeit, das Gefühl, bedroht und verfolgt zu sein, mittels der Realität zu verifizieren, in zunehmendem Maße das allgemeine Empfinden von Furcht und Unsicherheit erzeugen.

Angst ist ursprünglich ein subjektives individuelles Phänomen, das, zu gleicher Zeit und über einen längeren Zeitraum hinweg von Tausenden von Menschen einer Gesellschaft empfunden, zum Massenphänomen mit unvermuteter Relevanz für die alltägliche soziale Interaktion wird. Die Familie als Kern der sozialen Interaktion lebt also in ständiger Furcht vor der Verhaftung, dem Chaos, der Armut, dem Nichtausreichen des Geldes, dem Verlust der Arbeit, der Hausdurchsuchung, den Nachbarn, dem Verlust der Wohnung, der Kinder, des Lebens, der Zukunft.

Damit wird Angst, eine durch Wahrnehmung oder Vorwegnahme von Gefahr entstehende Empfindung, ursprünglich ein psychophysiologischer reaktiver *Übergangs*prozeß, der bei Bedrohung zur Auslösung von Selbstschutzmechanismen führt, zu einem *Dauer*zustand. Gerade diese Verwandlung der Angst vom reaktiven Prozeß in einen Dauerzustand weist die verheerendsten Folgen auf. Hilflosigkeit, das Gefühl von Verwundbarkeit, Schutzlosigkeit und Ohnmacht kennzeichnen ebenso unmittelbar wie permanent das affektive Erleben der Angst als Zustand. Die Familie stellt in den meisten Fällen das Auffangbecken für diese Emotionen dar und macht die familiäre Interaktion unter schmerzlicher Bewußtwerdung der Beteiligten, daß die eigenen Mittel zur Konfrontation mit der Gefahr nicht ausreichen, zu einem ihrer verwundbarsten Opfer. Die Angst als Dauerzustand entstellt damit eine der grundlegenden affektiven sozialen Funktionen der Familie: ihren Mitgliedern Schutz zu bieten.

Folgen der Angst für die Familie

Unsere Beobachtungen basieren vor allem auf klinischer psychotherapeutischer Arbeit mit unter Angst direkt leidenden Familien. Vielfach handelt es sich dabei um Extremfälle: Familien, bei denen eines oder mehrere Mitglieder in Lebensgefahr schweben, gegen die schwere Drohungen bezüglich ihrer physischen Unversehrtheit ausgesprochen worden sind, die bereits Opfer von Entführungen waren oder die ständig observiert werden. Außerdem wurden Familien betreut, die durch das Erdbeben traumatisiert wurden, und solche, die tagtäglich in der Angst leben, aufgrund anhaltender Arbeitslosigkeit oder drohenden Verlustes der Arbeitsstelle ihren Lebensunterhalt nicht mehr bestreiten zu können. Gerade vermittels des in diesen Fällen eindeutig verstärkten Auftretens des pathogenen Agens — der Angst — können die destruktiven Auswirkungen besonders klar und spezifisch nachgewiesen werden.

Im Anschluß nun die nähere Beschreibung der beobachteten Phänomene: Aus den zahlreichen komplexen Folgeerscheinungen von Angst für die Familie sollen die wichtigsten herausgegriffen werden. Das an erster Stelle beobachtete Phänomen kann als *Herrschaft des Schweigens* bezeichnet werden. Obwohl Bedrohung und Furcht offensichtliche Bestandteile des familiären Alltags darstellen und dies auch bald im Bericht über die Ereignisse, die für das Aufsuchen der Beratung ausschlaggebend waren, aufscheint, werden Angst, Unsicherheit, Ohnmachtsgefühl, Ungewißheit nicht zum Ausdruck gebracht, werden die Emotionen, unter denen die Familienmitglieder ständig leiden, nicht gemeinsam erlebt. Da die Einzelnen es nicht vermögen, über das zu sprechen, was für sie allergrößte Bedeutung hat und was in ihr ganzes Leben eingreift, herrscht Schweigen. In der familiären Interaktion ist Introversion, Repression und Isolation zu beobachten, eine affektive Distanzierung, die als vorgebliche bezeichnet werden könnte. Die Familienmitglieder finden aneinander keinen Halt, sind nicht in der Lage, ihre Furcht und ihre Ohnmacht gemeinsam zu erleben, fühlen sich in ihren Gefühlen, ihrem Handeln und Verhalten zunehmend einsam und unverstanden. Die affektiven Schutzmechanismen, die sie in die Lage versetzen könnten, einander zu integrieren, die Bedrohung gemeinsam zu erfahren und ihr so entgegenzutreten, werden damit immer schwächer.

An zweiter Stelle steht die *zunehmende Erstarrung der familiären Struktur*. Die früheren familiären Interaktionsformen werden zu Stereotypen, die immer weniger Raum für Austausch, Veränderung oder Flexibilität der Rollen bieten. Besonders tritt dies in der Paarbeziehung zutage, in der sich typisches Rollenverhalten immer stärker herauskristallisiert. Familientreffen verlaufen gleichförmig, die Familienmitglieder scheinen in ihrer Beziehung zueinander eindimensional zu sein, etwa: der Vater ist stark, die Mutter ist schwach, der Sohn ist aggressiv, die Tochter bricht bei allem und jedem in Tränen aus. Ein anderes Beispiel: Häufig ist zu beobachten, daß die Familienmitglieder einen Großteil ihrer Energien daransetzen, den Vater so stark bleiben zu lassen, wie er früher war.

An diesem Punkt werden die Grenzen sowohl des familiären Systems in seiner Gesamtheit als auch der Teilsysteme sichtbar: Die Familienmitglieder neigen dazu, sich voneinander abzukapseln, womit jegliche fließende, lebendige Kommunikation untereinander ebenso wie zwischen der Familie und dem Makrosystem zum Erliegen kommt.

Das an dritter Stelle beobachtete Phänomen wird von uns unter Zuhilfenahme eines deskriptiven Begriffs aus bestimmten, Grenzbereiche bezeichnenden Krankheitsbildern *»als-ob«-Verhalten* genannt. Die mit »als-ob« bezeichnete Pseudorealität läßt sich anhand der Auswirkungen von Angst innerhalb der Familie anschaulicher darstellen, zum Beispiel:
— dem Vater ist zum Weinen zumute, doch da er fürchtet, seiner Familie damit zu schaden, verhält er sich, als ob er keinen Kummer hätte.
— Die Mutter zerbricht sich den ganzen Tag den Kopf darüber, was ihrem verfolgten Sohn zustoßen könnte, doch sie verhält sich, als ob sie ganz ruhig sei und nur an den Haushalt denke.
— Der Sohn wurde wieder einmal am Telefon bedroht, doch er verhält sich, als ob nichts geschehen sei.
— Die Tochter hat wegen ihrer Alpträume die ganze Nacht kein Auge zugetan, doch sie tut so, als ob die Ringe unter ihren Augen nur von starken Kopfschmerzen herrührten.

An vierter Stelle steht die *zunehmende Aggressivität* in der familiären Interaktion. Es kommt zu Streitereien, Intoleranz und Reizbarkeit in einem Ausmaße, wie es früher nicht der Fall war. Häufig wird ein Großteil der therapeutischen Sitzungen dazu gebraucht, die Familienmitglieder die Konflikte, Streitereien und Wutausbrüche der vergangenen Woche erzählen zu lassen, wobei sie sich selbst als zornig, aufbrausend, empfindlich und leicht erregbar beschreiben.

An fünfter Stelle steht das *Einfrieren der Angst* an einem bestimmten Zeitpunkt. Die Angst wird als statischer Fakt der Vergangenheit empfunden, der an ein konkretes Ereignis gekoppelt ist, und nicht als der emotionale Prozeß, der unablässig ins Leben der Familie eingreift und der seit jenem Ereignis die familiäre Interaktion in keinem Augenblick unbeeinflußt läßt. Beispiel: In einer Familie, die Opfer des Erdbebens geworden ist, spricht man immer wieder von der Angst, die man an jenem Tag empfand, und durchlebt wieder und wieder jede Einzelheit der Ereignisse während des Bebens. Jedoch wird die Angst, die man *seitdem* empfindet, weder besprochen noch identifiziert: die Angst, nicht zu wissen, wohin, da das Haus und alles, was dazu gehörte, der Zerstörung anheimgefallen, Geld für Reparaturen nicht vorhanden ist und der Winter bevorsteht, die Angst vor der ungewissen Zukunft, in der das Minimum zum Überleben nicht gesichert ist.

Zuletzt soll als weitere Folgeerscheinung von Angst in der Familie die *Übertragung der Angst auf ein Familienmitglied*, den Stellvertreterpatienten, der die Angst mittels unterschiedlichster Symptome zum Ausdruck bringt, genannt werden. Beispiel: Eine Familie mußte mehrere Hausdurchsuchungen über sich ergehen lassen, die Familienmitglieder wurden geschlagen und grob behandelt, die Wohnungseinrichtung wurde zerstört, und bei einer der Durchsuchungen wurde der Vater verhaftet, mißhandelt und beschimpft. Von dem Zeitpunkt an, als die Hausdurchsuchungen begannen, bekam eine der Töchter, die schon früher organische Beschwerden hatte, epileptische Anfälle, die genau dann auftraten, wenn eine Hausdurchsuchung stattfand. Die Familie hat nunmehr Angst vor den Anfällen, und der Gegenstand ihrer Sorge ist jetzt die Gesundheit der Tochter.

In einigen Familien gelingt diese Übertragung nicht vollständig, d.h., allen Mitgliedern geht es schlecht, die ganze Familie weist die Symptome auf. Jedes Mitglied sträubt sich gegen die Übertragung und versucht seinerseits, die Übertragung auf ein anderes Familienmitglied weiterzuleiten, was sich in Worten der Besorgnis um das Wohlergehen des anderen äußert. Beispiel: In einer Familie, deren Vater verbannt wurde und die nunmehr große wirtschaftliche Einschränkungen hinnehmen muß, sorgt sich die älteste Tochter um die Mutter, die sie müde und deprimiert erlebt; die Mutter ist besorgt um die zweitälteste Tochter, die unausgeglichen und nervös ist, häufig weint und reizbar ist. Diese Tochter erklärt ihren psychischen Zustand mit dem Kummer um den jüngeren Bruder, der seit der Verhaftung des Vaters in der Schule scheitert, keine Aufgaben mehr macht und unerfüllbare finanzielle Ansprüche stellt. Der Bruder macht sich Sorgen um die Mutter, die ihn permanent ausschimpft und kritisiert, was sie früher, als der Vater noch zu Hause war, nicht getan hatte.

Solche Familien sind in vielen Fällen ausgesprochen resistent gegen die psychotherapeutische Behandlung, da sie diese als Hindernis im Übertragungsprozeß, in den sie verstrickt sind, empfinden.

Interpretation der Folgen der Angst für die beschriebenen Familienverhältnisse

Einige Elemente zum Verständnis der psychologischen Prozesse, die aufgrund der Auswirkungen der Angst in die Familienpathologie fallen, wurden von den Autoren aus ihrer psychotherapeutischen Praxis übernommen. Nunmehr soll die Konzeption beschrieben werden, nach der die Interpretation und Intervention bei der Behandlung der zerrütteten Familien vorgeht.

Der vom ersten Moment an am meisten offensichtliche psychologische Mechanismus ist das *Negieren*. D.h., die familiäre Interaktion läuft auf die Transformation von »so ist es eben« in »es ist eben nicht so« hinaus. Beispiel: Das niederschmetternde Erleben von »wir haben Angst« wird ersetzt durch »wir haben keine Angst«. Anstelle von »wir befinden uns in Lebensgefahr« heißt es »wir streiten uns oft«.

Der Mechanismus der Negierung sowohl der erlebten Realität als auch der von ihr hervorgerufenen Gefühle hat Folgen für die aufgrund der bereits beschriebenen Angst zerrütteten familiären Beziehungen. Bisweilen negiert die Gruppe ausdrücklich, was jeder Einzelne für sich nicht leugnen kann. Dies führt nicht nur dazu, daß die Familienmitglieder ihren Kummer nicht gemeinsam erleben, daß sie aneinander keinen Halt finden und nicht vereint und stark gegen die feindliche Realität auftreten können, sondern begünstigt auch das zuvor als »als-ob«-Interaktion beschriebene Verhalten. Gefühle wie Furcht, Wut, Ohnmacht und Verwundbarkeit werden von verschiedenen Familienmitgliedern parallel erlebt, ohne daß das, was alle bedrückt, in die Gruppe integriert und gemeinsam erlebt werden kann.

In zunehmendem Maße spaltet sich die individuelle Realität von der familiären Realität ab, die damit unecht und simuliert wird. Damit der Schein aufrechterhalten werden kann, muß die familiäre Struktur immer mehr erstarren. Jedes Familienmitglied zieht sich in sich selbst zurück und kapselt sich in vorgeblicher Distanzierung ab, das zuvor beschriebene Schweigen und die Interaktion werden zu Stereotypen, das Rollenverhalten wird immer starrer, komplementäres Verhalten wird verstärkt. Die Introversion stellt nicht nur eine Reaktion der Familienmitglieder auf die Bedrohung von außen dar, sondern ist gleichzeitig strategisches Verhalten mit dem Ziel, unentdeckt zu bleiben, um den Schein des Kollektivs aufrechtzuerhalten: das Negieren von Kummer und Angst. Damit bietet die Familie nicht den Raum der affektiven Sicherheit, die notwendig wäre, um der Angst entgegenzutreten, sondern wird zu einer zusätzlichen Quelle der Angst. Beispiel: Die Mutter hat jetzt nicht mehr nur Angst davor, daß der Sohn verhaftet wird, sondern auch davor, daß sie zusammenbrechen und damit die Familie in Mitleidenschaft ziehen könnte, davor, daß die älteste Tochter ihre Angst ausspricht, davor, daß der Vater, wenn er geistesabwesend ist, zugibt, daß er an die gegen die Familie ergangenen Drohungen denkt, davor, daß der Sohn aufgrund des Vorgefallenen bedrückt ist und leidet.

Das Negieren des Einzelnen im familiären Rahmen wird verstärkt durch das Negieren der Gefahr von öffentlicher Seite. Weite Teile der Gesellschaft weigern sich, die Wirklichkeit der Gefahr und der gegen die betroffenen Familien ausgesprochenen Drohungen anzuerkennen, um sich damit angesichts der eigenen Verwundbarkeit zu schützen. Damit ergänzen und verstärken sich das Negieren der Familie und das Negieren von seiten der Gesellschaft gegenseitig.

Ein weiterer Gesichtspunkt, der die familiäre Interaktion stark beeinflußt, soll erwähnt werden: *die Beziehung als negative Potentialität* sowohl im Rahmen des familiären Systems als auch im Makrosystem. Die Beherrschung des Negierten, des nicht Gesagten, des Verborgenen macht die Verifizierung in der subjektiven Praxis unmöglich, damit werden die Grenzen zwischen Realität und Phantasie verwischt, und es kann immer weniger unterschieden werden. Alles wird so gesehen, daß es die eigene Verwundbarkeit erhöht, alles ist bedrohlich geworden, der Lärm, die Straßen, die Nachbarn, die Leute. Im Rahmen der familiären Interaktion bedeutet dies die selektive Wahrnehmung der negativen Potentialität, sowohl der eigenen als auch derjenigen der anderen. Die unterschiedlichen Gefühle und Verhaltensformen werden als destruktives Potential aufgefaßt und nicht als positive, Halt bietende, schützende und konstruktive Kapazität. Beispiele: Es ist nicht wirklich so, daß der Kummer des Vaters die Familie bedroht, aber man glaubt, daß er *sehr wohl* bedrohlich ist. Es schadet niemandem, daß ich Angst habe, aber ich glaube, daß ich den anderen *sehr wohl* Schaden zufüge. Die Mutter schadet den anderen nicht, wenn sie das Thema, das für alle ein Problem darstellt, auf den Tisch bringt, aber man hält es für besser, von etwas anderem zu sprechen.

Darüber hinaus ist sowohl in bezug auf das Negieren als auch hinsichtlich der familiären Interaktion als negative Potentialität sehr häufig die *Ersetzung der an die erlebte Situation gebundenen Gefühle* durch andere Gefühle, die keine direkte Beziehung zur realen Gefühlssituation der betroffenen Personen haben, zu beobachten. Hier soll die Substituierung der Angst durch Wut oder Aggression und die Substituierung durch Schuldgefühle näher betrachtet werden.

Für das Auftreten von Wut in der familiären Interaktion gibt es unterschiedliche Interpretationen. Einerseits ist häufig zu beobachten, daß die in der Familie vorherrschende Angst nicht so sehr die Angst vor der an sie ergangenen Drohung darstellt, sondern die Angst vor dem Schmerz, dem Leid antizipiert werden kann, wenn die Drohung erfolgt. Die Tatsache, daß in der chilenischen Gesellschaft zahlreiche Identifikationsmuster dafür existieren, daß Drohungen und Willkür zu Tod, Verlust, Trennung und Verschwinden von Personen geführt haben, führt unausweichlich zur Identifikation mit dem Schmerz. Wenn der Inhalt der Drohung tatsächlich vollzogen würde, wäre das Leid so abgrundtief und hätte eine solch paralysierende Wirkung, daß es als Defensivreaktion durch Wut und Aggression ersetzt wird, das heißt durch Gefühle, die besser assimilierbar scheinen und mit denen, wie es scheint, besser zu überleben ist, da sie den Betroffenen dazu bringen, aus sich herauszugehen, aktiv zu werden. Außerdem kann die Angst vor Schmerz und Leid in der familiären Interaktion in Aggressivität münden auf dem Wege des psychologischen Prozesses, der über die implizite Botschaft:»Ich bin böse auf dich, denn wenn dir etwas zustößt, bin ich ganz und gar verwundbar, da ich dich so sehr liebe und so sehr brauche« ausgelöst wird. Andererseits kann die in der von Angst bestimmten familiären Interaktion existierende Aggression als Kanalisierung der nach außen, auf den Aggressor gerichteten Wut nach innen, in den familiären Raum gesehen werden. Der Angriff ruft instinktiv die Verteidigungsreaktion gegen den Aggressor hervor. Der institutionelle Bruch in der chilenischen Gesellschaft hat jedoch einen bedeutenden Teil der Bevölkerung schutzlos gemacht. Es kommt häufig zu Übergriffen nicht identifizierbarer Zivilpersonen, Vertreter bestimmter Sicherheitsorgane werden nie bestraft, die Presse wird zensiert. Die Justiz kann diejenigen nicht immer schützen, von denen sie angerufen wird, den Menschenrechtsorganisationen sind für ihr Handeln enge Grenzen gesteckt. Dies bedeutet, daß die meisten Familien niemanden haben, an den sie sich vertrauensvoll wenden können, wenn sie bedroht worden sind. Die Situation der völligen Schutzlosigkeit ruft ein Gefühl der Ohnmacht hervor, die Ohnmacht erzeugt Wut. Die Kanalisierung der Wut nach außen in Form von konstruktiven Handlungen, wie zum Beispiel Anzeigen oder die Einleitung legaler Schritte, führt meist nicht nur zu keinem Ergebnis, sondern kann zudem gefährlich sein, noch schlimmere Drohungen nach sich ziehen und damit die Unsicherheit der Betroffenen verstärken. Damit wird die Wut innerhalb der Familie konserviert und entfaltet ihre zersetzende Wirkung auf die affektiven Bindungen der einzelnen Mitglieder.

Die Substituierung der Angst durch Schuld erfolgt über einen ähnlichen Prozeß. Die absolute Schutzlosigkeit, die Situation, keinerlei Verteidigungsmechanismen zur Verfügung zu haben, das andauernde Ohnmachtsgefühl hat auf psychologischer Ebene die Verstümmelung einer lebenswichtigen Funktion der Familie zur Folge, nämlich die des Schutzes ihrer Mitglieder. Das Schuldgefühl wird damit zum defensiven Kompensationsmechanismus der Verstümmelung, der von uns als ein Mechanismus zur »Wiedererlangung« der verlorenen Kontrolle über die Situation interpretiert wird. Wer sich Selbstvorwürfe macht und sich selbst für verantwortlich erklärt, bringt die Ereignisse in seiner Phantasie unter die eigene Kontrolle. Beispiel: Ein Vater wird gezwungen, bei der Folter seiner beiden Jungen zuzusehen. Nun sind die beiden im Gefängnis, leben unter schlechten Bedingungen und unter ständiger Bedrohung. Er hat große Angst. Anstatt sich jedoch zu der Angst zu bekennen, empfindet er ein Gefühl der Schuld, weil er es nicht vermochte, die Handschellen, mit denen er gefesselt war, aufzubrechen und weil er seine Söhne gegen die vier bewaffneten Folterknechte nicht verteidigt hat. In dem Maße wie er sich für dieses oder jenes Selbstvorwürfe macht, besiegt er auf defensive Weise sein Ohnmachtsgefühl. Aus »man kann einfach nichts machen« wird mittels des Schuldgefühls »man kann etwas machen, aber ich habe es nicht getan«.

Diese Ausführungen verweisen auf einen weiteren psychodynamischen Prozeß, der zu den Auswirkungen von Angst auf die Familie gehört: die *nicht-dialektische Polarisierung von Ohnmacht und Allmacht sowie von Stärke und Schwäche*, die nicht als Ambivalenzen oder Widersprüche mit der Möglichkeit zur Integration in eine dialektische Synthese, sondern als unvereinbare Gegenpole empfunden werden, wobei sich die Betroffenen nur an einem der beiden befinden können. Das destruktive Erleben absoluter Ohnmacht über einen längeren Zeitraum hinweg führt zur Schaffung omnipotenter, unversehrter Instanzen mit grenzenlosen Fähigkeiten, denen keine Schranken gesetzt sind. In einigen Fällen kann das Gefühl der Ohnmacht und Hilflosigkeit durch Hinwendung zu potenten Instanzen mit hohem sozialem und kulturellem Ansehen gelindert werden, wie zum Beispiel Gott, das Gebet und die Kirche, die es gestatten, sich an andere zu wenden und Hilfe zu erbitten, ohne die reale Situation der Bedrohtheit und Schutzlosigkeit negieren zu müssen. In anderen Fällen werden diese omnipotenten Instanzen in den Betroffenen selbst aufgebaut oder auf ein Familienmitglied delegiert, dessen Aufgabe es dann ist, stark, unversehrt zu sein, alles auffangen oder lösen zu können, von den Drohungen nicht mitgenommen zu werden und das Leid ertragen zu können, womit nicht nur die zuvor erwähnte Negierung und Erstarrung perpetuiert wird, sondern auch die durch derartige psychopathologische Prozesse verursachte Zerstörung der Familie Nachdruck erhält.

Die Dissoziation von Stärke und Schwäche bewirkt, daß die Familienmitglieder spüren, daß sie sich entscheiden müssen, entweder das eine oder das andere zu sein, und demzufolge die Rollen des Schwachen und des Starken rigide und stereotyp untereinander verteilen. Der Starke ist somit derjenige, der nicht weint, keine Furcht oder Besorgnis äußert, derjenige, der die Initiative ergreift und den anderen Halt gibt und damit negiert, wie es ihn mitnimmt, seine Gefühle zu unterdrücken, der sein eigenes Bedürfnis, sein Herz auszuschütten, und sein eigenes Verlangen nach Halt negiert und der sich selbst der Kraft beraubt, die daraus erwächst, daß Probleme gemeinsam erlebt und verarbeitet werden. Der Schwache ist derjenige, der ständig weint, der bei jedem neuen Vorfall zusammenbricht, der die Erwähnung des Themas, das alle bedrückt, nicht erträgt, der sich irrational verhält und somit gefangen bleibt in der Rolle des Fordernden, Impulsiven, Chaotischen, der die Ängste der anderen zum Ausdruck bringt und damit die eigene Stärke ebenso negiert wie seine eigenen konstruktiven Mechanismen, seine Kapazität zum Handeln, zum Ergreifen der Initiative, sein affektives Vermögen, den anderen Halt zu bieten und sie zu stützen.

Ein weiterer wichtiger psychodynamischer Aspekt sind die *Protektionsversuche*, die in den von Angst beherrschten Familien zu beobachten waren. Angesichts therapeutischer Interventionen pflegen die Familienmitglieder das Schweigen, die Rollenerstarrung, das »als-ob«-Verhalten usw. als Schutzmechanismus der Familienmitglieder untereinander und als Überlebenshilfe für die anderen unter den schwierigen Bedingungen zu erklären. Beispiele: Die Mutter sagt: »Wenn ich meinen Töchtern den Eindruck vermittele, daß ich stark bin und mich nicht unterkriegen lasse, werden sie denken, es ist doch alles nicht so schlimm«. Der Vater sagt: »Wenn ich meine Tränen nicht zurückhalte, geht es mit allen bergab, und dann weiß ich überhaupt nicht mehr, wie es weitergehen soll«. Der Sohn sagt: »Wenn ich den Eltern erzähle, daß ich auf der Straße observiert worden bin, tue ich ihnen nur weh, und sie machen sich Sorgen. Ich werde schon allein damit fertig«.

Diese Beispiele lassen das Ausmaß der von den Familienmitgliedern parallel empfundenen Gefühle erkennen, ihre Furcht und die Unfähigkeit, diese Gefühle zu äußern und sie gemeinsam zu erleben. Damit wird das destruktive Potential dieser Emotionen für die anderen überdimensional, und es wird ihnen eine nicht existierende Omnipotenz zugesprochen. Die Betroffenen bekommen Angst vor den eigenen Gefühlen und Impulsen, um die ein Schutzwall gebaut werden muß, der wiederum ständig in Gefahr ist, einzustürzen und die ganze Familie zu vernichten. Die Angst wird immer größer, zermürbt und schwächt die Familie und entzieht ihr die nötige Kraft zur Konfrontation mit den Problemen. Dies bedeutet: da effektiver Schutz, das heißt Eliminierung des aggressiven bedrohenden Agens unmöglich ist, werden die notwendigen und möglichen Schutzmechanismen — einander Halt geben, das Leid gemeinsam erleben, Toleranz von Ambivalenzen und Widersprüchen, Integration objektiver affektiver Mechanismen der Familie zur gemeinsamen Konfrontation mit der Gefahr usw. — durch das von uns als *Überprotektion* bezeichnete Verhalten substituiert. Überprotektion in der Familie bedeutet Negieren, Simulieren, Selbsterstarrung, Unterdrückung der eigenen Gefühle, Introversion und Selbstisolation. Da man sich gegenseitig weder physisch noch psychisch wirklich schützen kann, entstehen Mechanismen der Überprotektion mit destruktivem Einfluß auf die Basis der affektiven, kommunikativen und sozialen Beziehungen, die zum autonomen Wachstum und zur Weiterentwicklung des Einzelnen und der Familie gerade der Anregung bedürften.

Auch das bereits beschriebene Einfrieren der Angst an einem bestimmten Zeitpunkt kann als Überprotektion interpretiert werden. Die Verdrängung von Gefahr und Bedrohung im Augenblick des Entstehens ermöglicht es, diese Gefühle immer wieder neu zu durchleben, sowohl als Ereignis der Vergangenheit wie auch als direkt faßbares Empfinden. Jeder reagiert mit Überprotektion des anderen gegen das Entsetzen, das mit dem Erkennen der Gefahr eintritt, und paradoxerweise wird damit auch das Entsetzen perpetuiert. Um es zu überwinden, wird es im Alltag immer von neuem negiert, bis es schließlich alles vernichtet.

Abschließend soll ein in diesem Beitrag immer wieder auftretender Begriff, die vorgebliche Distanzierung der Beziehungen zwischen den Familienmitgliedern, als Auswirkung der Angst behandelt werden. Der Begriff der *vorgeblichen Distanzierung*, der die Konnotation der nicht wirklichen Distanzierung beinhaltet, wurde in erster Linie deshalb gewählt, weil hinter dieser Distanzierung ein verdecktes *Aneinanderklammern der Familienmitglieder* aufgrund der Angst festgestellt wurde. Die Situation der extremen Bedrohtheit verwischt die Grenzen zwischen Ich und Uns, beide Begriffe ersetzen einander austauschbar und bieten damit ein breites Feld für Projektionen und gegenseitige Übertragung. Das differenzierte Uns, gekennzeichnet durch unterschiedliche Subjekt-Objekt-Positionen, wird allmählich zur intersubjektiven Fusion der Familienmitglieder, das heißt ein im Grunde nicht-dialektischer Beziehungsmodus. Dies bedeutet, die Zuordnung ist nicht mehr eindeutig abgegrenzt, alles ist allen zugeordnet, nichts gehört zu einer bestimmten Person. Das einer Person Eigene wird seines Inhalts entleert, es wird zur Begriffshülle, der man die Eigenschaft zuspricht, dem jeweiligen anderen etwas zu bedeuten, und umgekehrt. Das Nichtertragenkönnen der Ambivalenz führt dazu, daß die unterschiedlichen Aspekte der Widersprüche auf die verschiedenen Familienmitglieder verteilt werden, dies wiederum manifestiert sich in der Rollenerstarrung und der schärferen Herauskristallisierung der Komplementaritäten. Jeder Einzelne negiert die Existenz eigener Aspekte und projiziert diese auf die anderen, die wiederum übernehmen die Projektion, negieren ihrerseits die eigenen Aspekte und übertragen sie auf die anderen weiter. Die vorgebliche Distanzierung stellt ein Defensivverhalten gegen die bei größerer Nähe gefürchtete Kontaminierung des Negierten und des Übertragenen dar. Um die künstliche Distanz aufrechtzuerhalten, bedarf es einer intensiven Kooperation von allen Seiten, und dies beinhaltet im Grunde totale gegenseitige Abhängigkeit.

Übertragbarkeit der Analyseergebnisse auf nicht direkt von Angst betroffene Familien

In der vorliegenden Arbeit wird die Hypothese erstellt, daß Angst im heutigen Chile zur grundlegenden sozialen Interaktionsmodalität geworden ist. Der psychotherapeutische Alltag der Autoren bestätigt diese Hypothese. Bei der Betreuung von Familien, deren Krankheitsbild auf den ersten Blick keinerlei direkten Bezug zur sozialpolitischen Realität erkennen läßt, stellten wir Gefühle von Unsicherheit, Mißtrauen und Angst, Überprotektionshaltungen und Isolierungsverhalten fest, die nur in bezug auf die beschriebene externe Realität und hinsichtlich der Beziehungen des familiären Systems zum übergeordneten System, in das es eingebunden ist, einen Sinn ergeben. Daraus ergibt sich, daß mit einer ausschließlich auf die innerfamiliäre Interaktion gerichteten therapeutischen Intervention weder eine eindeutige Bestimmung noch Lösungsmöglichkeiten der familiären Konflikte zu leisten sind. Ein Beispiel:

Eine Familie, in der die Kommunikation ausgesprochen chaotisch und ohne Struktur abläuft, mit einem Vater, der von sich selbst sagt, er sei »dumm und habe von nichts eine Ahnung«, mit einer psychopharmaka-abhängigen, ständig mit Selbstmord und dem Mord an ihren Kindern drohenden Mutter und mit Kindern, die ständig weinen und sich Selbstvorwürfe machen, eine solche Familie ist durchaus zu normaler Kommunikation in der Lage, sobald ihre wirtschaftliche Situation von den Therapeuten in die Diskussion miteinbezogen wird. Der beschriebene Fall wurde von uns dahingehend interpretiert, daß hinter dem quasipsychotischen Chaos die Angst stand, der erbärmlichen wirtschaftlichen Lage ins Auge zu sehen, und die Angst, darüber mit den Therapeuten zu sprechen.

Die Hypothese wird von uns auch auf das Verhalten zahlreicher junger Menschen, die die Beratung aufsuchen, übertragen. Diese jungen Menschen haben kein Vertrauen, weder in ihre Zukunft noch in ihr Studium, ihre Freunde, ihre Eltern, ihr Land und begründen ihre Einsamkeit und Isolation skeptisch mit der »Realität des Lebens«. Nachdem die Therapeuten die Vertrauensebene erreicht hatten, daß man ihnen sehr intime Gefühle und Situationen anvertraute, kam es häufig vor, daß die Patienten wieder ihren ursprünglichen Skeptizismus und ihr Mißtrauen zeigten und damit zu verstehen gaben, daß das den Therapeuten entgegengebrachte Vertrauen die punktuelle Sache·eines Augenblicks und nicht das Ergebnis eines langen Prozesses war, über den allmählich Vertrauen in Bindungen und andere Personen gewonnen werden kann.

Auf diesem Hintergrund ist der zunehmende Gebrauch indirekter Sprache und das Übermaß von Euphemismen in der alltäglichen Interaktion zu erklären. Damit schützen sich die Sprechenden davor, sich offen darstellen zu müssen, und gewinnen Zeit, um immer wieder überprüfen zu können, wer und was der andere ist. Ein Irrtum kann fatale Folgen haben, wer übereilt Vertrauen schenkt, riskiert, Freunde, Zuneigung, Status, Arbeit, Sicherheit des Einzelnen und der Familie und, in Extremfällen, die Freiheit oder das Leben zu verlieren. Man hat sich daran gewöhnt, in jedem Satz zwischen den Zeilen zu lesen und den verborgenen Inhalt zu suchen, und die vorliegende Arbeit bildet darin keine Ausnahme. Man hat gelernt, Wünsche, Meinungen, Absichten und Gefühle sicherheitshalber verdeckt als potentiellen Inhalt zu äußern, den der andere entdecken kann, der jedoch auch, wenn es angeraten scheint, geleugnet werden kann.

Zusammenfassend wird die Hypothese erstellt, daß die Bedrohung des Lebens, die Zerstörung und, als deren Folge, die Angst — graduell abhängig von den spezifischen Begleitumständen — zu zentralen Elementen im Leben und in den Interaktionen aller geworden sind.

Lebendige Systeme stehen im nie endenden dialektischen Prozeß, der sie zwischen der Tendenz zur Veränderung und der Tendenz zur Bewahrung hindurchführt. Ein lebendiges System, das sich nicht verändert, das heißt, das nichts anderes tut, als den Status quo zu bewahren, stirbt ab. Ein System, das nichts anderes tut, als sich zu verändern, zerstört sich ebenfalls auf Dauer selbst. Die Angst bzw. der drohende Zerfall des Systems begünstigt das rigide Eintreten für die Bewahrung des Status quo und fördert die Zerstörung. Diese Entwicklung konnte bei von Angst und Todesdrohungen direkt betroffenen Familien festgestellt werden. Wenn nun von der Hypothese, daß die Angst zu einer der Grundmodalitäten der sozialen Interaktion geworden ist, auszugehen ist, so muß die drohende Erstarrung der Familienstruktur im heutigen Chile Alarm auslösen. Wenn Veränderung gleichgesetzt, verwechselt oder substituiert wird mit Chaos, Zerstörung, Todesdrohung und drohendem Zerfall, verliert die Veränderung ihre tatsächliche Bedeutung der Potentialität von Wachstum und Weiterentwicklung und führt zum verzweifelten Kampf um die Bewahrung des Status quo, der nicht nur die Paralyse, Hemmung, individuelle und soziale Introversion, sondern auch das zuvor analysierte Krankheitsbild der Familie nach sich zieht.

Abschließend ist klar und deutlich hervorzuheben, daß das therapeutische Ziel der Behandlung von Familien mit Angst *nicht* in der Überwindung der Angst liegt. Sie zu überwinden hieße, sie zu negieren und ihre destruktiven Auswirkungen auf Familie und Gesellschaft zu perpetuieren. Das Hauptziel der Psychotherapie besteht vielmehr in der *Konfrontation* mit der Angst, um sie mit all ihren Problemen und Widersprüchen zu integrieren, ohne Schaden zuzufügen.

(Übersetzung aus dem Spanischen: Waltraud Mayer)

ENRIQUE ERRÁZURIZ

Elemente einer Industrialisierungsstrategie in demokratischer Perspektive

Grundvoraussetzungen für eine alternative Industrialisierungsstrategie

Die Überwindung des jetzigen autoritären Regimes und seine Ersetzung durch ein demokratisches System werden eine neue Entwicklungsstrategie für Chile erforderlich machen. Wenn man annimmt, daß dieses neue Regime sich auf ein breites politisches und soziales Bündnis, das die Mehrheitsgruppen des Landes repräsentativ vertreten würde, stützen kann, wäre es denkbar, daß mittelfristig die Befriedigung der Grundbedürfnisse der Bevölkerung als Hauptziel gelten würde. Dies wäre eine dringende und vom ethischen Standpunkt aus unvermeidliche Forderung. Gleichzeitig wäre es ein entscheidender Schritt zur Verbesserung der Lebensverhältnisse der Bevölkerung und zum Aufbau einer gerechteren Gesellschaft[1].

Innerhalb dieses Rahmens müssen die traditionellen Ziele, die die Wirtschaft verfolgt: Wachstum, Vollbeschäftigung, Stabilität und eine bessere Einkommensverteilung, mit dem Hauptziel, nämlich der Befriedigung der Grundbedürfnisse der Bevölkerung, in Einklang stehen. Entsprechend dem demokratischen Charakter des Regimes und der aufgestellten Entwicklungsstrategie müßten die Arbeiter in großem Umfang an den Entscheidungen für das Land beteiligt sein, gemeinsam mit dem Staat, der als Hauptträger und -verantwortlicher fungiert.

Mit dem Gedanken an eine politische und wirtschaftliche Wieder-Demokratisierung des Landes will dieser Artikel die Rolle der Industrie innerhalb einer allgemeinen Strategie für die Deckung der Grundbedürfnisse untersuchen, ebenso die wichtigsten politischen Maßnahmen, die für eine Industrialisierungsstrategie in demokratischer Perspektive notwendig wären. Hierbei versuchen wir Lehren aus den Erfahrungen, den guten wie den schlechten, zu ziehen, die sowohl mit der Strategie der Importsubstitution[2], die seit den vierziger Jahren bis zum Anfang der siebziger Jahre angewandt wurde, als auch mit dem Industrialisierungsexperiment unter dem jetzigen Regime gemacht wurden. Letzteres hinterläßt ein schweres Erbe, das zweifellos jede zukünftige Industrialisierungsstrategie beeinflussen wird.

Die Konzeption, die wir hier entwerfen wollen, stützt sich auf drei Grundannahmen:

1) Die Industrie kehrt zu ihrer Führungsposition in der Wirtschaft zurück. Verschiedene Wirtschaftswissenschaftler von internationalem Ruf, unter ihnen Chenery[3], haben nachgewiesen, daß die Industrialisierung eine historische Notwendigkeit darstellt. Allgemein kann gesagt werden: Es gibt keine Entwicklung ohne Industrialisierung, was durch die heute entwickelten und industrialisierten Länder bewiesen wird. Diese Feststellung gilt auch für Chile. In den drei Jahrzehnten vor den siebziger Jahren war die Industrie der dynamischste Sektor der Wirtschaft, nicht nur in der Produktion, sondern auch hinsichtlich der Akkumulationsfähigkeit, der Schaffung von Arbeitsplätzen und in der Aufnahme und Verbreitung des technischen Fortschritts. Nach 1973 war, trotz der beharrlichen Bemühungen um eine Neustrukturierung der Wirtschaft, kein anderer Wirtschaftssektor in der Lage, diese Führungsrolle einzunehmen.

2) Die industrielle Entwicklung wird sich weiterhin in erster Linie am heimischen Markt orientieren. Die Tatsachen zeigen, daß trotz aller Bemühungen in den Jahren der Diktatur um eine Orientierung an den Außenmärkten die Industrie immer noch hauptsächlich vom Binnenmarkt abhängt. So ist der Anteil der Exporte am Industrieprodukt trotz des Anstiegs um beachtliche 25 Prozent im Jahresdurchschnitt zwischen 1970 und 1980 (und um 11 Prozent in den Sechzigern) zu gering: 8 Prozent im Jahre 1978 und 11 Prozent 1980. Demnach dienen beinahe 90 Prozent der Industrieproduktion der Befriedigung der Binnennachfrage.

Es ist auch nicht wahrscheinlich, daß sich diese Situation in den kommenden Jahren verändern wird: die internationale Konjunktur, die stärkeren protektionistischen Schranken der Industrieländer und eine gewisse Erschöpfung der leichten Etappe der Exportförderung, dies alles sind Faktoren, die zusammentreffen und verhindern, daß die Industrieexporte weiter in dem gleichen Maße ansteigen wie in den siebziger Jahren. Das hat sich schon in den letzten Jahren gezeigt, in denen die Exporte real sogar gesunken sind.

Dies bedeutet jedoch auf keinen Fall, die wichtige Rolle zu verkennen, die der Export in einem alternativen Industrialisierungsprozeß zu spielen hat. Sowohl die Erfahrungen jener Länder, die in den letzten Jahrzehnten einen schnellen Industrialisierungsprozeß erlebten (Japan, Korea, Singapur, Taiwan, Hongkong) als auch die Erfahrung vergangener Jahre in Chile selbst zeigen, daß sich Exportförderung und Industrialisierung nach innen ergänzen müssen und dies auch sehr wohl in der Praxis durchführbar ist.

Zusammenfassend läßt sich mit den Worten von Lewis[4] sagen, daß die Exporte ein »Schmiermittel« der industriellen Entwicklung sein können, aber nicht ihr »Motor«. Diese Rolle fällt der am heimischen Markt orientierten Industrietätigkeit zu.

3) Die Industrialisierung zeichnet sich durch Unabhängigkeit und Volksnähe aus. Wenn man den politischen Rahmen einer fortschreitenden Demokratisierung des Landes betrachtet und auf wirtschaftlicher Ebene die Suche nach einem neuen Entwicklungsstil, der sich auf die Befriedigung der Grundbedürfnisse der Bevölkerung stützt, so erscheinen zwei Punkte besonders wichtig, auf die eine Reindustrialisierungsstrategie abzielen sollte: erstens auf eine wachsende Unabhängigkeit der Industrie gegenüber äußeren Einflüssen und zweitens auf eine volksnahe Ausrichtung.

Die Erreichung eines gewissen Grades an Unabhängigkeit setzt mindestens die Entwicklung eigener Technologien und einer Kapitalgüterindustrie in den Schlüsselbereichen wie beim Kupfer oder anderen an natürliche Ressourcen gebundenen Industrien voraus. Die volksnahe Ausrichtung dieser Strategie ihrerseits ist eng verbunden mit der Zielsetzung der Befriedigung der Grundbedürfnisse und einer wachsenden Beteiligung der Arbeiter in verschiedenen gesellschaftlichen Bereichen.

Schlüsselelemente für eine industrielle Entwicklung

Die Diskussion über die Hauptfaktoren, welche die industrielle Entwicklung bestimmen, ist nicht neu. Sie wurde schon in der Vergangenheit in Chile geführt und hat in den letzten Jahren in Lateinamerika wachsendes Interesse gefunden[5]. Die Diskussion dieser Faktoren und einiger allgemeiner Kriterien der Industrialisierungspolitik kreiste um vier Themen:
— Industrialisierung und Außensektor
— Produktionsstruktur
— Beschäftigung und Technologie
— die Rolle des Staates.

Industrialisierung und Außensektor

Seit vielen Jahren zeigt uns die Wirtschaftsgeschichte unseres Landes immer wieder und manchmal in dramatischer Form die enge Verbindung, die zwischen einem Industrialisierungsprozeß und den wirtschaftspolitischen Maßnahmen im Außensektor besteht. Diese Maßnahmen können die industrielle Produktion fördern oder behindern; sie beeinflussen ihre Zusammensetzung und ihre Ausmaße, indem sie Veränderungen in den relativen Preisen zwischen Industrie und anderen produktiven Sektoren sowie innerhalb der Industrie selbst herbeiführen. Auf der anderen Seite benötigt die Industrie, um sich ausdehnen zu können, einen wachsenden Außenhandel (um sich mit Rohstoffen und Kapitalgütern zu versorgen und neue Märkte zu erschließen), der seinerseits wiederum mit dem Industrialisierungsprozeß wächst.

Eines der Zentralthemen in diesem Verhältnis zwischen Industrie und Außensektor stellt zweifellos die alte Polemik zwischen Protektionismus und Freihandel dar. Andere wichtige Themen sind die Wechselkurspolitik, die Exportförderung, die Auslandsinvestitionen und die Rolle der transnationalen Unternehmen.

Protektionismus contra freier Markt. Seit 1973 hat das Land den Übergang von einer stark protektionistischen Wirtschaftspolitik während der Phase der importsubstituierenden Industrialisierung zu einer Politik der extremen Öffnung des Außenhandels erlebt. So stellt sich die Frage, wo die optimale Kompromißlinie zwischen der protektionistischen und der Politik des freien Marktes verläuft. Es wäre vermessen, vorzugeben, diese Frage vollständig beantworten zu können, dennoch halten wir es für möglich, einige Kriterien zu nennen, die uns weiterbringen könnten:

Eine Zollpolitik kann ein wirkungsvoller Mechanismus sein, um die Zuweisung von Mitteln zu steuern, wenn Ungleichheiten oder Verzerrungen in den Märkten bestehen, wenn etwa gesellschaftlicher Preis und Marktpreis auseinandergehen. Je größer diese Verzerrungen und je schwieriger ihre Beseitigung durch andere Mittel, desto wichtiger wird die Rolle einer Zolltarifpolitik sein[6]. Die Zollpolitik kann einen allgemeinen Einheitstarif einführen (z.B. von 10 Prozent auf alle Importe) oder, alternativ dazu, zwischen den verschiedenen Importgütern unterscheidende Zölle. Verschiedene Autoren haben die Ansicht vertreten, es gebe keine stichhaltigen ökonomischen Argumente dafür, einen Einheitstarif für alle Wirtschaftsaktivitäten anzusetzen[7], eine Position, die dadurch bestätigt wird, daß für die Anwendung einer differenzierenden Zollpolitik wohlfundierte Argumente genannt werden können, besonders das Kriterium, nach Merkmalen der Produktionsprozesse zu unterscheiden. Diese Differenzierung wurde als »die solideste Grundlage für die Verfolgung einer Schutzzollpolitik« angesehen[8].

Es gibt drei Merkmale der Produktionsprozesse, die bedeutende Unterschiede zwischen verschiedenen Wirtschaftssektoren deutlich machen und die eine differenzierende Zollpolitik rechtfertigen: der Stand der Wirtschaftsaktivität und die voraussichtliche Konkurrenzfähigkeit, die Schaffung von Exportproduktion und die Relation im Einsatz der Faktoren Kapital und Arbeit.

Die Höhe des Zollschutzes, der einem bestimmten Industriezweig zugute kommt, muß die Verzerrungen ausgleichen können, die die Produktion eines importsubstituierenden Artikels beeinträchtigen. In diesem Sinne muß die Höhe des Zolltarifs empirisch bestimmt sein durch die größten Verzerrungen in der jeweiligen Industriebranche. Für Chile hat Guzman[9] ein Zolltarifprofil vorgeschlagen, das auf die Industrie anwendbar wäre. Es geht aus von der Anwendung von Faktoren je nach verschiedenen Bereichen, mit dem Ziel, die Marktverzerrungen, die zu Ungunsten des Gebrauchs von Arbeitskraft bestehen, auszugleichen (diese Verzerrungen rühren im konkreten von der Tatsache her, daß der private Preis der Arbeitskraft höher ist als ihr gesellschaftlicher Preis).

Die Werte, die sich für die Tarife oder »Effektivzölle« ergeben, liegen zwischen 1,4 Prozent für die Tabakindustrie (die am wenigsten arbeitsintensive) und 38 Prozent für die Holzverarbeitung (die arbeitsintensivste Branche)[10]. Wenn zusätzlich noch andere Verzerrungen ausgeglichen würden, wie jene, die durch den gegebenen Stand der wirtschaftlichen Aktivität oder die Schaffung von Außenwirtschaften bedingt werden, dann könnte der effektive Schutzzoll für die chilenische Industrie sich zwischen einem Minimum von 10 Prozent bis zu einem Maximum, das wahrscheinlich um 60 Prozent liegen würde, bewegen. Dieser Schutzzoll könnte sogar noch höher sein, wenn man ein rein pragmatisches bzw. defensives Kriterium anwenden würde, nämlich den überall sonst in der Welt praktizierten Protektionismus.

Die folgende Tabelle zeigt die Durchschnittsraten der Zölle in den USA, Japan und der Europäischen Gemeinschaft für aus Lateinamerika stammende Produkte. Sie bewegen sich zwischen einem Minimum von 15 Prozent und einem Maximum von 68 Prozent:

Effektive Schutzzollraten für Produkte aus Lateinamerika (in Prozent)

	Halb-fabrikate	Textilien u. Textil-produkte	Leicht-industrie	komplexere Industrien	Durchschnitt
USA	22,1	42,5	24,1	16,2	26,2
Japan	68,0	45,0	26,0	22,0	40,3
EG	(konnte nicht errechnet werden)	40,0	15,0	22,0	25,7
Chile *	10,0 (20,0)	10,0 (20,0)	10,0 (20,0)	10,0 ** (20,0) **	10,0 (20,0)

* Zwischen Juni 1979 und Ende 1982 wurde ein genereller Tarif von 10 Prozent erhoben. Ab März 1983 und bis Oktober 1984 wurde der allgemeine Zollsatz auf 20 Prozent erhöht, mit dem einzigen Ziel, die leeren Staatskassen aufzufüllen. Später wird er allmählich wieder absinken, um Ende 1985 wieder bei 10 Prozent zu liegen. Da dieser Zolltarif allgemein für alle Güter, sowohl Zwischen- als auch Endprodukte, gilt, sind in diesem Fall Nominal- und Effektivtarif gleich.

** mit Ausnahme von Kraftfahrzeugen mit Motoren über 750 Kubikzentimeter.

Quellen: Für die USA, Japan und die EG: P. Mendive: Protectionism and development, in: CEPAL Review Nr. 6, Santiago 1978; für Chile: Erklärung des Finanzministeriums vom 22.3.1983

Wenn man zusätzlich die Vielzahl von zollähnlichen Beschränkungen in Betracht zieht, die in den Industrieländern ihre Anwendung finden, um die Importe einzuschränken, kann man davon ausgehen, so Mendive [11], daß in einigen Fällen der effektive Schutz in diesen Ländern um ein Mehrfaches höher liegen kann als in der Tabelle gezeigt.

Die Wechselkurspolitik. Der Wechselkurs ist der wahrscheinlich wichtigste Indikator der Wirtschaft, insofern er mehrere ihrer realen Variablen beeinflußt, wie die Produktion und die Ausgaben und auf der anderen Seite die Regierungsfinanzen und das Gleichgewicht des Außensektors.

In Chile war während der Phase der Substitutionsindustrialisierung der reale Wechselkurs (Wert des Peso ausgedrückt in US-Dollar) traditionell überbewertet gewesen. Nach 1973 wurde diese Verzerrung teilweise korrigiert, da die Regierung Interesse an einer Förderung der Exporte hatte. Dennoch wiederholt sich dieses Phänomen in den Jahren 1979 bis 1982 durch die Festlegung des Wechselkurses.

Bekanntlich führt eine permanente Überbewertung des Wechselkurses zu einem Ansteigen der Importe und einem Rückgang der Exporte, was zu einer uneffizienten Verteilung der Mittel führt. Daher benötigt die Industrie, ebenso wie alle anderen Wirtschaftssektoren, für ihre optimale Entwicklung die Aufrechterhaltung eines stabilen realen Wechselkurses auf lange Sicht. Auf diese Weise wäre es einfacher, adäquate Entscheidungen zu treffen zwischen Projekten zur Importsubstitution oder einer Exportförderung, je nach den jeweiligen Vorteilen.

Die vielfältigen Erfahrungen, die in Chile auf diesem Gebiet gemacht wurden, haben gezeigt, daß zur Erreichung eines stabilen realen Wechselkurses die angemessenste Politik die des »programmierten Wechselkurses« (sliding-peg policy) ist, die in Chile in den Jahren 1965 bis 1970 mit recht gutem Erfolg angewendet wurde. Diese Politik, gemeinsam mit verschiedenen Kontrollinstrumenten für die Bewegung von Finanzkapital (um eventuelle negative Auswirkungen auf die Wirtschaft zu verhindern, wie z.B. abrupte Änderungen der Zinssätze), scheint am geeignetsten für eine alternative Entwicklungsstrategie.

Die Exportförderung. Wie schon erwähnt, müssen sich Importsubstitution und Exportförderung bei einem Industrialisierungsprozeß in ihrer Entwicklung ergänzen. So hat der Export, auch wenn die Industrie sich hauptsächlich am heimischen Markt orientieren soll, eine wichtige Rolle zu erfüllen: die Austauschrelationen zu verbessern, die Abhängigkeit von Rohstoffexporten zu verringern, die Industriemärkte zu erweitern, Beschäftigung und Devisen zu beschaffen sowie die Produktivität und die Handelstätigkeit zu verbessern.

Die Frage, die hierbei auftaucht, lautet: Wie ist es zu erreichen, daß beide Bereiche sich ergänzen, ohne dabei in die Fehler der Vergangenheit zurückzufallen? Das grundlegende Kriterium für eine bestmögliche Verteilung der Mittel ist der Vergleich der gesellschaftlichen Kosten, die aufzubringen sind, um durch Export Devisen zu gewinnen, mit den gesellschaftlichen Kosten, die aufgebracht werden müssen, um durch Importsubstitution Devisen zu sparen. In Chile war es 1969, im Rahmen der Strategie der Importsubstituierung, doppelt so wirtschaftlich, Devisen durch Exportförderung zu erhalten, als sie durch Importsubstituierung zu sparen[12]. Dies war ein unübersehbares Indiz für das Scheitern dieser Strategie.

Der Abbau von Exporthindernissen ist nur ein erster Schritt. Um die Ausfuhren zu fördern, bedarf es noch zusätzlicher Maßnahmen und Rahmenbedingungen: Erforderlich sind ein stabiler Wechselkurs, Informationen über Außenmärkte, Verbesserung der Qualität der Erzeugnisse, wofür der technische Fortschritt durch Eigenschaffung, Anpassung und Kauf neuer Technologien eine unabdingbare Voraussetzung ist[13], für deren Erfüllung der Staat die Hauptsorge zu tragen hätte.

Auslandsinvestitionen und transnationale Unternehmen. Das Problem der Fremdinvestitionen und die Rolle, die hierbei (ebenso wie bei der Kontrolle des internationalen Handels) die transnationalen Unternehmen spielen, ist von außerordentlicher Bedeutung für eine Entwicklungsstrategie, die versucht, einen akzeptablen Grad an Unabhängigkeit gegenüber ausländischen Einflüssen zu erreichen. In der Praxis gibt es einen beträchtlichen Abstand, wenn nicht sogar einen offenen Gegensatz, zwischen den Interessen eines Entwicklungslandes und denen der transnationalen Konzerne[14]. Dennoch ist es unvermeidlich, mit ihnen, wegen ihrer enormen Bedeutung auf den Weltmärkten, in Verbindung zu treten. Solche Verbindung ist unbedingt erforderlich wegen der Kontrolle, welche die transnationalen Unternehmen über die Schlüsselmärkte, wie z.B. Kapital- und Technologiemarkt, besitzen. So stellt sich die Frage, wie man sich den Multis gegenüber verhalten soll, um Zugang zu diesen Märkten zu erlangen, aber gleichzeitig in angemessener Weise die Unabhängigkeit und die nationalen Interessen zu wahren.

Auch hierbei scheint aufs Neue das Handeln des Staates unbedingt erforderlich. Der Staat ist in der Lage, die Verhandlungsfähigkeit der heimischen Unternehmen zu verbessern, indem er zuerst einmal eine Politik gegenüber den Auslandsinvestitionen und den Beziehungen zu transnationalen Konzernen, zum Beispiel bezüglich des Kaufs von Technologien, entwickelt[15]. Diese Politik muß Aspekte wie Zölle, Steuern und Bedingungen für die Reinvestition von Gewinnen, Technologietransfer und im allgemeinen alle Gesichtspunkte, die für das Verhältnis zu den Multis von Bedeutung sind, berücksichtigen. Zweitens muß der Staat die heimischen und besonders die staatlichen Unternehmen stützen, damit sie in der Lage sind, als Alternative zu den Multis zu fungieren und den Industrialisierungsprozeß anzuführen. Hierfür ist das Beispiel des staatlichen Handelns in Ländern wie Japan, Korea, Taiwan und Hongkong sehr lehrreich[16].

Die Produktionsstruktur

Eine Industrialisierungsstrategie, die sich eine größere Unabhängigkeit und die Befriedigung der Grundbedürfnisse der Bevölkerung zum Ziel setzt, erfordert mehr oder weniger grundlegende Veränderungen in der Produktionsstruktur. Diese Ziele und das offensichtliche Scheitern einer Politik der uneingeschränkten Öffnung nach außen lassen voraussehen, daß in der Zukunft ein erneuter Prozeß der Importsubstituierung stattfinden wird, was nicht bedeutet, daß der frühere Prozeß seine Neuauflage erleben muß.

Tatsächlich müßte ein neu stattfindender Importsubstituierungsprozeß sehr viel stärker auswählen und spezialisieren als der traditionelle, um einen höheren Stand der Leistungsfähigkeit zu erreichen. Mit anderen Worten, es wäre notwendig, die Kräfte auf einige wichtigste Bereiche zu konzentrieren. Im Hinblick auf die gesetzten Ziele scheinen drei Bereiche der Industrie vorrangig zu sein:

  a) die Produktion der wichtigsten Konsumgüter;
  b) die Produktion von Kapitalgütern;
  c) die Produktion von Exportgütern.

a) Die Produktion der wichtigsten Konsumgüter ist eng verbunden mit einer Strategie der Befriedigung der Grundbedürfnisse. Sie setzt gleichzeitig eine tiefgreifende Neugestaltung der Produktionsstruktur in Richtung einer arbeitsintensiven Herstellungsindustrie, die in großem Umfang Konsumgüter produziert, voraus. Es sollte nur eine relativ geringe Anzahl von Modellen hergestellt werden, um wachsende Skalenerträge auszunutzen, Kosten für Designs und Entwicklung zu sparen usw. Dieser Typ von Massenproduktion erscheint besonders geeignet für die Herstellung von Wohnungsbaumaterialien, Nahrungsmitteln (die mit zusätzlichen Nährstoffen angereichert werden können), Langzeitgebrauchsgütern (Herde, Fahrräder, Kühlschränke), Textilien usw.

Es liegt auf der Hand, daß die Industrie sich nicht als Folge des »freien Spiels der Kräfte auf dem Markt« in dieser Richtung engagieren wird, da letzteres wenig Interesse an den Armen hat. Folglich trägt der Staat, der die Produktion solcher Güter fördert oder selbst als Produzent auftritt, hier eine wichtige Verantwortung. Außerdem kann der Staat außerhalb des Marktes einige wichtigste Grundgüter an die Gruppen der Allerärmsten verteilen[17].

b) Die Produktion von Kapitalgütern ist eine unabdingbare Voraussetzung für die Erreichung eines annehmbaren Grades an Unabhängigkeit, besonders auf technologischem Gebiet, und gleichzeitig für eine langfristig aufbauende industrielle Entwicklung. Obwohl es merkwürdig erscheinen mag, benötigt diese Industrie »eine gegenüber dem Durchschnitt der Herstellungsindustrie wesentlich geringere Kapitalintensität«, »die Investitionserfordernisse sind allgemein gering, die Technologie bekannt«[18].

In Chile müßte sich die Produktion von Kapitalgütern auf einige wenige Bereiche konzentrieren, die in Verbindung mit den Hauptproduktionstätigkeiten stehen, besonders mit denen, wo das Land natürliche Vorteile besitzt (Kupfer, Fischerei, Forstsektor, einige landwirtschaftliche Bereiche: Obst, Wein usw.). In einer ersten Phase müßte die Substituierung der in diesen Sektoren importierten Kapitalgüter erreicht werden, später könnte ein Teil der Produktion exportiert werden. Hierfür stehen wertvolle Kenntnisse über die industriellen Verfahren und die Kapitalerfordernisse zur Verfügung, die sehr nützlich sein können. Dies zeigen auch die Beispiele von Ländern wie Schweden, Dänemark oder Norwegen, die ihre Kapitalgüterindustrien um ihre größten Rohstoffvorkommen herum aufgebaut haben.

Ein zweiter Bereich in der Produktion von Kapitalgütern wäre derjenige, in dem relativ leicht »erwerbbare komparative Vorteile« (im Unterschied zu den natürlich vorhandenen) durch die Entwicklung von Technologien, die Ausbildung von Arbeitskräften usw. zu erzielen wären. Dies gilt etwa für die Metallindustrie, die sich in Chile seit 1965 im Schutz des Andenpaktes zu entwickeln begann. Diese Industrie erreichte eine ansehnliche Entwicklung und hatte vielversprechende Zukunftsaussichten[19]. Unglücklicherweise wurde diese Entwicklung durch den Austritt Chiles aus dem Andenpakt 1976 zunichte gemacht, was dem Land große Verluste zufügte[20].

c) Die Produktion von Exportgütern ist der dritte Industriebereich, dessen Entwicklung vorrangig zu fördern wäre. Die Industriegüter, die das Land zukünftig wird exportieren können, lassen sich in zwei Gruppen unterteilen. Einmal in die Gruppe der auf den natürlichen Rohstoffquellen des Landes basierenden Produkte: Kupfererzeugnisse, Zellulose, Obst, Meeresfrüchtekonserven, Wein usw. Diese Produkte, die auf den Außenmärkten schon bekannt sind, haben in den letzten zehn Jahren bereits einen bedeutenden Zuwachs erlebt. Eine zweite Gruppe von Exportaktivitäten würde in jenen Bereichen ansetzen, in denen das Land »erwerbbare komparative Vorteile« bereits besitzt oder noch erreichen kann. Dies wäre der Fall für die Metallindustrie und möglicherweise für einige Stahl- und Chemieerzeugnisse. Die Märkte für diese Güter liegen hauptsächlich in Entwicklungsländern, besonders in Nachbarländern Chiles.

Beschäftigung und Technologie

Eines der entscheidendsten Probleme, die eine zukünftige Entwicklungsstrategie anzugehen hätte, ist die Schaffung von produktiven Arbeitsplätzen im großen Ausmaß, um dem natürlichen Zuwachs an Arbeitskräften zu begegnen und die enorme Masse von Arbeitslosen, die im Moment 30 Prozent der arbeitsfähigen Bevölkerung beträgt, aufzufangen. Wenn man bedenkt, daß die Industrie zwischen 1940 und 1960 derjenige Wirtschaftsbereich war, der die meisten produktiven Arbeitsplätze schuf, ist es außerordentlich wichtig, jetzt zu untersuchen, auf welche Weise eine Industrieentwicklung, die sich auf die Befriedigung der Grundbedürfnisse gründet, die Schaffung von Arbeitsplätzen fördern kann. Wenn man von dem Angebot der Arbeitskraft als gegebenem Faktor ausgeht, sind auf der Seite der Nachfrage folgende Faktoren, die die Schaffung von Arbeitsplätzen beeinflussen, die wichtigsten: a) die Wachstumsrate der Industrie, b) die Zusammensetzung des Industrieprodukts, c) das Verhältnis der Faktoren Arbeit und Kapital.

a) Die Wachstumsrate der Industrie. Sie ist abhängig in erster Linie von der Investitionsrate in der Industrie sowie von der Vergrößerung der industriellen Nachfrage. Beide Faktoren hängen eng miteinander zusammen. Das Wachstum der Nachfrage für Industrieprodukte, sei es aufgrund eines gestiegenen Nationaleinkommens und/oder seiner besseren Verteilung, sei es wegen größerer Integration der Industrie in die übrige Wirtschaft oder wegen einer gewachsenen Nachfrage von außen (Exporte), kann zweifellos die Investitionsentscheidungen wesentlich beeinflussen, neben anderen der Wirtschaftspolitik eigenen Gesichtspunkten wie Stabilität, Krediterleichterungen, Zinssätze usw. Somit ist die erste Voraussetzung für die Erweiterung von Arbeitsplätzen in der Industrie die größere Dynamik dieser beiden Faktoren, industrielle Nachfrage und Investitionen.

b) Die Zusammensetzung des Industrieprodukts. Die Veränderungen in der Zusammensetzung des Industrieprodukts als Folge der Anwendung einer bestimmten Industriestrategie können eine größere oder geringere Beschäftigungsnachfrage bewirken, je nach dem, ob diese neue Produktionsstruktur sich an der Produktion von mehr oder weniger arbeitsintensiven Gütern, je nach Produkteinheit, orientiert. Wie schon im vorigen Abschnitt festgestellt, gibt es drei Industriebereiche, die in dieser Strategie in erster Linie entwickelt werden sollen: die Produktion der wichtigsten Konsumgüter, die Produktion von Kapitalgütern und die Produktion von Exportgütern. Bezüglich der Konsumgüter zeigen die wenigen Informationen, die es darüber gibt, daß Industriezweige, die Nahrungsmittel, Möbel, Textilien und besonders Kleidung und Schuhe herstellen, arbeitsintensiver sind als der Durchschnitt der Industrie[21]. Folglich kann man erwarten, daß eine Strategie, die diese Sektoren bevorzugt, zugleich die Schaffung von Arbeitsplätzen stark fördern wird.

Bezüglich der Kapitalgüter herrscht meistens die Meinung vor, ihre Herstellung sei besonders kapitalintensiv, und sie würde wenig Arbeitskraft erfordern. Dies ist aber nicht immer der Fall. Tatsächlich waren in der chilenischen Industrie von den vier Kapitalgüter produzierenden Branchen zwei im Durchschnitt relativ arbeitsintensiv, nämlich Metallprodukte und Maschinenherstellung. Diese Erscheinung wird sich mit Sicherheit in einigen Bereichen dieser Industriezweige noch verstärken. Diese Tatsache beweist, daß es sehr wohl möglich ist, eine Kapitalgüterindustrie zu entwickeln, die gleichzeitig in bedeutendem Maße zur Schaffung von Arbeitsplätzen beitragen kann. Die Erfahrungen in Japan sind in dieser Hinsicht sehr anregend[22]. Auch im Fall der Industrieexporte ist es möglich, arbeitsintensive Tätigkeiten zu finden, wie zum Beispiel in der Agrarindustrie, der Holzverarbeitung oder in der Art der oben erwähnten Kapitalgüter.

Aus dem hier Dargelegten ergibt sich die Notwendigkeit, jene Industrietätigkeiten zu intensivieren und zu fördern, die eine ausreichende Zahl an Arbeitsplätzen schaffen können. Dieses Kriterium sollte bei der Auswahl von Investitionsprojekten an erster Stelle stehen.

c) Das Verhältnis der Faktoren Kapital und Arbeit. Die Intensität der Produktionsfaktoren Kapital und Arbeit ist ein weiterer Grundfaktor für die Beschäftigungsnachfrage. Man muß sicherlich davon ausgehen, daß es verschiedene technologische Alternativen für die Herstellung eines Artikels bzw. verschiedene Grade der Ersetzung von Arbeit durch Kapital infolge von Veränderungen der relativen Preise gibt. Im Fall Chiles ist empirisch nachweisbar, daß ein bedeutendes Ausmaß an Substituierung zwischen beiden Faktoren besteht, mit einer Substituierungselastizität, die für Unternehmen verschiedener Größen zwischen 0,67 und 1,27 schwankt[23].

Es gibt zwei verschiedene politische Verfahrensweisen, die, infolge dieser Überlegungen über die Beteiligung der Faktoren, zur Schaffung von Beschäftigung beitragen könnten. Die erste, gut bekannte, macht sich zum Ziel, die Verzerrungen, die zwischen dem privaten und dem gesellschaftlichen Preis von Produktionsfaktoren bestehen, auszugleichen. Diese Verzerrungen bedeuten nämlich in der Praxis eine Demotivierung der Einstellung von Arbeitskräften. In bezug auf die Arbeit erwähnten wir schon, daß ein effektives Mittel zur Korrektur solcher Verzerrungen die Anwendung von differenzierten Importzöllen ist. Die zweite Verfahrensweise zielt auf eine Förderung der Kleinindustrie ab, da diese anerkanntermaßen mehr Arbeitsplätze schafft als Industriebetriebe größeren Ausmaßes. Für die Schaffung von Arbeitsplätzen wäre auch hier eine vorsichtige Auswahl der Aktivitäten notwendig, da bedeutende Unterschiede in der Arbeitsintensität zwischen verschiedenen Industriezweigen bestehen.

Auf der einen Seite muß man, um nicht die Produktionseffizienz zu vernachlässigen, die oft im Widerstreit mit einem größeren Beschäftigungsanteil zu stehen scheint, diejenigen Tätigkeiten fördern, in denen die Kleinindustrie relative Vorteile hat. Die Erfahrung der Kleinindustrie in Japan ist ein klares Beispiel dafür, daß die Ziele der Arbeitsplatzschaffung und der Produktionseffizienz durchaus miteinander vereinbar sind, mit der vereinten Anstrengung der Kleinunternehmer und mit der Unterstützung des Staates in Kreditfragen, Technologie und anderem[24].

Schließlich ist noch ein Gesichtspunkt von außerordentlicher Wichtigkeit für die Entwicklung der Kleinindustrie zu nennen, nämlich der, mit eigenen Technologien, die den eigenen Erfordernissen entsprechen, rechnen zu können. In den letzten Jahrzehnten hat es interessante Beiträge auf diesem Gebiet gegeben, die den Entwicklungsländern neue Wege eröffnen, so zum Beispiel die Anwendung von »Zwischentechnologien«, die die Bedeutung des »Vertrauens in die eigene Anstrengung« (self-reliance) für die Entwicklung und Anpassung von dem jeweiligen Land angemessenen Technologien betont[25].

Die Rolle des Staates

Im Verlauf der vorhergehenden Abschnitte wurde in vielfältiger Form ersichtlich, welche herausragende Rolle dem Staat innerhalb einer Industrialisierungsstrategie zukommen würde, die sich an der Befriedigung der

Grundbedürfnisse orientiert. Der Staat, als Ausdruck der Mehrheiten, muß die größte Verantwortung im Entwurf und in der Inkraftsetzung dieser Industrialisierungspolitik haben, die wiederum nur ein Teil eines umfassenderen Entwicklungsplanes ist. Dies bedeutet, daß der Staat eine Führungsrolle in der Wirtschaft zu übernehmen hätte, was in zweifacher Hinsicht zum Ausdruck käme: in der Handhabung der Wirtschaftspolitik sowie in seiner Rolle als Großabnehmer und Produktionsvermittler.

Obwohl wir uns darüber im klaren sind, daß die Diskussion über die wirtschaftliche Rolle des Staates letztendlich ein politisches Problem ist und ihre zukünftige Beschaffenheit von den politischen, wirtschaftlichen und sozialen Bedingungen, die im Land eintreten, abhängig ist, halten wir es für nützlich, dennoch zumindest zwei kritische Bereiche darzustellen, die im Zentrum der Debatte um die Rolle des Staates stehen.

Der erste Bereich ist die permanente Spannung, die zwischen dem staatlichen Interventionismus und dem freien Funktionieren des Marktes besteht. Aus einer rein wirtschaftlichen Perspektive ist die staatliche Intervention vollkommen berechtigt, wenn kein perfekter Wettbewerb besteht, mit anderen Worten, wenn der gesellschaftliche Preis und der Marktpreis aufgrund von Außenwirtschaft, Strukturfaktoren (wie chronische Arbeitslosigkeit) und anderen Gründen auseinanderfallen. Es ist wichtig, darauf hinzuweisen, daß »die gesellschaftlichen Preise und die Marktpreise nur dann übereinstimmen, wenn die Wirtschaft sich in einem absoluten Gleichgewicht befindet und die Einkommensverteilung sozial und politisch annehmbar ist«[26].

Da dies in der wirklichen Welt nicht vorkommt, muß der Staat in die Wirtschaft eingreifen, um zu versuchen, diese Verzerrungen zu korrigieren. Dies kann er tun, indem er direkt die Ursachen dieser Verzerrungen bekämpft oder, wenn dies aus politischen beziehungsweise wirtschaftlichen Gründen nicht möglich ist, indem er die Verzerrungen ausgleicht. Dies ist zum Beispiel der Fall, wenn eine differenzierte Zolltarifstruktur eingeführt wird, wie schon erklärt wurde.

Dies soll nicht bedeuten, daß hier eine allmächtige Gegenwart des Staates in der Wirtschaft propagiert werden soll. Das könnte sehr schädliche Folgen für die Entwicklung des Landes haben. Stattdessen wäre denkbar, daß sich die Marktkräfte mit all ihrem Wachstumspotential in angemessener Weise am gesellschaftlichen Interesse orientieren, zum Beispiel an der Befriedigung der Grundbedürfnisse. Damit dies möglich wird, ist es unabdingbar, daß der Staat eine aktive Rolle in der Wirtschaft und besonders in der Entwicklung eines effektiven Planungssystems einnimmt.

Der zweite kritische Bereich hinsichtlich der Rolle des Staates ist die Festlegung der Ausweitung und der Art und Weise der staatlichen Tätigkeit im Produktionsbereich und deren Ergänzung durch die Wirtschaftspolitik.

Auf den ersten Blick erscheint es einfach, einige Bereiche zu erkennen, in denen die staatliche Intervention als Produktionsvermittler notwendig ist: soziale Einrichtungen, besonders für die ärmsten Schichten der Bevölkerung, Schlüsselaktivitäten wie Energie, Bergbau usw., Entwicklungstätigkeiten im Bereich der Befriedigung der Grundbedürfnisse. In Anbetracht der begrenzten Mittel, über die er normalerweise verfügt, sind wir allerdings der Meinung, daß der Staat seine Hauptbemühungen auf die wirkungsvolle Handhabung der Wirtschaftspolitik ausrichten sollte. In dem Maße, wie der Staat das »Gehirn der Wirtschaft« lenkt und kontrolliert, in dem die wichtigsten Maßnahmen konzipiert und durchgeführt werden, und gleichzeitig eine begrenzte Gruppe von Schlüsselindustrien und Einrichtungen betreibt, scheint es möglich, auch die übrige Wirtschaft nach den festgesetzten gesellschaftlichen Zielen auszurichten.

In dieser Hinsicht ist es wichtig, die historischen Erfahrungen anderer Entwicklungsländer zu berücksichtigen, die gezeigt haben, daß, wenn der Staat keine Führungsrolle in der Wirtschaft einnimmt, die Dynamik der Kapitalkonzentration dazu führt, daß große nationale Konglomerate oder transnationale Unternehmen diese Rolle einnehmen. Daraus folgt der Verlust der Unabhängigkeit, und eventuelle Schäden für das Land sind die unausbleibliche Folge.

Die Konzeption, die Ausdehnung des Staates als Produktionsvermittler zu beschränken, bedeutet schließlich nicht, die Ausdehnungsmöglichkeiten für gesellschaftliches Eigentum einzuengen. Im Gegenteil sollte diese Art von Besitz bevorzugt und gefördert werden. Der Staat hat die Aufgabe, ein System von selbstverwalteten Betrieben zu fördern, die eine wirkliche Beteiligung der Arbeiter am Produktionsprozeß, sowohl an den Entscheidungen als auch an den Gewinnen, gewährleisten [27]. Die aktive Beteiligung der Beschäftigten auf dieser Ebene, ebenso an den wichtigsten Entscheidungen des Staates auf wirtschaftlichem und sozialem Gebiet, ist der beste Schutz, den die Demokratie in der Zukunft haben sollte.

Anmerkungen

1 S. Bitar: »Elementos de una nueva estrategia de desarrollo«, in: *Nueva Sociedad* (Caracas), 23/1976; für Lateinamerika: J. Graciarena: »Power and development styles«, in: CEPAL Review (Santiago de Chile), 1/1976; D. Dell: »Basic Needs or Comprehensive Development«, in: CEPAL Review 4/1978; M. Wolfe: »Preconditions and propositions for ›another development‹«, in: ebenda

2 Vgl. T. Jeanneret: »El sistema de protección de la industria chilena«, in: O. Muñoz (Hrsg.): *Proceso de la industrialisación en Chile,* Santiago (Ediciones Nueva Universidad) 1972; V. Corbo/P. Meller: »Sustitución de importaciones, promoción de exportaciones y empleo: el caso chileno«, in: *Estudios CIEPLAN* (Santiago), 15/1977; P. Vergara: »Apertura externa y desarrollo industrial en Chile: 1974-1978«, in: *Estudios CIEPLAN* 4/1980; R. Ffrench-Davis: *Políticas Económicas en Chile 1952-70,* Santiago (Ed. Nueva Universidad) 1973

3 H. Chenery: »Modelos de desarrollo industrial«, in: *El Trimestre Económico* (Mexico), 109/1961

4 A. Lewis: *The evolution of the International Economic Order,* Janeway Lecture, Princeton University 1971

5 C. Ossa: »Estrategia de desarrollo industrial: Algunos antecedentes empíricos«, in: O. Muñoz: *Proceso ...* (Anm. 2); S. Bitar: »Hacia la definición de una estrategia industrial«, in: O. Muñoz, a.a.O.; H. Soza: »The industrialization debate in Latin America«, in: CEPAL Review 13/1981; CEPAL: »En torno de las ideas de la CEPAL: Desarrollo, industrialisación y comercio exterior«, in: *Cuadernos de la CEPAL* (Santiago), 13/1977; dies.: »En torno de las ideas de la CEPAL: Problemas de la industrialisación en América Latina«, in: a.a.O. 14/1977; O. Muñoz: »Hacia una nueva industrialisación: Elementos de una estrategia de desarrollo para la democracia«, in: *Apuntes CIEPLAN* 33/ Mai 1982

6 R. Ffrench-Davis gibt eine ausführliche und tiefgehende Analyse dieses Themas sowie allgemein der wichtigsten Formen der Außenhandelspolitik: *Economía internacional: teorías y políticas para el desarrollo,* Mexico (Fondo de Cultura) 1979

7 I. Little/T. Scitovsky/M. Scott: *Industry and trade in some developing countries,* Paris (OECD) 1970; V. Corbo: »Comercio exterior y empleo: Algunas experiencias de países en desarrollo«, in: *Notas Técnicas* (CIEPLAN Santiago), 14/1979

8 R. Ffrench-Davis: *Economía ...* (Anm. 6), S. 253

9 Diese Quelle konnte nicht aufgefunden werden; d. Hrsg.

10 E. Garcia/J. Mezzera (»El arancel externo común y la creación de empleo en el grupo Andino«, in: *Revista internacional del trabajo,* 1/1978) kommen in ihrer Untersuchung für die Grupo Andino zu ähnlichen Ergebnissen, allerdings aufgrund des in Chile beobachteten Unterschieds zwischen dem privaten und dem gesellschaftlichen Preis der Arbeitskraft. Zudem besteht eine große Ähnlichkeit zwischen den in den Herstellungsindustrien der Region angewandten Technologien.

11 P. Mendive: »Protectionism and development«, in: CEPAL Review 6/1978
12 S. Bitar: »Hacia la definición ...« (Anm. 5), S. 226
13 CEPAL (Anm. 5)
14 L. C. Marinho: »The transnational corporations and Latin America's present form of economic growth«, in: CEPAL Review 14/1981; E. Lahera: »The transnational corporations in the Chilean economy«, in: ebenda
15 R. Ffrench-Davis stellt die Grundlagen für eine solche Politik auf: *Economía* ... (Anm. 6)
16 F. Fajnzylber: »Some reflections on South-East Asian Export Industrialization«, in: CEPAL Review 15/1981
17 E. Tironi: »El comercio exterior en el desarrollo chileno: una interpretación«, in: *Chile 1940-1975. Treinta y cinco años de discontinuidad económica,* Instituto Chileno de Estudios Humanísticos (ICHEH) 1978
18 A. E. Calcagno/J. M. Jacobowicz: »Some aspects of the international distribution of industrial activity«, in: CEPAL Review 1981, S. 28
19 S. Bitar: »Hacia la definición ...« (Anm. 5)
20 E. Gana: »La programación metalmecánica del Acuerdo de Cartagena y las empresas transnacionales«, in: Documento CEPAL/DIDE/ET (Santiago), 164/Dezember 1976
21 V. Corbo/P. Meller: »Sustitución ...« (Anm. 2)
22 A. Hosono: »Industrial development and employment: The experience of Asia and Latin American development strategy«, in: CEPAL Review 2/1976
23 Ebenda
24 Ebenda
25 E. F. Schumacher: *Small is beautiful: A study of economics as if people mattered* (1977); J. Galtung: »On the technology of Self-Reliance«, in: ders. (Hrsg.): *Self-reliance, A strategy of development,* Genf (Institute of Development Studies) 1980
26 R. Ffrench-Davis: *Economía* ... (Anm. 6), S. 94
27 Institute of Social Studies: *Industrial democracy and development,* Arbeitskonferenz am ISS, Den Haag, 1981; H. Thomas/C. Logan: *Mondragon: An Economic Analysis,* London 1982

RIGOBERTO RIVERA

Neoliberale Strukturveränderungen in der Landwirtschaft und Möglichkeiten ihrer Entwicklung

Modernisierung und Agrarreform vor 1973

Nur ein geringer Teil der Gesamtfläche Chiles wird landwirtschaftlich genutzt. 6 Prozent des Landes gelten als kultivierbar, 11 Prozent sind für extensive Viehzucht nutzbar und 10 Prozent für Forstwirtschaft. Das übrige Gebiet besteht aus Wüsten, Gebirgen, Gletschern und unbewohnten Inseln. Die forst- und viehwirtschaftliche Nutzung konzentriert sich im Zentraltal Chiles mit seinen angrenzenden Bergrücken der Küstenkordillere. Fünf Millionen Hektar Boden werden landwirtschaftlich genutzt, aber auf weniger als einem Drittel davon kann jährlich angebaut werden, der Rest liegt brach und wird im Wechsel als Viehweide genutzt.

Nur ein kleiner Teil des Bodens wird bewässert, so daß er auch für intensive Nutzung brauchbar ist. Im allgemeinen sind die Böden von geringer Qualität, die meisten vulkanischen Ursprungs, lehmig und steinig, mit organisch schwachen Bodendecken. Es gibt einige Becken, die mit Schwemmland gedeckt sind und daher hervorragende Bodenqualität aufweisen, so z.B. das Tal von Aconcagua, das Becken des Maipo-Flusses, hier sind speziell im Obst- und Gemüseanbau hohe Erträge möglich.

In diesem Teil Chiles hat sich die Landwirtschaft im institutionellen Rahmen der *hacienda* entwickelt. Die Hacienda bedeutete Großbetrieb bei unterschiedlichen Modernisierungsgraden. Die allgemeine Produktionsform basiert jedoch auf der Pacht. Die Pächter, *arrendatarios* genannt, waren Landarbeiter, die ein Stückchen Land erhielten, dessen Ertrag sie mit dem Gutsbesitzer teilten (share cropping). Zum Ausgleich mußten sie ihre Arbeitskraft auf dem Gut einbringen.

Die Hilfe des Staates in der Landwirtschaft seit 1940 sowie neue Anpflanzungen und landwirtschaftliche Industrieeinrichtungen verhalfen

129

zu einem beachtlichen Akkumulationsprozeß des Kapitals der Haciendas, besonders jener mit den besseren Böden im Zentraltal. Diese Modernisierung rief auch eine Änderung der Arbeitsverhältnisse hervor. Zum großen Teil verwandelten sich die Pächter in bezahlte Lohnarbeiter. Gleichzeitig brachte die Diversifizierung des Anbaus eine Erweiterung der Lohnarbeit mit sich. Bei vielen dieser neuen Beschäftigungen handelte es sich um Zeitarbeit, angepaßt an die jahreszeitlichen Gegebenheiten der Arbeit.

Die Modernisierung der Hacienda mit staatlicher Hilfe bedeutete eine große Anstrengung zur Selbstversorgung des Landes. Trotz dieses Versuches war die Hacienda nicht in der Lage, die erwarteten Ergebnisse zu erreichen, im Gegenteil, es kam vielmehr zu erhöhten Importen und einem wachsenden Defizit in der Handelsbilanz landwirtschaftlicher Einfuhren und Ausfuhren[1].

Die andauernde Krise, die durch diese Situation hervorgerufen wurde, und der daraus folgende Druck, eine radikale Lösung des Problems zu finden, verschärften die Widersprüche zwischen dem städtischen Bürgertum und der ländlichen Oligarchie und führten zum Bruch des Sozialpaktes dieser beiden Sektoren. Die Konsequenz dieses Bruches war die Agrarreform, zunächst eingeleitet durch ein schwaches Gesetz aus dem Jahre 1962, dann beschleunigt seit 1967 mit einem neuen Agrarreformgesetz. Letzteres wurde im wesentlichen von den Mittelschichten vorangetrieben, zuerst unter Führung der Christdemokraten (zwischen 1964 und 1970), dann unter der Unidad Popular (1970 bis 1973).

1965 bedeckten Haciendas mit einer Größe von mehr als 80 HRB* (entspricht 2,1 Prozent aller Grundbesitzer) 55,4 Prozent der landwirtschaftlich genutzten Fläche Chiles. Besitztümer mit einer durchschnittlichen Größe zwischen 20 und 80 HRB (= 5 Prozent aller Grundbesitzer) umfaßten 22,2 Prozent des Bodens. Kleinbesitzer mit weniger als 20 Hektar (= 92,9 Prozent der Grundbesitzer) besaßen nur 22,4 Prozent des Bodens. Die große Mehrzahl dieser Kleinbauern (81,4 Prozent) hatte weniger als 5 Hektar Land.

Die Agrarreform sollte grundsätzlich auf die Abschaffung des Hacienda-Systems, des Großgrundbesitzes mit mehr als 80 HRB, ausgerichtet sein. Dies waren im Jahr 1965 4.876 Güter. Hinzu kam eine bedeutende Anzahl von Grundstücken mit weniger als 80 HRB, so daß insgesamt 5.816 Haciendas eine Gesamtfläche von 895.752 HRB umfaßten, die sich wie folgt verteilt:

---

* HRB: Hectareas de Riego Básico, eine Ertrags-Flächen-Einheit der unterschiedlichen Bodentypen zum Zwecke der Besteuerung. Der Standard-Hektar wurde in Buin gewählt, Tal des Maipo-Flusses.

Tabelle 1
Durch die Agrarreform enteignete Fläche in Hektar

Zeitraum	bewässertes Land	nicht bewässertes, kultivierbares Land	nicht kultivierbar	Zahl der Grundstücke
1965—70	280.000	370.000	—	1.408
1970—73	438.859	1.132.382	4.830.074	4.408
Gesamt	718.859	1.502.382	4.830.074	5.816

Quelle: GIA (Grupo de Investigaciones Agrarias): Landbesitzformen in Chile

Insgesamt wurden 60.869 Familien mit durchschnittlichen Betriebsgrößen von 14,7 HRB von der Agrarreform begünstigt. Dies trug zu einer bedeutenden Vermehrung der 5 bis 20 HRB großen Betriebe bei, von denen es 1965 nur 26.877 Einheiten gegeben hatte. Jedoch konnten sich diese Familien, die nun in den Genuß der Agrarreform kamen, nicht sogleich in die Lage von unabhängigen Erzeugern versetzen. Die Reform erhob den Anspruch, die individuelle Form des Kleinbesitzes mit den Vorteilen rentabler Nutzung in großem Maßstab zu verknüpfen. Daher gab es eine gewisse Anzahl von Grundstücken, die sich in Produktionszentren (Cepros) und Zentren der Agrarreform (Ceras) verwandelten; hier waren die Nutznießer Mitglieder des Betriebes, aber nicht Besitzer eines Stückes Land. Die Mehrzahl der ehemaligen Haciendas wurde jedoch von Bauernvereinigungen organisiert. Diese Vereinigungen (Asentamientos Campesinos) waren in Zuweisungen einer individuellen Parzelle und Land zur kllektiven Bewirtschaftung unterteilt.

Die Organisation der Bauernvereinigung hatte einen vorläufigen Charakter mit staatlich kontrollierter Verwaltung, bis die versammelten Bauern sich entscheiden konnten, ob sie in dieser Form fortfahren oder das Grundstück ausschließlich in individuelle Parzellen aufteilen wollten. Bis 1973, als die Enteignungen ihren Höhepunkt erreichten, war über die Zukunft dieser Betriebe sowie über die Produktionsform noch keine Entscheidung getroffen worden. Zwei interessante Aspekte dieser Übergangsphase sind hervorzuheben:

1) Die Produktion verringerte sich, wurde aber durch Lebensmittelimporte ausgeglichen, so daß weiterhin genug Lebensmittel vorhanden waren[2]. Ein solches vorübergehendes Absinken war erwartet worden, bedingt durch den beschleunigten Prozeß der Enteignung von bis zu 122 Haciendas im Monat.

2) Es ergab sich ein dauerhafter Beschäftigungszuwachs im Agrarbereich, ausgelöst durch die Aufnahme von Mitgliedern in die Bauernvereinigungen, die zuvor keine Pächter gewesen waren. In vielen Fällen verdoppelte sich die Zahl.

Nach dem Militärputsch:
Die veränderte Rolle des Staates und die neue Agrarpolitik

Vor 1973 spielte der Staat die bedeutsamste Rolle bei der Förderung und Ausrichtung der Landwirtschaft. Die Staatstätigkeit umfaßte das Betreiben neuer Betriebe, landwirtschaftliche Experimente, technische Hilfe usw. bis hin zur Marktkontrolle sowohl über ausländische Konkurrenz als auch über den Finanz- und Arbeitsmarkt, den Handel mit Ländereien sowie die Festsetzung der Agrarpreise. Diese Politik des Staates gegenüber der Landwirtschaft hat sich schrittweise in diesem Jahrhundert entwickelt, vor allem nach der Exportkrise des Salpeters zwischen 1920 und 1930.

Die Landwirtschaft wurde als der vorrangige Sektor angesehen, der sich in Funktion einer Industrialisierungspolitik zum Zweck der Importsubstitution entwickeln sollte. Zu keiner Zeit lag ihre Bedeutung im Export, abgesehen von einigen Bereichen, etwa der Forstwirtschaft, jedoch nur in zweiter Linie, angepaßt an die ausländische Nachfrage.

Dieses Entwicklungsmodell basierte auf der Modernisierung der traditionellen Hacienda. 1960 geriet es in die Krise, als man erkannte, daß die Reform des Systems notwendig geworden war. Trotzdem blieb die Politik generell unverändert. In Frage gestellt wurde die Tauglichkeit der Hacienda für die industrielle Entwicklung. Eine alte Produktionsform war unvereinbar geworden mit der modernen industriellen. Hierin lag der Grund für die Agrarreform, die den Typ des mittleren Betriebes als angemessen für die industrielle Entwicklung postulierte.

Ab 1973/74 begann die Militärjunta ein neues Entwicklungsmodell zu entwerfen, das auf den Theorien von Milton Friedman basierte. Ihmzufolge soll der Staat, anstatt selber zum Unternehmer zu werden, die Privatinitiative mit Ideen, Projekten und Finanzierung unterstützen. Dieses Konzept hat man in Chile »estado subsidiario« genannt[3]. Im Rahmen dieser Neuorientierung wurden Maßnahmen eingeleitet, die darauf zielten, die Landwirtschaft in den Händen des privaten Sektors zu belassen:

1) *Rückzug des Staates aus den landwirtschaftlichen Betrieben.* Am bedeutsamsten war hierbei der Verkauf der staatlichen Betriebe, hervorzuheben sind die Zellulose- und Papierfabriken, Saatgutbetriebe, Zuckermühlen, Getreidespeicher, Maschinenfabriken, Kühlhäuser und Schlachtereien, desgleichen verschiedene Handelsfirmen und Unternehmen für agrarische Dienstleistungen. All diese Einrichtungen wurden öffentlich versteigert, zu Vorzugszinsen von 8 Prozent. In vielen Fällen waren es faktisch Geschenke an Spekulanten, die die Betriebe in kurzer Zeit ruinierten.

2) *Liberalisierung der Märkte.* Durch eine Reihe von Gesetzen und Dekreten liberalisierte der Staat die Märkte. Das erklärte Ziel dieser Ver-

ordnungen ist die Anpassung der chilenischen Landwirtschaft an das internationale Niveau. Man ging von der Einschätzung aus, daß die vorangegangene Politik der Protektion die Kosten übermäßig erhöht und die technologische Entwicklung verzögert habe und daß Chiles landwirtschaftliche Produkte auf den ausländischen Märkten nicht konkurrenzfähig seien. Um diese Hemmnisse zu beseitigen, müsse man die Märkte liberalisieren, damit die Investitionsmittel in die konkurrenzfähigen Sektoren fließen könnten. Den Agrarbereich, der keine Wettbewerbsvorteile aufwies, gegen Importe zu schützen, erachtete man als überflüssig, abgesehen von den speziellen Subventionen für die Milchproduzenten. Man war der Meinung, daß es unter allen Umständen besser sei, im Ausland billig zu kaufen, anstatt das gleiche Produkt in Chile teuer herzustellen.

Für dieses Modell wurden zwei Argumente vorgebracht. Auf der einen Seite erlaube es den leistungsfähigen Unternehmen, ihre Technologie zu verbessern und mit Importen zu konkurrieren. Andererseits führe das Sinken der Lebensmittelpreise zu einem Sinken der Lohnkosten und so schließlich im industriellen Sektor zu erhöhter Konkurrenzfähigkeit auf den nationalen und internationalen Märkten.

Die Liberalisierung der Märkte beinhaltet zusammengefaßt folgendes:

a) Privatisierung der Agrarkredite, deren Vergabe traditionell in Händen des Staates gelegen hatte. Diese Privatisierung bedeutete die Abschaffung der Subventionen, derer Agrarkredite sich erfreut hatten, und der damit verbundenen technischen und betrieblichen Unterstützung.

b) Einbindung in den Weltmarkt, Sinken der Zollschranken um bis zu 150 Prozent auf einen einheitlichen Zolltarif von 10 Prozent.

c) Liberalisierung des Handels mit landwirtschaftlichem Grund und Boden, einerseits um Brachland der Nutzung zuzuführen, einige Teile zurückzugeben und weitere für Nutznießer der Agrarreform zu parzellieren. Andererseits um die Verkaufsverbote aufzuheben und Bestimmungen, die vorschrieben, daß Grundstücke unter 20 HRB nicht mehr unterteilt werden dürften. Damit kann Land nun ohne Einschränkung unterteilt und verkauft werden. Ein anderer Aspekt dieser Politik ist die Aufhebung des Sonderstatus für indianische Gebiete, die nie zuvor geteilt oder verkauft werden durften, nun aber den gleichen Gesetzen wie jedes andere nationale Territorium unterliegen.

d) Liberalisierung des Arbeitsmarktes; fortan gibt es keine Einschränkungen für Entlassungen, keine Garantien mehr, über die die Landarbeiter zuvor verfügten. Dies rief eine beachtliche Lohnsenkung hervor und auch eine Verringerung der Zahl der fest angestellten Landarbeiter.

Der Bodenbesitz

Wir haben bereits gesehen, daß mit der Agrarreform zwischen 1965 und 1973 praktisch alle Grundbesitze mit einer Größe von mehr als 80 HRB und auch eine bestimmte Anzahl von Grundstücken zwischen 40 und 80 HRB enteignet worden waren. Die Produktionseinheiten, die mit der Reform geschaffen waren, funktionierten weiter bis Ende 1975. Während der Jahre 1976 und 1977 hat der Staat auch diese Einheiten aufgelöst, indem er die Ländereien parzellierte und Teile des enteigneten Landes an die ehemaligen Besitzer zurückgab.

Tabelle 2
Funktionserneuerung der enteigneten Böden, 1973-1978

Kategorie	HRB		Hektar		Verhältnis HRB/ha
	Anzahl	Anteil	Anzahl	Anteil	
»reguliert«	236.531	26,4 %	2.826.086	28,4 %	11,95
parzelliert	430.719	48,1 %	3.296.087	33,1 %	7,65
an andere Institutionen vergeben	57.923	6,5 %	692.029	6,9 %	11,95
in Händen von CORA*	170.575	19,0 %	3.150.916	31,6 %	18,47
Insgesamt enteignet	895.752	100 %	9.965.868	100 %	11,12

* Diese Ländereien wurden später versteigert, verkauft oder rückerstattet. In der Mehrzahl sind es Böden niedriger Qualität, wo ein HRB 18,47 ha entspricht.

Quelle: M.E. Cruz/S. Gomez/J.M. Artega: Cambio estructural y migración en Chile, Santiago (FLACSO) 1978

Die Tabelle zeigt, daß Ende 1977 noch ein Viertel des enteigneten Bodens nicht parzelliert, verkauft oder rückerstattet war, sondern sich noch in der Verfügung von CORA (Corporación de Reforma Agraria) befand; und diese Böden funktionierten wie die Bauernvereinigungen. Erst danach setzte sich der Ausverkauf fort. Auf diese Weise wurde ein Drittel des Bodens »reguliert«, das heißt, die Enteignungen der Agrarreform wurden widerrufen oder das Land seinen früheren Besitzern zurückgegeben. Etwas mehr als die Hälfte wurde parzelliert, der Rest an andere Institutionen übergeben (vor allem die Forstgebiete), versteigert oder verkauft.

Die Parzellierung begünstigte bis Dezember 1977 36.076 Pächter, die eine Parzelle von einer durchschnittlichen Größe von 11,7 HRB erhielten, zu zahlen binnen 28 Jahren in Jahresraten. Danach erhielten nochmals annähernd viertausend Bauern eine Parzelle.

Tabelle 3
Flächenveränderung nach Größe (in HRB)

Größe in HRB	1965	1976 [1]	1979 [2]
kleiner als 5	9,7 %	9,7 %	14,6 %
5−20	12,7 %	37,2 %	40,3 %
20−80	22,5 %	22,3 %	26,9 %
größer als 80	55,3 %	24,7 %	18,2 %
CORA [3]	−	6,1 %	−
Gesamt	100 %	100 %	100 %

1. Jarvis nach: DEA (Departamento de Economía Agraria), Universidad Católica de Chile: Chile Agricultural Sector Overview 1964−1974, Santiago 1976
2. Geschätzt wird nach den internen Einkommensregistern, ausgezeichnet mit 2.000 US-Dollar (78.000 Pesos) pro HRB.
3. Im Stadium der Liquidation oder des Verkaufs

Quelle: L. Jarvis: Small farmers and agricultural workers in Chile, Santiago (PREALC-OIT) 1980, Tab. 20, S.116 (umfaßt das ganze Land)

Entsprechend dieser Tabelle weicht die aktuelle Bodenbesitzstruktur vollkommen von der des Jahres 1965 ab. Auffällig ist der Rückgang des Anteils der großen Haciendas, die über die Hälfte des Bodens (in HRB) umfaßten, jetzt weniger als ein Fünftel. Demgegenüber wuchs der Anteil der *minifundios* (Parzellen von durchschnittlich etwa 1 HRB) und mittleren Höfe (von 5 bis 20 HRB), die vorher 10 Prozent und nun über die Hälfte des Bodens ausmachen.

Tabelle 4
Veränderungen in der Zahl der Betriebe zwischen 1965 und 1979

Größe in HRB	Anzahl		Veränderung in Prozent
	1965	1979	
kleiner als 5	189.539	254.925	+ 34,5
5−20	27.877	70.975	+ 154,6
20−80	11.433	12.643	+ 10,6
größer als 80	4.876	4.159	− 14,7
Gesamt	233.725	342.702	+ 46,6

Quelle: L. Jarvis: Small farmers and agricultural workers in Chile, PREALC (Lateinamerikanisches Büro des Internationalen Arbeitsamts), Santiago 1980

Die Zahl der Kleinbauern mit durchschnittlich 1 HRB vergrößert sich nun um mehr als ein Drittel, aber die Gruppe, die ihre Anzahl verdoppelt, sind die mittleren Bauern, die zwischen 5 und 20 HRB besitzen. Hierzu gehören die 40.000 Parzellen der Agrarreform, wenn sie auch zum größten Teil verkauft sind (zwischen 20 und 80 Prozent je nach Gebiet), die meisten wurden an Privatbesitzer verkauft. In einigen Fällen wurden mehrere benachbarte Parzellen an eine einzelne Person oder eine Firma verkauft. Die großen Besitztümer sind um 15 Prozent zurückgegangen. Jarvis behauptet, daß die verbleibenden 4.159 Grundstücke über 80 HRB nie mehr als 85 HRB haben[4]. Offensichtlich sind die meisten nicht-enteignete Bestandteile der ursprünglichen alten Haciendas.

In den Forstgebieten ist eine hohe Bodenkonzentration in Händen von Unternehmern festzustellen, die Dutzende von Grundstücken besitzen[5]. Die großen forstwirtschaftlichen Unternehmen wie Forestal Mininco, Arauco, Chile, Crecex, Río Vergara, Celco besitzen mehr als 100.000 Hektar mit einem durchschnittlichen Wert von tausend US-Dollar pro genutztem Hektar. Mehrere dieser Unternehmen gehören Firmenkonglomeraten an: Forestal Arauco, Chile und Celco der chilenischen Ölgesellschaft COPEC der Gruppe Cruzat-Larraín und verfügen zusammen über 300.000 Hektar, von denen 60 Prozent bepflanzt sind. (Insgesamt hat die chilenische Forstwirtschaft 800.000 Hektar bepflanzten Boden.) Im allgemeinen versuchen Unternehmen zwischen 70.000 und 100.000 Hektar zusammenzugehen, um eine Zellulosefabrik zu beliefern. Eine andere Vorgehensweise ist der Ankauf von Böden in der Absicht, Forstreserven für die Errichtung einer Zellulosefabrik anzulegen. Dies gilt für die Firmen Forestal Crecex (im Süden der Provinzen Arauco und Malleco) und Forestal Chile (an der Küste von Ñuble und im Norden der Provinz Concepción). Ebenso verhält es sich bei Forestal Sudamericana in Valdivia. Diese Firmen kaufen Großgrundbesitz zusammen, halten aber die Grundstücke vom formal-juristischen Gesichtspunkt aus gesehen getrennt. So besaß etwa Forestal Arauco bis November 1980 155 Grundstücke in drei Provinzen. In vielen Fällen sind dies kleinere oder mittlere Parzellen, da ja ein HRB in einem Forstgebiet Dutzenden von Hektar entspricht. So kann ein Stück von fünfzig HRB tausend oder mehr Hektar entsprechen.

Während also im Agrarsektor der Klein- und Mittelbesitz mit relativ geringem Konzentrationsgrad vorherrscht, gibt es im Forstbereich die Tendenz, daß die Unternehmen die größtmögliche Fläche aufkaufen, riesige Besitztümer von zehntausenden Hektar bilden. In den meisten Fällen sind die Grundstücke verteilt und bilden kein einheitliches Territorium.

Regionale Unterschiede

Aus agrarischer Sicht zeigt Chile ein sehr unterschiedliches Bild von Böden und Klimata. Die grundlegenden Produkte wie Getreide und Feldfrüchte können fast in jeder Gegend angebaut werden, andere wie Obst und Gemüse können nur in bestimmten Regionen mit guten Boden- und

Klimabedingungen wachsen. Vor 1973 konnten durch die billigen Kredite und die technische Hilfe des Staates in der Landwirtschaft die regionalen Unterschiede weitgehend abgebaut werden, dies erlaubte Getreideanbau im ganzen Land, wenn auch mit unterschiedlichem Qualitäts- und Produktionsniveau, jedoch für die allermeisten Landwirte rentabel.

Ab 1974 jedoch wurden die Investitionsmittel durch das private Finanzierungssystem kanalisiert, die Differenzen in der Rentabilität begannen sich bemerkbar zu machen, und die Produktion ergab eine regionale Rangfolge. In Gegenden mit guten Böden und Klima, geeignet für den Anbau der rentabelsten Erzeugnisse, setzte eine Spezialisierung ein, die sich bis in alle Teile des Landes fortsetzte.

In der Gruppe der landwirtschaftlichen Forschung (GIA — Grupo de Investigaciones Agrarias) haben wir seit 1978 eine umfangreiche Studie über die Landwirtschaft in Chile begonnen. Hierfür wurde die Gegend zwischen Aconcagua und Llanquihue ausgewählt, wo sich 85 Prozent aller agrarischen Produkte, die in Chile vorkommen, konzentrieren. In dem untersuchten Gebiet ließen sich fünf »Produktionssituationen« unterscheiden, das heißt Gegenden, in denen Bodenressourcen, Klima und Infrastruktur die Vorherrschaft bestimmter Sorten erlauben. Man kann sie nicht als eigentliche Regionen bezeichnen, da die Vorherrschaft bestimmter Anbauprodukte doch in letzter Instanz vom Markt abhängig ist. Daher sind die fünf Produktionssituationen langfristig veränderlich. Es sind von Norden nach Süden: *Obstanbau* von Aconcagua bis Curicó, *Mehrfruchtanbau* (Wein, Obst, Gemüse usw.) von Talca bis Ñuble, *Forstwirtschaft* in den Provinzen Concepción, Bío Bío und Arauco mit Verlängerung an der Küste zwischen Curicó und Valdivia, *Getreideanbau* zwischen Bío Bío und Cautín, *Viehzucht* zwischen Bío Bío und Llanquihue.

In jedem Raum herrscht die genannte Nutzung auf über 50 Prozent der Fläche vor, und dementsprechend ist die agro-industrielle Infrastruktur angeschlossen, mit der Tendenz zu weiterer Konzentration. Dieser schnell voranschreitende Konzentrationsprozeß ist zu verzeichnen, obwohl die Spezialisierung, bedingt durch die begrenzten Mittel, nicht in dem gleichen Maße voranschreitet. Früchte können weder in der Küstenkordillere noch im Süden angebaut werden. So mußten im Zuge der Spezialisierung bestimmte Zonen ausgespart werden, die über gute Ressourcen für Produkte mit hoher Rentabilität verfügen, dafür Sorten mit größerer geographischer Streuung, aber geringerer Rentabilität genommen werden.

Produktionsbedingungen beim Obstanbau

Das Zentrum Chiles, die Provinz Curicó und von hier Richtung Norden, hat hervorragende natürliche Bedingungen für den Obstanbau, speziell für vier Sorten: Weintrauben, Pfirsiche, Äpfel und Birnen. Zur Zeit sind etwa 100.000 Hektar mit diesen vier Sorten und wenigen anderen für die Weiterverarbeitung bebaut. Diese Zahl von 100.000 Hektar bedeutet eine Verdoppelung seit 1970. Der Obstanbau bringt Wettbewerbsvorteile auf dem Weltmarkt, wenn man die hervorragenden natürlichen Bedingungen betrachtet sowie die Tatsache, daß die frischen Früchte im Winter und Frühjahr der nördlichen Hemisphäre auf den Markt gebracht werden können. Das bedeutet eine vergleichsweise hohe durchschnittliche Rentabilität, die die weitere Ausdehnung des Obstanbaus in Chile dort begünstigt, wo traditionell Nahrungsmittel für den Grundbedarf vorgesehen waren.

Die potentielle Fläche für Obstanbau wird nach unterschiedlichen Quellen auf 150.000 bis 300.000 Hektar geschätzt — eine enorme Größe verglichen mit dem gegenwärtigen Anbau, wo nur bei zwei Drittel der Produktion auf der Gesamtanbaufläche sich die Exporte jährlich um 38,4 Prozent erhöht haben, von 164 Millionen US-Dollar auf 227 Millionen. Die Ausfuhr von Obst ist zwischen 1980 und 1983 weiter gestiegen, während der Export anderer Produkte allgemein zurückgegangen ist, bei Wein fast um die Hälfte, von 20 Millionen auf nur 12 Millionen US-Dollar.

Nach den Schlußfolgerungen der GIA-Studie über diesen Bereich[6] ist der Erfolg des Obstanbaus nicht nur auf die Wettbewerbsvorteile auf dem Weltmarkt zurückzuführen, sondern auch auf den Plan »Fruticola« von CORFO*, der in den sechziger Jahren entwickelt wurde. Die Investitionen, die für Anpflanzungen, agro-industrielle Infrastruktur, Markterschließung usw. bereitgestellt wurden, erlaubten es, auf diesem Gebiet die Weltmarktchancen zu nutzen. Der Obstanbau ist somit der einzige landwirtschaftliche Bereich, der wachsen konnte, trotz entgegenstehender Bedingungen im Finanzsektor (hohe Zinsraten usw.).

Die kapitalistische Entwicklung in diesem Sektor hat sich hauptsächlich auf eine intensive Konzentration von Kapital in Obst mittlerer Größe ausgerichtet, hier sucht man technische Perfektion, tätigt Investitionen in die Infrastruktur sowie für Verpackungsmaschinen und Kühlanlagen. Diese Entwicklung ist vor allem vom Finanzkapital ausgegangen, einem Sektor, der teilweise der Landoligarchie angehört, und teilweise von städtischem Kapital aus Industrie, Banken und Handel. So wird also der Obstanbau als Investitionsfeld betrachtet ähnlich wie die Industrie. Dies läßt sich daran

---

* Die CORFO wurde in der Phase der Importsubstitutionen als staatliche Einrichtung zur Förderung der Industrialisierung gegründet; Anm. d. Hrsg.

erkennen, daß Aktiengesellschaften aus den Städten den größten Teil des Landkaufs und der Investitionen tätigen.

Die Forstwirtschaft

Wie wir bereits gesehen haben, herrscht im Forstsektor eine andere Dynamik zur Konzentration als in den übrigen landwirtschaftlichen Bereichen. Jene Akkumulation von Boden ist Bestandteil der Kapitalakkumulation im Forstsektor. Derzeit sind nahezu 90 Prozent der forstwirtschaftlichen Produktion Nadelbaumpflanzungen, hauptsächlich in der 8. Region, das sind Concepción, Bío Bío, Ñuble und Arauco, sowie in Valdivia, Malleco und in der Region von Maule (Constitución).

Die Basis bilden 800.000 Hektar Nadelwald (1981), verteilt auf 51 Kommunen in den genannten Gebieten. Viele Pflanzungen liegen an den Berghängen der Küstenseite, wo der jährliche Niederschlag über 500 Millimeter beträgt und eine sehr hohe Luftfeuchtigkeit herrscht. Zum Landesinnern hin erreichen die Pflanzungen die Höhe der Stadt Chillán (Provinz Ñuble). In der Provinz Cautín gibt es fast keine Forsten dieser Art, denn alles Waldgebiet ist in Händen der Mapuche-Indianer in Form von *minifundios.*

1973 erbrachte der Forstsektor nur 3 Prozent des gesamten Exportprodukts. Mit Sägeholz und Zellulose betrug sein Anteil 1980 bereits 10 Prozent oder 414 Millionen US-Dollar. Zu dieser Zeit sprach man davon, daß die Forstwirtschaft das Kupfer als wichtigstes Ausfuhrgut ersetzen könne (welches von 70 Prozent Anteil am Gesamtexport auf 40 Prozent gesunken war). 1981 und 1982 fielen die Exporte der Forstwirtschaft aber um die Hälfte (auf 251 Millionen Dollar), was ihren Anteil auf 7,5 Prozent verringerte; sie verlor somit gegenüber dem Obstanbau, der seinen Exportanteil von 4 Prozent auf 7 Prozent erhöhen konnte.

Eine wichtige Voraussetzung für dieses Wachstum ist die Tatsache, daß die pino radiata (eine Kiefernart) komparative Kostenvorteile mit sich bringt, so daß die chilenischen Exporteure ein billiges Produkt auf den Weltmarkt bringen. Dies brachte eine enorme Ausweitung der Anpflanzungen hervor, von durchschnittlich 20.000 Hektar auf gegenwärtig 80.000 Hektar pro Jahr. Dieser Anstieg erklärt sich aus der Tatsache, daß mit einem Kapitalrückfluß in weniger als zwanzig Jahren gerechnet werden kann, aufgrund des schnellen Wachstums der Bäume, der niedrigen Bodenpreise, der staatlichen Unterstützung (D.L. 701), womit 75 Prozent des geschätzten Werts der Pflanzungen finanziert werden – in der Praxis oft 100 Prozent –, und schließlich, weil für den Kapitalzuwachs keine Steuern gezahlt werden müssen, da es sich um natürliches Wachstum von Bäumen handelt.

Ein weiteres wichtiges Element der Expansion im Forstsektor ist, daß der Staat seine Aktienanteile verkauft hat und damit die Bildung von drei großen Forst-Holdings ermöglichte. Diese kontrollieren den größten Teil des Waldbestandes und der industriellen Ressourcen der Forstwirtschaft. Die stärkste Holding ist Eigentum der Ölgesellschaft COPEC und besitzt die Zellulosefabriken von Arauco und Constitución und verschiedene andere Firmen in der Branche. Die zweite Holding ist die CMPH (Compañía Manufacturera de Papeles y Cartones) der Gruppe Matte-Alessandri, sie verfügt über vier wichtige industrielle Einrichtungen in Puente Alto, Laja, Concepción und Valdivia. Schließlich gibt es den Komplex Inforsa de Nacimiento, Eigentum der Gruppe Vial, mit einer Zellulosefabrik und dem größten Sägewerk Südamerikas. Der Wert des Waldbesitzes und der Holzindustrie dieser drei Unternehmen belief sich 1980 auf eine Milliarde US-Dollar, sie besitzen etwa die Hälfte der forstwirtschaftlichen Pflanzungen und kontrollieren fast den gesamten Export der Branche.

Auf der anderen Seite hat die Krise der traditionellen Manufakturindustrie in der Gegend von Concepción die Forstwirtschaft zum wichtigsten Arbeitgeber werden lassen. Die Marktorientierung in der Region hat sich von der Versorgung des inneren Marktes zur forstwirtschaftlichen Exportproduktion gewendet [7].

Die Region des Mehrfruchtanbaus

Das Gebiet des Zentraltales zwischen Talca und Ñuble hat sich auf die Erzeugung von Grundnahrungsmitteln spezialisiert, die die Ernährungsgrundlage der Arbeiter bilden. Solche Produkte sind die trockenen Gemüse wie Linsen, Erbsen, Kartoffeln, Mais, Reis, Rüben und einiges Gemüse und Obst zum Verbrauch im Lande selbst. Genau wie Getreide unterlagen diese Produkte einem Preisverfall aufgrund billiger Importe und des Rückgangs des inländischen Konsums; zudem vergrößerte sich wegen der wachsenden Zahl der Bauern die Fläche, auf der diese Güter angebaut werden, beträchtlich. Letzteres ist auf zwei Gründe zurückzuführen. In erster Linie verfügen die Bauern weder über Kapital noch über technische Hilfsmittel, so daß sie nur solche Produkte herstellen können, die einfache Techniken erfordern, wo viel Arbeitskraft angewandt wird und wenige Hilfsmittel auf dem Markt gekauft werden müssen. Zweitens hat die Vergrößerung der Anbaufläche das Sinken der Rentabilität ausgeglichen und übertroffen.

In dieser Zone wurde 1979/80 eine Studie durchgeführt [8], in der die Dynamik des Kapitals analysiert wird, desgleichen die unterschiedlichen Strategien, die von den verschiedenen kommerziellen Unternehmen und von den Bauern eingeschlagen wurden. Es fällt auf, daß sich Bauern wie

Kapitalisten in einer ähnlichen Lage befinden: sie sind nicht imstande, einen ausreichenden Akkumulationsgrad zu erzielen. Aufgrund dessen hat sich eine Tendenz zur Diversifizierung des Anbaus ergeben und auch eine Vermischung zwischen den großen kapitalistischen Landwirtschaften und den Bauern, die noch einige Praktiken der Erzeugung auf den alten Haciendas erinnern. Die Unternehmer stoßen bei Investitionen auf die gleichen Probleme wie die Bauern, mit dem Erschwernis, daß sie auf bezahlte Arbeit angewiesen sind. Aufgrund der niedrigen Erzeugerpreise und der Instabilität der Märkte läßt sich kein ausreichender Lohnfonds schaffen, der den Betrieb aufrechterhalten könnte. Hieraus resultiert, daß die Unternehmer beträchtliche Teile des Bodens an arme Bauern in der Umgegend gegen Pacht *(mediería)* abgeben (share cropping). Die Bauern nutzen den Boden für Feldfrüchte und Weizen im Wechsel von zwei Jahren. Das dritte Jahr nutzt der kapitalistische Unternehmer für sich zum Fettwerden der Weiden, um dann drei bis fünf Jahre Rinderzucht zu betreiben. Das einzige wichtige Anbauprodukt, das den kapitalistischen Unternehmern in den letzten Jahren Erfolg brachte, war die Zuckerrübe. Nach einer äußerst schlechten Periode konnten hier gute Preise erzielt werden.

In der Region hat sich aufgrund der Unmöglichkeit, sich in das neoliberale Modell einzufügen, definitiv ein Verarmungsprozeß vollzogen. Zum großen Teil ist diese Verarmung auf mangelnde natürliche Ressourcen zurückzuführen, die nötig wären für eine Umwandlung hin zu rentabler landwirtschaftlicher Produktion wie Obst- oder Gemüsebau. Haupthindernis ist das Klima in diesem Gebiet, es ist zu feucht für Obst. Darum mußten sich die unterschiedlichen landwirtschaftlichen Betriebe wieder an die ihren Möglichkeiten entsprechenden Tätigkeiten anpassen: extensive Viehzucht, Gewährung von share cropping im Fall kapitalistisch funktionierender Unternehmen, intensiver Anbau mit Arbeitskraft und wenig Technik im Fall der Bauern.

Das Weizenanbaugebiet

Die Region von Araucanía, traditionelles Gebiet der Mapuche-Indianer, wurde erst zwischen 1860 und 1880 Chile einverleibt, nach einem langen und grausamen Krieg der »Pazifizierung«. Dieser Krieg begann 1860 als Ausdruck der Expansion des agrarischen Kapitalismus im Zuge des Weizenexports. Seitdem konzentriert sich bis heute der Weizenanbau des Landes hauptsächlich in den fruchtbaren Ebenen des Zentraltales der Provinzen Bío Bío, Malleco und Cautín. Diese Spezialisierung hat sich in den letzten Jahren zugespitzt, weil der Weizen in den anderen Regionen schneller ersetzt werden konnte als hier; es hat sich nicht gelohnt, den Anbau von Gemüse, Reis oder Mais auch nur zu versuchen.

Der Rückgang der Weizenerzeugung als Folge der billigeren nordamerikanischen Einfuhren traf die Produzenten dieser Region schwer, sie hatten große Schwierigkeiten, das Produkt zu wechseln. Die durchschnittlichen nationalen Erträge liegen bei 15 bis 17 qq (quintales) pro Hektar (unterschiedliche Böden berücksichtigt). Man schätzt[9], daß für eine Mindestrentabilität ungefähr 30 qq pro Hektar benötigt würden. Solche Erträge wären mit verbesserter Saat zu erreichen, auf ebenen Böden mit Bewässerung, was schon eine Ausnahme für diese Zone ist. Die meisten Landwirte versuchen sich mit Viehzucht am Leben zu erhalten[10].

Dieser Umwandlungsprozeß begann 1977 und war relativ erfolgreich bis 1980, als das Sinken der Fleischpreise eine Krise hervorrief und die Züchter mit großen Verlusten verkaufen mußten. Es wird angenommen, daß die Mehrzahl der mittleren und großen Betriebe ansehnliche Schulden bei den Banken haben, die bei derzeitigen Umständen sehr schwer zurückzuzahlen sind. Auch die Banken haben kein Interesse, die Ländereien zu versteigern, da die Angebote nur einen Bruchteil der Schulden abdecken.

Das Viehzuchtgebiet

Die Region von Los Lagos, bestehend aus den Provinzen Valdivia, Osorno und Llanquihue, weist außerordentliche Gegebenheiten zur Rinderzucht auf. Hier konzentrieren sich mehr als 60 Prozent des Viehs, der Milchproduktion und -industrie. Die Viehzucht basiert auf sehr guten Bodenbedingungen (Lößboden), mit viel Regen (2.000 Millimeter im Jahr), der sich auf Herbst, Winter und Frühjahr konzentriert. Die niedrigsten Temperaturen fallen selten unter Null Grad, die höchsten liegen zwischen 20 und 25 Grad. Den größten Teil des Futters liefern die Weiden, im Winter wird Heu und sailing zugegeben.

Die Erträge sind relativ gut angesichts der niedrigen Kosten für Fütterung und Ställe (keine Heizkosten). Die Milchproduktion schwankt zwischen 2.500 und 3.500 Litern pro Rind. Bei Fleisch wird ein Ertrag von durchschnittlich 200 bis 250 Kilogramm pro Hektar im Jahr erreicht. Zum großen Teil handelt es sich um Doppelnutzung, Fleisch und Milch. Ein Teil der kapitalistisch organisierten Betriebe produziert das ganze Jahr über Milch. Die weniger kapitalisierten und technisch wenig entwickelten Höfe liefern nur im Sommer Milch.

Den Viehzüchtern ist es, vereint mit der Molkereiindustrie, bis 1980 gelungen, sich gegenüber den Importen der Europäischen Gemeinschaft zu verteidigen; dann wurden die Zollschranken für Milchprodukte beseitigt. Die Subventionen der EG in Höhe von 114 US-Dollar pro Tonne Butter, zum Beispiel, erlauben es den Importeuren, Butter um 30 Prozent billiger anzubieten als die chilenischen Erzeuger. Um ihre Unternehmen zu erhalten, haben sich die Agroindustriellen deshalb selber in Importeure verwandelt. Damit brachen sie das Bündnis mit den Erzeugern. Diese mußten ein Fallen des Milchpreises von 0,18 auf 0,07 US-Dollar hinnehmen (das entspricht ungefähr 800 Dollar für die Tonne Butter).

Das Problem verschlimmerte sich noch. Um Kredite bezahlen zu können, wurden große Mengen Vieh auf den Fleischmarkt gebracht, was die Preise senkte. 1980 hatte Fleisch pro Kilo lebendes Vieh 1,5 US-Dollar gekostet, 1983 waren es nur 0,5 Dollar. Die Amortisierung der Kredite, die zwischen 1976 und 1980 im Rahmen der Kapitalisierung der Viehzüchtereien aufgenommen worden waren, überstieg total deren Zahlungsfähigkeit, daher gehört der größte Teil des Bodens de facto den Banken, wenngleich die Ländereien formell in Händen ihrer Besitzer bleiben.

Um zusammenzufassen: Die Viehzuchtregion hatte anfänglich gewisse Erfolge, sich in den Markt einzufügen, schließlich konnte sie jedoch nicht mehr mit den Importen konkurrieren. Die Krise, mit der diese Region zu kämpfen hat, weil nur ein einziges Produkt existiert, ist bezeichnend für die Konsequenzen, welche die Spezialisierung der Erzeugung im Rahmen einer Wirtschaftspolitik mit sich bringt, die keine Ausgleichsmaßnahmen für notwendig erachtet, um Marktschwankungen abzuschwächen.

Soziale Differenzierungen in der Landwirtschaft

In der Entwicklung der chilenischen Agrarstruktur lassen sich zwei hauptsächliche Prozesse ausmachen: a) die *Verarmung* der Bauern. Sie wurde erstmals im Rahmen des Projekts »Kapitalismus und Bauernschaft in Chile« 1980 dargestellt [11]. Die Untersuchung sollte erklären, wie die Bauernschaft in den Prozeß der kapitalistischen Expansion untergeordnet einbezogen wurde, indem sie durch Überausbeutung der ganzen Familie billige Produkte liefert, zudem auch saisonal arbeitet, ohne daß der Kapitalist überhaupt für den Unterhalt der Arbeiter sorgen muß, denn er wird durch Subsistenzanbau auf den kleinen Parzellen abgedeckt. b) die *Proletarisierung* der Landbevölkerung. Die Bezeichnung wurde in ihrer klassischen Bedeutung gewählt, um ein vorherrschendes Element im Prozeß der sozialen Differenzierungen, speziell in den Regionen der Forstwirtschaft und des Obstbaus, zu erklären [12].

Die sozialen Prozesse, die hier analysiert werden, sind einer Reihe von Faktoren geschuldet, die der auf dem Agrarsektor angewandten Politik entspringen sowie der Expansion des Kapitals, deretwegen diese Politik verfolgt wird. So entspringen sie zum Beispiel auch den veränderten Besitzformen. Sie finden in zweierlei deutlichen Erscheinungen ihren Niederschlag: im Anwachsen bäuerlichen Besitztums und in den Veränderungen in der Beschäftigungssituation. In jeder Analyse fällt der erstaunliche Anstieg bäuerlichen Eigentums auf, und zwar auf das ganze Land bezogen, wie die folgende Tabelle erkennen läßt.

Tabelle 5
Ausbreitung bäuerlichen Besitzes

Region*	1965	1976	Veränderung in Prozent
Obst	63.638	76.492	+ 20,2
Mehrfrucht	44.409	52.268	+ 17,7
Getreide	55.646	73.252	+ 31,6
Vieh	27.560	31.648	+ 14,8
Gesamt	191.250	233.660	+ 22,2

* Zu dieser Zeit hatte sich eine Forstregion noch nicht gesondert abgezeichnet. Der größte Teil davon (etwa 80 Prozent) ist hier in der Getreideanbauregion mitenthalten.

Quelle: Bengoa/Crispi/Cruz/Leiva: Capitalismo y Campesinado en el agro Chile, Bogotá 1980 (eingeschlossen Aconcagua bis Llanquihue)

Diese Ausbreitung des Kleinbesitzes gleichmäßig über ganz Chile ist eines der wichtigsten Argumente für die These der bäuerlichen Verarmung. Die Ausdehnung der Bauernschaft hat aber nicht zugleich eine Verminderung der durchschnittlichen Größe der Grundstücke bedeutet:

Tabelle 6
Flächenänderungen und Durchschnitt pro bäuerlicher Einheit nach Regionen (in Hektar)

Region	1965		1976		Veränderung in %
	Gesamtfläche	pro Grundstück	Gesamtfläche	pro Grundstück	
Obst	147.381	2,3	216.941	2,8	+ 21,7
Mehrfrucht	388.190	8,6	479.156	9,2	+ 7,0
Getreide	1.139.248	20,5	1.383.542	18,9	− 7,8
Vieh	498.301	18,1	615.376	19,4	+ 7,2
Gesamt	2.173.120	11,4	2.690.015	11,5	0,1

Quelle: Ausgearbeitet von GIA auf Basis des Zensus 1965 und 1976

Bei der Ausweitung des Kleinbesitzes ließ sich beobachten, daß in einigen Regionen eine Vielzahl von Menschen auf jedem Grundstück leben und dort ständig, jedoch ohne Bezahlung, arbeiten (Söhne, Verwandte). Betrachtet man den bäuerlichen Sektor, so läßt sich dieser Anstieg deutlich für die Gebiete des Mehrfruchtanbaus und ganz besonders des Getreideanbaus (Mapuche-Land) erkennen. Dagegen nimmt die Bevölkerung in den Obstbauzonen stark ab, auf weniger als ein Arbeiter pro Parzelle. Dies bedeutet, daß zum Zeitpunkt der Zählung eine große Zahl von Bauern außerhalb ihres Grundstückes gearbeitet haben.

Tabelle 7
Ständige Arbeitskräfte ohne Bezahlung nach Regionen

Region	1965		1976		Veränderung in %
	Personen	pro Grund-stück	Personen	pro Grund-stück	
Obst	93.031	1,46	61.144	0,80	− 45,2
Mehrfrucht	72.784	1,64	93.577	1,79	+ 9,1
Getreide	117.686	2,11	329.607	4,50	+ 113,3
Vieh	50.436	1,83	51.176	1,62	− 11,5

Quelle: Ausgearbeitet von GIA auf Basis des Zensus 1965 und 1976

Untersuchungen ergaben, daß es auf den Parzellen überschüssige Arbeitskräfte gibt, die als Saisonarbeiter bei den kapitalistischen Betrieben und manchmal auch auf Bauernwirtschaften wieder auftauchen. Hier gibt es starke regionale Unterschiede, die mit der Proletarisierung im Zusammenhang stehen.

Nach Untersuchung der Bauernwirtschaften sind drei Zonen hervorzuheben, in denen die Verarmung und die Proletarisierng gleichermaßen gravierend sind. Zum einen die Obstanbauzone: In diesem stark expandierenden Wirtschaftszweig eröffnet die Nachfrage nach Arbeitskräften Möglichkeiten der verlängerten Saisonarbeit von sechs bis acht Monaten. Daher hat sich die Bevölkerung in städtischen und halbstädtischen Ballungen niedergelassen, dort, wo es gute Verbindungen zum Ort der Beschäftigung gibt. Als Folge ist zu sehen, daß faktisch sämtliche Arbeitskräfte in der Landwirtschaft lokaler Abstammung sind. Daher wandern viele überschüssige Arbeitskräfte in die Nähe des Beschäftigungsortes ab, und so erklärt sich der Rückgang der Arbeiter pro Bauernwirtschaft im Obstbaugebiet.

In der Viehzuchtregion lebt die Bevölkerung fast ausschließlich in dem erosionsreichen Gebirgsland der Küstenkordillere. Während der Periode 1973-83 gab es große Wanderungsströme vom Land in die Stadt, hin zu städtischer Beschäftigung, da die Viehzucht keine Gelegenheit zur Saisonarbeit bietet.

Im Forstsektor ist der Prozeß der Proletarisierung und der Bildung von ländlichen Ballungen sowie die Vergrößerung der Dörfer verschärft, es gibt sehr ähnliche Erscheinungen wie im Obstbaugebiet. In diesen Zonen geht die bäuerliche Verarmung, die ansonsten für die Getreide- und Mehrfruchtgebiete typischer ist, mit Proletarisierung einher.

Allerdings sind jene Merkmale der Proletarisierung sehr verschieden von denen, die vor und während der Agrarreform auftraten, wo der vorherrschende Prozeß die Umwandlung früherer Pächter in Lohnarbeiter war. Gleichzeitig wurde die Nachfrage nach Saisonarbeitern von armen Bauern von »draußen«, Migranten also, abgedeckt, die von einer Region in die andere wanderten, entsprechend dem Rhythmus von Saat und Ernte. Das jetzt bestehende ländliche Proletariat kann in vier Gruppen eingeteilt werden:

a) Arbeiter, die ständig auf dem Hof wohnen. Diese Gruppe wird seit 1976 immer kleiner, und auch in jenem Jahr lag die Zahl der ständig Beschäftigten auf den Höfen schon weit unter der von 1965. Insgesamt sank die Zahl von 184.464 auf 148.543 (zwischen Aconcagua und Llanquihue), was einen Rückgang um 19,5 Prozent bedeutet. Die kapitalistischen Unternehmen hatten 1976 im Durchschnitt 3,4 feste Arbeiter, 1965 waren es noch 6,1. Diese Zahl, die schon deutlich genug ist, ohne den weiteren Rückgang seit 1976 mitzurechnen, umfaßt sowohl die festen Arbeiter, die auf dem Hofe leben, als auch solche, die von außerhalb kommen.

b) der große Teil fest beschäftigter Arbeiter, die außerhalb der Höfe in ländlichen Ballungen und Dörfern leben und von dort mit dem Fahrrad oder zu Fuß zur Arbeit gelangen. Dies weist darauf hin, daß die Arbeiter zum großen Teil ihre früheren Anrechte auf Boden verloren haben und nun nur noch von ihrem Lohn abhängen. In den Betrieben, die eine große Anzahl von Zeitarbeitern beschäftigen, wie auf den Obstplantagen, übernehmen die Festangestellten hauptsächlich die Funktionen von Vorarbeitern und Aufsehern. Dies führt zu der dritten Gruppierung innerhalb des Landproletariats:

c) die saisonalen Arbeiter. Sie stellen heute die Hauptmasse der Arbeitskräfte in den Bereichen der Expansion von Kapital. Im Obstbaugebiet ist das Verhältnis von fester Arbeit zu Saisonarbeit 1 zu 10, in der Forstwirtschaft liegt die Relation noch höher. Man schätzt, daß im gesamten Waldbereich und dessen Verarbeitungsindustrie (Sägewerke und Zelluloseherstellung) 1982 5.000 festangestellte Arbeiter und 150.000 Zeitarbeiter beschäftigt waren.

Der Landwirtschaftszensus von 1976 zeigt, daß die Zeitarbeiter seit 1965 sehr viel mehr geworden sind. Zu jenem Zeitpunkt gab es von Aconcagua bis Llanquihue 140.202 Saisonkräfte, 1976 waren es 214.202. Die Zahl ist in dem Maße gestiegen, wie die Obstbau- und Forstflächen vergrößert wurden.

d) die unbezahlten Arbeitskräfte. Sie sind in die Bauernhöfe miteinbezogen und gehen von dort aus auf die Suche nach Saisonarbeit. Im Zensus erscheinen sie als Festangestellte und/oder nicht bezahlte Zeitarbeiter:

Tabelle 8
Unbezahlte Arbeitskräfte 1965 und 1976

Region	1965			1976			Veränderung in Prozent
	Permanente	Zeitarbeit	Gesamt	Permanente	Zeitarbeit	Gesamt	
Obstanbau	93.031	7.708	100.739	61.144	52.776	113.920	+ 13,1
Mehrfrucht	72.784	6.316	79.100	93.577	44.322	137.899	+ 74,3
Getreide	117.686	8.353	126.039	329.607	130.498	460.105	+ 265,0
Viehzucht	50.436	5.148	55.584	51.176	10.323	61.499	+ 10,6

Quelle: GIA, auf Grundlage des Landwirtschaftszensus 1965 und 1976

Das Zusammenwirken der Veränderungen, die wir in diesem Aufsatz untersucht haben: die Änderungen im Grundbesitz, in Produktion und Beschäftigung, deuten darauf hin, daß auch im Wohnverhalten der ländlichen Bevölkerung große Veränderungen vor sich gehen. Allgemein, trotz des Anstiegs der Zahl der Grundstücke und der Saisonarbeiter, ist eine bedeutende Verminderung der Landbevölkerung zwischen 1970 und 1982 zu vermerken. Dies ist darauf zurückzuführen, daß ein beträchtlicher Teil der auf dem Land arbeitenden Menschen in städtischen Gebieten lebt, sei es an der Peripherie der Städte, wo die Elendsviertel wachsen, sei es in Ortschaften, die, weil sie Verwaltungszentren geworden sind, städtischen Charakter annehmen[13].

So erscheint die ländliche Proletarisierung praktisch in Kombination mit der städtischen oder daraufgesetzt, und viele Arbeiter wenden sich dem einen oder anderen Arbeitsmarkt zu, je nach Beschäftigungslage, besonders im Forst- und Obstbaugebiet, wo es die meisten städtischen Konzentrationen des Landes gibt.

Zusammenfassend läßt sich sagen, daß die Einführung des neoliberalen Wirtschaftsmodells in der Landwirtschaft eine Produktionskrise bei Gütern des Grundbedarfs hervorgerufen hat, die nicht durch die Exporterfolge bei anderen Erzeugnissen ausgeglichen werden konnte. Ein weiteres Kennzeichen der kapitalistischen Expansion ist die regionale Spezialisierung, es werden reiche und arme Gebiete herangebildet, rein vom Standpunkt der Investitionen. Schließlich entwickelt sich die Lage der Bevölkerung dramatisch, die, besonders in den reichen Regionen, oft den Wohnort wechseln muß und mehrheitlich nicht mehr mit einem festen Arbeitsplatz rechnen kann.

(Übersetzung aus dem Spanischen: Petra Rohde)

Anmerkungen

1 J. Crispi: *El agro chileno después de 1973: Expansión capitalista y campesina- zión pauperizante*, Santiago de Chile (GIA Documento de trabajo) 1980
2 M.E. Cruz/C. Leiva: *Disponibilidad de alimentos en Chile*, Santiago (GIA) 1981
3 J. Bengoa/J. Crispi/M.E. Cruz/C. Leiva: »Capitalismo y campesinado en el agro chileno«, in: *Estudios Rurales Latinoamericanos*, Vol. 3, Nr. 2, Bogotá 1980
4 L. Jarvis: *Small farmers and agricultural workers in Chile*, Santiago (PREALC-OIT, Lateinamerikanisches Büro des Internationalen Arbeitsamts) 1980, S.123
5 M.E. Cruz/R. Rivera: *La realidad forestal chilena*, Santiago (GIA) 1983
6 M.E. Cruz/C. Leiva: *La fruticultura en Chile después de 1973*, Santiago (GIA) 1982
7 Cruz/Rivera (Anm. 5)
8 J. Crispi/R. Rivera: *Los bienes salarios en Chile* (Serie Resultados de Investi- gación), Santiago 1982
9 J. Bengoa: *La cuestión del trigo en Chile*, Santiago (GIA) 1981
10 Bengoa: *La cuestion ...*, a.a.O.; P. Campaña/M. Lago: *La mujer campesina en la región cerealera*, Santiago (GIA) 1983; P. Campaña: *Estrategias de supervi- vencia en el campesinado Mapuche*, Santiago (GIA) 1983
11 Bengoa/Crispi/Cruz/Leiva: »Capitalismo ...« (Anm. 3)
12 Cruz/Rivera: *La realidad forestal ...* (Anm. 5)
13 R. Rivera: *Pobladores rurales y migración en Chile*, Santiago (GIA) 1982

JAIME ENSIGNIA

Die Gewerkschaftsbewegung zwischen Autonomie und Abhängigkeit von den Parteien

Mit dem Staatsstreich vom 11. September 1973 ging in Chile eine Periode von vierzig Jahren verfassungsmäßiger Demokratie zu Ende, in der die chilenische Gewerkschaftsbewegung, zunächst mit der Gründung der CTCH (Confederación de Trabajadores de Chile) und später mit der CUT (Central Unica de Trabajadores de Chile), den Rang eines sozialen Subjekts von nationaler Dimension erlangt hatte.

Der Staat des sozialen Kompromisses und Zusammenspielens, in dem alle sozialen und politischen Kräfte ein bestimmtes Maß an Übereinstimmung — innerhalb des verfassungsmäßigen Rahmens — gefunden hatten, brach mit dem Militärputsch vollkommen zusammen. Innerhalb des neuen politisch-sozialen Rahmengefüges des autoritären Staates wurde das Terrain, in dem sich die Gewerkschaftsbewegung bisher entwickelt hatte, vollkommen verändert[1]. Nach einer ersten Etappe, die durch Repression geprägt war, mit der Auflösung und Illegalisierung von Gewerkschaftsorganisationen, dem Einkerkern und Verschwinden zahlreicher Gewerkschaftsführer, folgte die Etappe der institutionalisierten Beherrschung durch das Militärregime. Das wesentliche Merkmal des Regimes ist die Ausschaltung der Gewerkschaftsbewegung als gesellschaftliche Oppositionskraft innerhalb des neuen Modells der sozialen Ordnung[2].

Nach der ersten Periode des vollkommenen Rückschlages, der politischen und ideologischen Auflösung der Gewerkschaftstradition konnte man jedoch eine langsame Aktivierung und Wiederentstehung einiger gewerkschaftlicher Sektoren beobachten. In dieser Zeit entstanden die heutigen gewerkschaftlichen Gruppierungen und begannen auf die Auswirkungen der Wirtschaftspolitik auf die Arbeiterschaft zu antworten[3]. Mit der Verabschiedung des neuen Arbeitsrechts (Plan Laboral) im Juli 1979 und dem Erlaß ergänzender Gesetze wird der Rahmen für die Gewerkschaftspolitik gesetzt.

In dem folgenden Artikel möchten wir diese neue Etappe untersuchen, da mit dem Plan Laboral, der Volksabstimmung über die Verfassung von Pinochet im Jahre 1980 und deren Inkrafttreten im März 1981 und den Auswirkungen der heutigen Wirtschaftskrise sich das Szenarium der Militärherrschaft der Jahre 1973-1980 für die Gewerkschaftsbewegung total verändert hat.

Es ist eine unbestreitbare Tatsache, daß sich das Militärregime in den vergangenen Jahren verstärkt bemüht hat, die Bewegung in den Griff zu bekommen, so daß schon behauptet worden ist, die Gewerkschaftsbewegung habe »aufgehört, eine soziale Kraft zu sein, die konsultiert oder bei der nationalen Politik berücksichtigt werden muß«[4]. Die bestehende oppositionelle Gewerkschaftsbewegung kämpft um ihren eigenen Fortbestand und um eine Stellung, die ihr erlaubt, bei der Lösung der Krise des Militärregimes mitzuwirken.

Die Wiederbelebung der Gewerkschaftsbewegung 1982 und Anfang 1983

Der Sinn des neuen Arbeitsrechtes bestand darin, die Forderungen der Arbeiterschaft so weit wie möglich einzuschränken und den Handlungsspielraum der Gewerkschaften auf den rein betrieblichen Bereich zu begrenzen. Dies sollte auch den Arbeiter entpolitisieren und individualisieren. Mit der kollektiven Tarifverhandlung auf Betriebsebene soll erreicht werden, daß die Arbeitsnachfrage sich innerhalb des Marktes reguliert. Diese grundlegenden Zielsetzungen wurden in der ersten Etappe der betrieblichen Tarifverhandlungen aus der Sicht der Diktatur zufriedenstellend erfüllt. Die Hauptaktivität der Gewerkschaften konzentriert sich auf innerbetriebliche Angelegenheiten, so daß die Unternehmer eine bessere Verhandlungsposition haben als die Arbeiter. Die Gewerkschaften können sich auf keine Rechtsberatung stützen und sich nicht auf höherer Ebene einigen, um für Lohnforderungen und die Bewahrung ihrer früheren Errungenschaften Druck auszuüben.

Während dieser gesamten ersten Etappe der betrieblichen Tarifverhandlungen nimmt der Staat eine scheinbar neutrale Haltung ein. Durch die Verabschiedung der das Arbeitsrecht ergänzenden Gesetze wird diese Neutralität jedoch bloßgestellt. Ab dem Jahr 1982, als die Auswirkungen der Wirtschaftskrise stark spürbar wurden, begann sich die »intervenierende« Rolle des Staates zu zeigen. Es versteht sich von selbst, daß die erzielten Lohnabschlüsse in den drei Jahren der betrieblichen Tarifverhandlungen für die Arbeiter sehr schlechte Ergebnisse brachten. In Anbetracht dieser Situation beginnt die Gewerkschaftsbewegung vom Staat eine Lösung des Problems der Verarmung zu fordern; auch hinsichtlich der hohen Arbeitslosigkeit fordern sie Maßnahmen der staatlichen Behörden.

Das Regime hat in diesem Zeitraum gegen die gesamte Gewerkschaftsbewegung und einige nationale Vertreter systematisch Zwang und Repression eingesetzt. So wurde am 25. Februar 1982 Tucapel Jiménez, Vorsitzender der ANEF (Nationale Vereinigung der Arbeitnehmer des Finanzsektors) ermordet. Die widersprüchliche Haltung der Militärbehörden zeigte sich, als sie einerseits eine Klage gegen die Leitung der CNS (Nationale Gewerkschaftskoordination, oppositioneller Verband) Anfang 1982 nicht weiterverfolgte, andererseits aber, als die CNS Anfang Dezember zu einer öffentlichen Veranstaltung in Santiago aufgerufen hatte, den Präsidenten der CNS, Manuel Bustos, und den Führer der Bauarbeitergewerkschaft, Héctor Cuevas, des Landes verwies. [6].

Reaktionen auf die Wirtschaftskrise

Im gesamten Jahr 1982 und in den ersten Monaten des Jahres 1983 ist eine relative Aktivierung der Gewerkschaftsbewegung zu verzeichnen. Der anhaltende Vertrauensverlust gegenüber dem Militärregime, mit den Problemen des Landes fertig zu werden, und der Verlust der Unterstützung der Regierung durch immer größere Sektoren der Bevölkerung stellen die Gewerkschaftsbewegung vor eine neue politische und soziale Konstellation. Tucapel Jiménez hatte zur Bildung einer »multigremialen Front« aufgerufen, in der sich alle sozialen Schichten zusammenfinden sollten, die von der Wirtschaftspolitik angegriffen wurden. Die ANEF erhielt den Aufruf nach der Ermordung Jiménez' aufrecht, aber ohne sichtlichen Erfolg.

Im Juli 1982 unterzeichneten 623 Gewerkschaftsführer einen Brief an Pinochet, koordiniert von und mit Unterstützung der Gewerkschaft der Kupferarbeiter (CTC), der CNS, der FUT (Einheitsfront der Werktätigen, oppositioneller Verband), der CEPCH (Verband der Angestellten der Privatwirtschaft Chiles) und Mitgliedsorganisationen der UDT (Einheitszentrale der demokratischen Arbeiter). Ziel dieser Aktion war es, auf die Lage der Arbeiter in der Rezession aufmerksam zu machen. Pinochet antwortete, er sei nur bereit, mit nicht-kommunistischen Gewerkschaftsführern einen Dialog aufzunehmen.

Auf die Zusammenbruchswelle der nationalen Industriebetriebe und die Nichtzahlung der Abfindungen an entlassene Arbeiter hin entstehen zahlreiche solidarische Aktionen zwischen den unterschiedlichsten Gewerkschaften. Das Problem der fortgesetzten Firmenzusammenbrüche, die Ende des Jahres 1982 einen Rekord für das Land aufweisen, nämlich 810, die höchste Zahl in zwanzig Jahren, führt dazu, daß einige Sektoren der Gewerkschaftsbewegung eine Übereinkunft mit Unternehmerkreisen anstreben, eine Art Sozialpakt zur Verteidigung der nationalen Industrie und damit zum Erhalt von Tausenden von Arbeitsplätzen. Bei den Streiks geht es wesentlich um zwei Ziele: Verteidigung des Lohns und Verteidigung des Arbeitsplatzes[7].

Es ist auch eine größere Sorge um das Problem der Arbeitslosigkeit zu beobachten. Basisgewerkschaften und verschiedene übergreifende gewerkschaftliche Gruppierungen konzentrieren ihre Kräfte auf die Organisierung der Arbeitslosen. In den jeweiligen Forderungskatalogen, wie im Falle des regionalen Aufrufes von San Antonio, nimmt die Forderung der Arbeitslosen eine zentrale Stelle ein.

Bei der allgemeinen Betrachtung der Entwicklung der Gewerkschaftsbewegung fällt auf, daß die regierungsfreundlichen Organisationen die Unterstützung ihrer Anhänger zunehmend verlieren. Bernardino Castillo, einer der höchsten Gewerkschaftler in der Führung der CTC und der UNTRACH (Union der Arbeiter Chiles, Zusammenschluß der juntatreuen Gewerkschaften), verliert seine Position als Führer der Kupferarbeiter. Guillermo Medina, ein anderer bekannter juntafreundlicher Gewerkschaftsführer, verliert seinen Posten als Vorsitzender der Bergarbeiter der Mine »El Teniente«, den er elf Jahre lang innehatte. Die Niederlage des juntafreundlichen Sektors innerhalb der Gewerkschaft der Angestellten der Staatsbank gipfelt im Rücktritt von Carlos Ortega, der ebenso wie Medina ein angesehener Führer und Präsident der Konföderation der Bankangestellten war.

Ende Januar 1983 wird nochmals ein offener Brief an General Pinochet gerichtet, den 1.200 Gewerkschaftsführer der verschiedensten Arbeitsbereiche unterzeichnet haben. Die wichtigsten Punkte dieses Briefes betreffen den Verlust der politischen Freiheit der Organisation, durch die sich die Gewerkschaftsbewegung als Sprecherin des Landes äußerte; den Verlust von Arbeitsplätzen und das Unvermögen der Unternehmer, neue Arbeitsplätze zu schaffen; den Verlust der ethischen Werte innerhalb der chilenischen Gesellschaft; den Verlust der internationalen Zahlungsfähigkeit Chiles angesichts der Auslandsverschuldung; den Verlust der Hoffnung auf eine bessere Zukunft, da die Regierung orthodox an ihren ökonomischen Leitlinien festhält, was tagtäglich die wirtschaftliche Lage der großen Mehrheit aller Chilenen verschlechtert[8].

Diese Kritik und andere Initiativen verschiedener sozialer und politischer Gruppen bilden das Rückgrat der ständig wachsenden Opposition zum autoritären Regime.

Die Erfahrungen der Basisgewerkschaftsbewegung

Was ist unter »Basisgewerkschaftsbewegung« zu verstehen? Um diese Frage beantworten zu können, ist es notwendig, die Erfahrungen in der letzten Phase der UP-Regierung unter Allende zu berücksichtigen. Die Bildung der Cordones Industriales und der kommunalen Arbeiter- und Bauernräte, all diese Strukturen, die als Volksmacht bezeichnet wurden, gehören nach Meinung zahlreicher Kenner der Gewerkschaftsgeschichte zur »Basisgewerkschaftsbewegung«. Durch die Erfahrung der Volksmacht entsteht ein höheres Niveau an aktiver Kritik — was sehr bezeichnend ist — an dem traditionellen Führungsstil der CUT und der anderen Verbände, da dieser nicht in der Lage war, die Forderungen der Arbeiter zu lenken oder zu koordinieren. Deshalb entwickelt sich ein territorialer und von der Basis ausgehender Kampf gegen die Vorherrschaft der Unternehmer und der politischen Reaktion über die UP-Regierung und die Interessen breiter Sektoren der Gewerkschaftsbewegung. Durch diese Erfahrung entstehen neue Organisationsformen und neue Arten der gewerkschaftlichen und sozialen Vertretung, die der Leitung der CUT sowie der UP-Regierung Konfliktstoff liefern. Wegen des Militärputsches erhielt diese Basisbewegung nicht die Gelegenheit, sich als eine neue historische Entwicklung zu entfalten.

Dennoch wurde schon in der ersten Etappe nach dem Umsturz mit der Suche nach Alternativen bei der gewerkschaftlichen Reorganisierung begonnen. Während manche Sektoren sich in der traditionellen Weise wiedergründen wollen, ist bei anderen Teilen der Gewerkschaftsbewegung, vor allem nach Erlaß des Plan Laboral, eine Tendenz zu beobachten, sich als Föderationen von Gewerkschaften verschiedener Industriebereiche zu gründen, insbesondere in der Gegend von Santiago. Hier ist eine neue Form von Reorganisierung im Entstehen, auf regionaler, kommunaler und Provinzebene. Hier finden nicht nur rein gewerkschaftliche Kreise ihren Platz, sondern auch andere gesellschaftliche Gruppen, Komitees von Arbeitslosen, Frauengruppen, Jugendgruppen etc.

Ein Beispiel für die Entstehung dieses neuen sozialen Organisationstyps ist die Gründung der Föderation der Gewerkschaften von Maipú (FESIMA), die ihre Aktivität seit 1980 entfaltet. Die Leitung dieses neuen Organisationstyps besteht aus jungen Leuten zwischen 25 und 30 Jahren. Viele dieser Gewerkschaftsführer waren zur Regierungszeit der Unidad Popular noch Kinder und kennen daher nicht die Erfahrung der engen Bindung zwischen politischer Partei und gewerkschaftlicher Aktion (dies betraf die Parteien der Linken und des Zentrums). Diese Gewerkschaftsführer sammeln ihre Erfahrungen unter einer Militärregierung, und daher sieht ihre gesamte gewerkschaftliche Formierung anders aus als die der alten, traditionellen Schule. Sie legen eine viel unabhängigere Haltung an den Tag — sie sind vorurteilsfreier, sie behalten wesentlich mehr Autonomie gegenüber dem Staat, den Parteien und anderen gesellschaftlichen Gruppen.

Wir können nicht entscheiden, ob diese Art von gewerkschaftlicher Basisorganisation sich mehrheitlich in der oppositionellen Gewerkschaftsbewegung durchsetzen wird. Wir meinen aber, daß dieser Organisationstyp eine gute Diskussionsgrundlage bietet für die Suche nach der zukünftigen Rolle der Gewerkschaftsbewegung innerhalb des sozialen Gefüges. Die politische und ideologische Heterogenität, die der Putsch in der Gewerkschaftsbewegung verursacht hat, rief zumindest im Hinblick auf eine offenere Diskussion über die Rolle der Gewerkschaftsbewegung in einer abhängigen Gesellschaft wie der chilenischen auch positive Effekte hervor. Diese Diskussion hat begonnen ohne die in der Vergangenheit üblichen ideologischen und politischen Scheuklappen.

Zum besseren Verständnis der basisgewerkschaftlichen Organisation müssen ihre Aktionen erwähnt werden: die Veranstaltungen zahlreicher Treffen zur Schulung der Führer und zum Erfahrungsaustausch zwischen verschiedenen Sektoren und Provinzen, Sommerschulen für Gewerkschaftsmitglieder, die in ihrer Arbeit positiv herausragen, Solidaritätskampagnen mit streikenden Gewerkschaften, regionale Zusammenarbeit mit Lehrern, Arbeitslosenkomitees, Frauen und Jugendlichen. Die Gründung der Konföderation der Gewerkschaften des Industiegürtels von Vicuña Mackena verbindet sich nun mit der bereits bestehenden FESIMA von Maipú. Es gibt auch andere Initiativen in verschiedenen Gewerkschaftssektoren auf Provinzebene, die dem Beispiel der Konstituierung von Konföderationen auf regionaler Ebene folgen. Insbesondere die Arbeiter der klein- und mittelständischen Betriebe sehen diesen Organisationstyp als sehr effektiv an zur Verteidigung ihrer Löhne und Lebensbedingungen und im Kampf gegen das Arbeitsrecht.

Eine erwähnenswerte Initiative war auch das Komitee zur gewerkschaftlichen Erneuerung (CRS), an dessen Spitze der ehemalige Vorsitzende der FUT, Carlos Fréz, steht. Die CRS verfolgt die Perspektive einer Basisgewerkschaft, die völlige Unabhängigkeit von politischen Parteien und dem Staat behält. Sie setzt sich zum Ziel, die Gewerkschaftsbewegung zu einer sozialen Bewegung von nationaler Bedeutung zu machen*. Viele der von den Basisgewerkschaften aufgeworfenen Probleme haben Bedeutung in anderen Gewerkschaftsorganisationen erlangt, insbesondere in der CNS

---

* CRS, FESIMA und andere Basisgewerkschaften schlossen sich im Juni 1984 zur »Bewegung für die gewerkschaftliche Einheit« (MSU) zusammen.

(Nationale Gewerkschaftskoordination) und der FUT. In diesen beiden Gewerkschaften gibt es Druck für eine größere Demokratisierung in den Entscheidungen und in der Beziehung zwischen Mitgliedern und Führung, für eine Dezentralisierung der Verantwortung und für ein größeres Maß an Autonomie von den politischen Parteien. Auf den letzten nationalen Beratungstreffen wurden Gruppen nach geographischen Regionen eingerichtet, um die Aktivitäten entsprechend den obengenannten Vorstellungen verbessern zu können. Einige Gewerkschaftsführer der CNS meinen, daß ihre Organisation umstrukturiert werden muß, um eine engere Arbeit mit der Mitgliederbasis in die Wege zu leiten.

Die Rolle der Intellektuellen

Der chilenische Sozialwissenschaftler oder, allgemein gesprochen, der Intellektuelle, hatte in der Vergangenheit sein Berufsfeld an den Universitäten, in weiterführenden Ausbildungseinrichtungen oder in staatlichen Institutionen. Aufgrund ihrer Manipulierung durch das Militärregime aber haben sich viele Intellektuelle den Institutionen angeschlossen, die sich mit der Gewerkschaftsbewegung befassen. Daher gibt es nun zahlreiche Dokumentationen, gewerkschaftliche Schulungshandbücher, Fallstudien und allgemeine Analysen zur Gewerkschaftsfrage, Seminare, Konferenzen, Debatten etc. Die Beziehung zwischen den Intellektuellen und der Gewerkschaftsbewegung ist direkter und enger als in der Vergangenheit. Der Sozialwissenschaftler ist dabei, die Realität der Arbeiter aus größerer Nähe wahrzunehmen. Das erlaubt ihm eine größere Objektivität und bessere Erfassung seines Studienobjekts, was sich an seinem Arbeitsstil zeigt, der jetzt freier von Ideologisierung und Abstrakton wird.

Da es eine große Anzahl von Institutionen gibt, ist das Angebot an professionellen Diensten größer als die Nachfrage. Dennoch weiß der bedeutende Teil der Gewerkschaftsbewegung diese zu schätzen und fördert eine größere Beteiligung akademischer Institutionen bei der Gewerkschaftsarbeit. So ist es interessant, die Meinung verschiedener Gewerkschaftsführer über die Schulungen, die von der CEDAL (Zentrum für Berufsförderung) für die Gewerkschaften der Bergwerkszone »El Teniente« organisiert werden, zu hören: »In diesen Kursen konnten die Teilnehmer aufgrund der offenen und freien Sprache der Referenten eine umfassende Orientierung erhalten, die uns befähigt, uns zu aktiven Teilnehmern des stattfindenden Prozesses zu machen … Wir merken, daß der Kurs wichtiger ist, als wir glaubten. Wir müssen die Kenntnisse der Basis weitergeben.«[9]

Vom Standpunkt der Wissenschaftler wiederum sagt Manuel Barrera, Mitarbeiter des Solidaritätsvikariats der katholischen Kirche in Santiago: »Man kann feststellen, daß sich hier ein noch in den Anfängen befindlicher

Weg der Forschung aufgetan hat, der in der Zukunft noch reichhaltiger sein wird. Jetzt ist man in der Lage, Vorschläge zu machen für eine Arbeit, bei der nicht mehr nur geforscht, sondern auch partizipiert wird.«[10]

Reorganisierung der Bauerngewerkschaften

Historisch gesehen war die Entwicklung der Bauerngewerkschaftsbewegung viel stärker von den politischen Institutionen und dem Staat abhängig als andere soziale Bewegungen. Die politischen Parteien haben bei der Entstehung der Bauerngewerkschaft eine zentrale Rolle gespielt[11]. Die Ausbildung der bäuerlichen Organisation verlief langsamer und viel schwieriger als die der städtischen Arbeiterschaft. Hierbei spielen verschiedene Faktoren eine Rolle, unter anderem die geographisch-physische Isolierung der Landarbeiter, ein rückständigeres kulturelles Niveau als in anderen sozialen Schichten, eine der ländlichen Struktur angepaßte, sehr viel persönlichere und direkte soziale Beziehung zwischen Bauern und »Patrón«.

In den letzten Jahren der verfassungsmäßigen zivilen Regierungen unter Eduardo Frei und Salvador Allende war auf dem Land ein Anstieg der gewerkschaftlichen Organisierung zu verzeichnen, was sich an der Zahl der Gewerkschaften und ihrer Mitglieder zeigte. Die zentralen Anliegen der Mobilisierung der Bauernschaft waren der Kampf um Anrecht auf Land, für eine Agrarreform und für bessere Lebensbedingungen.

Mit dem Militärputsch trat eine abrupte Änderung ein. Die Verfolgung und der Verlust zahlreicher erfahrener Bauernführer in den ersten Jahren der Diktatur führt zu einer Unterbrechung der Organisations- und Mobilisierungsprozesse der früheren Jahre. Hervorzuheben ist, daß die Eigentümer der größeren Ländereien, d.h. die Agrarbourgeoisie, besonders brutal mit jenen Bauern umgegangen sind, die in den Jahren zuvor politisch aktiv waren. Zahlreiche Ländereien, die von den zivilen Regierungen enteignet worden waren, wurden den ehemaligen Besitzern zurückgegeben. Die neue Arbeitsgesetzgebung setzte die Landarbeiter unter den gleichen Druck wie die städtische Arbeiterschaft.

Die Transformierung der Wirtschaftsstruktur auf dem Lande, entsprechend dem ökonomischen Modell des Militärregimes, verändert die bisher der Industrie untergeordnete Rolle der Landwirtschaft, denn der neue Akkumulationsprozeß realisiert sich durch die Ausnutzung komparativer Kostenvorteile, speziell in der mittleren Zone des Landes im Bereich des Obst- und Weinanbaus sowie der Forstwirtschaft[12]. In diesen Bereichen werden nicht viele Arbeitskräfte gebraucht, so daß das Problem der Arbeitslosigkeit auf dem Lande alarmierend wird, umso mehr, als es auch in den städtischen Gebieten keine freien Arbeitsplätze gibt. Die Landflucht wird auf diese Weise gebremst, und es entsteht ein Überschuß an Arbeitskräften auf dem Land mit der Folge, daß ihr Preis immer billiger wird, sich die Lebensbedingungen der Landarbeiter verschlechtern, aber die Gewinne der Agrarunternehmen erhöhen. Infolgedessen ist eine erhebliche Verringerung der Mitgliedschaft der Bauerngewerkschaften zu verzeichnen.

Trotzdem kann man nicht behaupten, daß die Bauerngewerkschaftsbewegung völlig vernichtet worden wäre. Die ländlichen Gewerkschaftsorganisationen haben versucht, auf die Arbeitsrechtspolitik des Regimes zu antworten. Die Konföderationen mußten, wie schon in früheren Zeiten, ohne die Vermittlung der politischen Parteien und Organisationen sich die Unterstützung bei anderen gesellschaftlichen Institutionen suchen, unter anderem bei der katholischen Kirche. Dessen ungeachtet bleibt das Hauptmerkmal der Aktivitäten der ländlichen Organisationen das Vertrauen in die eigene Kraft und die eigenen Mittel. Aufgrund dieser Tatsache könnte in Zukunft eine von den politischen Parteien autonomere Haltung bei den ländlichen Gewerkschaften entstehen, was sich auch in einer mehr demokratischen und weniger bürokratischen Organisationsstruktur äußern würde [13].

Eine wichtige Veranstaltung der ländlichen Gewerkschaften war ein nationales Symposium, organisiert mit Hilfe des Solidaritätsvikariats der katholischen Kirche von Santiago, vom 8. bis 12. Oktober 1982. An diesem Symposium nahmen die fünf wichtigsten nationalen Bauernorganisationen teil: Libertad, Nehuen, Surco, Triunfo Campesino und die Föderation Sargento Candelaria von Santiago. Über 200 Bauerngewerkschaftsführer zusammen mit Professionellen und Technikern der verschiedenen, die ländliche Arbeit unterstützenden Organisationen nahmen an der Zusammenkunft teil [14]. Die wichtigsten Diskussionspunkte waren das Problem der Arbeitslosigkeit und Beschäftigung auf dem Land, die Auswirkung der Arbeitsgesetzgebung im Agrarsektor, das Fehlen staatlicher Unterstützung für die Eigentümer kleiner Parzellen und die noch überlebenden Genossenschaften.

Auf diesem Treffen wurden die Initiativen der Schulung für die ländlichen Gewerkschaften gewürdigt. Auch wurde den Agrargewerkschaftsführern die Notwendigkeit bewußt, daß ihr Kampf sich enger den anderen Organisationen der Umgebung anschließen muß, um mit mehr Kraft zusammen mit den Arbeitern der anderen Branchen der Region für die eigenen Rechte einzutreten [15].

Die Entwicklung der Gewerkschaftsbewegung seit dem ersten nationalen Protesttag

Mit Sicherheit ist die Gewerkschaftsbewegung im Laufe des Jahre 1983 zum Dreh- und Angelpunkt des Protests gegen das Militärregime und dessen unheilvolle Wirtschaftspolitik geworden. Man konnte beobachten, wie eine zersplitterte Gewerkschaftsbewegung langsam mit Massenaktionen den Schritt zur Sprecherin verschiedenster politischer und sozialer Sektoren der Bevölkerung geschafft hat. In ihrem Widerstand gegen die Unterdrückung fanden die unterschiedlichsten Organisationen der Bevölkerung in den Aufrufen der Gewerkschaften zu nationalen Protesten den Ort ihres Zusammenhalts und den Ausdruck ihrer Ablehnung von elf Jahren Militärdiktatur [16].

Die Wirkungen des Protests vom Mai 1983

Der 11. Mai 1983 sollte zum Ausgangspunkt für die Artikulation der sozialen Bewegung in neuer Form und der Konfrontation mit dem Regime werden. Dabei hatte sich eine breite und in sich heterogene soziale Volksbewegung um den Aufruf der Konföderation der Kupferarbeiter (CTC) zum nationalen Streik gebildet [17]. Diese soziale Bewegung fand in dem erwähnten Aufruf die wirkliche und konkrete Möglichkeit, ihre Stimme zu Gehör zu bringen, statt weiterhin nur am Rand der Gesellschaft zu existieren. Deshalb wurde mit Recht hervorgehoben, daß »der 11. Mai im Verlauf des Befreiungskampfes des chilenischen Volkes gegen das Militärregime ohne Zweifel als wichtiges Ereignis in Erinnerung bleiben wird« [18].

Der Aufruf der CTC als bedeutendster Branchengewerkschaft des Landes — sie umfaßt etwa 22.000 Arbeiter, deren Produktionsaktivität 60 Prozent des Nationalprodukts ausmacht und damit eine Schlüsselfunktion in der chilenischen Wirtschaft innehat — wurde von allen anderen oppositionellen Gewerkschaften angenommen: angefangen bei der CNS über die UDT (christdemokratischer Verband), die CEPCH (Verband der Angestellten der Privatwirtschaft Chiles) bis zu den Basisorganisationen außerhalb des Umkreises der genannten Gewerkschaftsspitzen. Dieser Aufruf zum landesweiten Generalstreik nahm schließlich den Charakter eines Aufrufs zum nationalen Protest an. Nach unserem Dafürhalten ist es gerade dieser Appell an die Bevölkerung gewesen, der ermöglichte, daß sich die Proteste der Gewerkschaftsbewegung in eine Volksdemonstration nationalen Ausmaßes verwandeln konnten.

Innerhalb der oppositionellen Bevölkerung zeigten die unterschiedlichen Aktionsformen eine breite Skala der Ausdrucksformen und der

Besonderheiten. Die Volksinitiative triumphierte über pessimistische Vorhersagen, was die Befolgung des Aufrufs zum nationalen Streik anbetraf. Auf diese Weise wurden mit der Maidemonstration die objektiven Bedingungen für einen beständigen und und bis jetzt nicht unterbrochenen Prozeß der Organisierung des Volkes geschaffen [19].

Das Problem der Autonomie

In diesem allgemeinen Rahmen ist wichtig hervorzuheben, daß »der Prozeß der Formation der sozialen Bewegung selbst es ihr ermöglicht hat, ein Bewußtsein über die eigene Bewegung und ihre Kämpfe herzustellen« [20]. Die Politik des Vertrauens in die eigene Kraft und Initiative entspricht diesem Prozeß, der mit dem Protest im Mai beginnt, aber hier nicht endet. Sie entwickelt sich zur Konstante aller weiteren Volkskundgebungen.

Dieser Umstand hebt die Debatte über das Verhältnis zwischen der sozialen Bewegung und der Gewerkschaftsbewegung einerseits und den politischen Gruppen und Parteien andererseits auf ein höheres Niveau. Rodolfo Seguel, Führer der CTC und des am 21. Mai 1983 gegründeten Nationalen Kommandos der Arbeiter, CNT (das seitdem die Gewerkschaftsaktionen koordiniert hat), betonte mit Nachdruck, »daß die Maitage die Sache des Volkes und seiner sozialen Organisationen sind, die sich niemand aneignen kann« [21]. In diesem Sinn ist man sich völlig darüber im klaren, daß keine Partei oder politische Bewegung Vorteile und Anhänger aus dem großen Protesttag ziehen bzw. ihn für sich vereinnahmen kann, ebensowenig die nachfolgenden Protesttage. Desgleichen will sich die Gewerkschaftsbewegung in keinen der Blöcke der politischen Opposition integrieren, sondern ihre Autonomie bewahren.

Der Kampf für die Demokratie

Eines der wichtigsten Charakteristika, das sich während der nachfolgenden »nationalen Protesttage« herausgebildet hat, ist der Umstand, daß man über soziale Bittstellungen und reaktive, defensive Forderungen hinausgekommen ist. Das heißt, die Gewerkschaftsbewegung ist zum Kampf gegen die gesamte Arbeitsgesetzgebung angetreten, durch die sich das Militärregime institutionell absichern wollte, und nicht nur gegen einzelne Dekrete. Sie hat ferner den Kampf gegen nur die sozialen Auswirkungen der aktuellen Wirtschaftspolitik überwunden und sich stattdessen übergreifende politische Forderungen zu eigen gemacht.

Die Militärdiktatur ihrerseits erfährt damit über ihre gescheiterten Versuche, sich zu institutionalisieren, hinaus eine folgenreiche politische Niederlage. Die Gewerkschafts- und die soziale Bewegung werden aller

Wahrscheinlichkeit nach mit weiteren politischen Tatsachen, also Aktionen, konkreten Programmen etc., der Militärdiktatur weiter zusetzen. Damit hat sich herausgestellt, daß die in der zweiten Hälfte des Jahres 1981 zutage getretene Wirtschaftskrise eine Vorstufe der jetzigen politischen Krise des Regimes bildete.

In diesem Rahmen wird sich die Konfrontation zwischen der Diktatur und der sozialen Opposition weiter entwickeln. So haben es offenbar auch die Arbeiter verstanden, wie auch die anderen sozialen Sektoren: »Wir haben die Angst verloren.«[22] Die Demonstrationen werden somit massiver und öffentlich, das heißt, sie finden ebenso auf den Straßen und in den Armenvierteln statt wie im gewerkschaftlichen Rahmen.

Die vorherrschende Tendenz in der Antwort der Militärdiktatur auf den Sturm der Ablehnung war Repression, mit wenigen Ausnahmen, wie etwa die Öffnung zum Dialog mit einem Sektor der Opposition, die von Innenminister Jarpa im August/September 1983 betrieben wurde — freilich nur, um dem Regime eine Pause zu verschaffen. Während sich die Demonstrationen jedoch weiter entfalteten, verschärfte das Militär seine Antwort, bis es an den Rand seines politischen Aktionsradius gelangte. Die Kluft zwischen der Militärregierung und der zivilen Gesellschaft seit 1983 hat einen Prozeß in Gang gesetzt, den einige als den »Anfang vom Ende der Diktatur« bezeichnen — anders gesagt, handelt es sich um den wachsenden Verlust an Unterstützung für die Regierung seitens jener Sektoren, die bis vor kurzem noch in sie vertraut hatten[23].

Interne Schwierigkeiten

Wir haben bereits hervorgehoben, daß die Gewerkschaftsbewegung sich in den Angelpunkt der Mehrheit der nationalen Protesttage verwandelt hatte. Damit, und dank der entscheidenden Hilfe der CTC, schalteten sich die Gewerkschaften wieder in die Diskussion im nationalen Maßstab ein. Vom passiven und zerrissenen Objekt wurden sie zu einem bindenden sozialen Subjekt, nicht allein ihre eigenen Kräfte, sondern auch aller anderen unterschiedlichen oppositionellen Sektoren. Dieser reichhaltige neue Prozeß verlief jedoch nicht ohne Komplikationen, was die verschiedenen Standpunkte hinsichtlich des »Was tun« als soziales Subjekt anbetrifft.

Angefangen mit der Proklamation des nationalen Streiks durch die CTC, fühlten sich einige Gewerkschaftssektoren wie die UDT, die FUT und die CEPCH übergangen und zeigten sich unzufrieden mit dem Aufruf, den sie als »improvisiert« qualifizierten oder als ein Produkt der »Überheblichkeit« jener »jungen« Führer der Kupfergewerkschaft[24].

Die Gründung der sogenannten »Multisindical« — das erwähnte Nationale Arbeiterkommando (CNT) — ergab sich nicht als wirklich organisches Produkt des Strebens der Basis oder aus Einsicht in die Notwendigkeit der Einheit aufgrund realer Probleme in der Arbeitswelt. Die Multisindical etablierte sich vielmehr durch Vereinbarungen zwischen Vertretern unterschiedlicher Richtungen in den oppositionellen gewerkschaftlichen Verbänden. Einige solcher Tendenzen sind eher von Disputen und ideologischen Differenzierungen dominiert als von Grundsätzen wie »Einheit« und »gemeinsame Aktion«. Zwar gibt es eine große Anzahl diskussionswürdiger Probleme innerhalb der Gewerkschaftsbewegung, die somit positive Aspekte in dem Sinne darstellen, daß sie eine Debatte anregen, die zuvor einzig den politischen Parteien vorbehalten war. Aber bei bestimmten Gelegenheiten hat die Auslegung rein ideologischer Punkte die Diskussion einer gewerkschaftlichen Antwort auf aktuell notwendige Fragen eher behindert. Dies hat sich nachhaltig ausgewirkt in Momenten, wo Einheit und Fähigkeit zur gemeinsamen Aktion für das Wiedererstarken eines eigenen Profils als soziales und im nationalen Maßstab agierendes Subjekt unerläßlich gewesen wären.

Insgesamt gesehen kann man die Perspektiven der Gewerkschaftsbewegung jedoch nur positiv einschätzen. Sie hat sich trotz aller erwähnten Schwierigkeiten zu einem Hauptakteur im Prozeß des Abbaus der Angst auf seiten der Bevölkerung in ihrem Kampf gegen die Diktatur entwickelt. Der gewerkschaftliche Widerstand war ein bedeutender politischer Faktor für den Bruch nach Jahren der politischen Einschüchterung durch die Repression, so, wie es die Herausgeber des Bulletins *Chile-Sindical* hervorheben:»Im Politischen, dem Substantiellen, müssen sich, ausgelöst von der Gewerkschaftsbewegung durch ihren Aufruf zum Protest, Alternativen ergeben. Der Protest erlaubte es erstmals, den Kopf von Pinochet zu fordern, das heißt, seinen Rücktritt als unerläßliche Bedingung für die Suche nach einem Übergang zur Demokratie. Die Aktion der Gewerkschaftsbewegung hat dazu geführt, daß in Chile heute wirklich ein Horizont von Freiheit und Demokratie in Sicht ist.«[25]

Mit der Auslösung der nationalen Protesttage erreichte der Syndikalismus auch die Überwindung der politischen Diskriminierung der Parteien. »Der Protest brachte rasch die politischen Kräfte zum Vorschein, die, zehn Jahre lang verachtet, nun die nationale Bühne betraten. Auch jene Sektoren, die dem Regime anhingen, sahen sich jetzt genötigt, ihre Reorganisierung zu planen. Das politische Zurückweichen, durch systematische Repression gefördert, wurde von den Ereignissen überholt, und heute sind Parteien und politische Bewegungen eine unbezweifelbare Tatsache.«[26]

Zwischenbilanz der Gewerkschaftsbewegung unter dem Militärregime

Es ist offenkundig, daß die Gewerkschaftsbewegung sowohl an quantitativer Größe als auch an politischer und gesellschaftlicher Bedeutung abgenommen hat. Die Veränderungen der ökonomischen Struktur des Landes, der andauernde Verlust oder die Desorganisation des Kapitals werden als die Ursachen dafür angesehen, daß die dynamischen Sektoren der Industrialisierung der früheren Jahrzehnte, wie zum Beispiel der Industriesektor des inneren Marktes, in ihrer Wirtschaftstätigkeit einen schweren Rückschlag erlitten. Die Textilindustrie, die metallverarbeitende Industrie, die Leder- und Schuhindustrie, die Kohleförderung und das Bauwesen haben am meisten unter der ökonomischen Umstrukturierung gelitten.

Gerade in diesen Branchen waren die Gewerkschaften mit dem höchsten Organisationsgrad und der größten Kampferfahrung aktiv. Sie stellten jene Sektoren dar, die man als die traditionelle Gewerkschaftsbewegung bezeichnet. Sie sind historisch zusammen mit den politischen Parteien entstanden und stehen daher traditionell unter dem Einfluß dieser Parteien, insbesondere der Kommunistischen und der Sozialistischen Partei. Das autoritäre Regime verursachte einen Bruch in der gewerkschaftlichen Dynamik der vorangegangenen zwanzig Jahre von 1953-1973. Sowohl die Repressionspolitik als auch die Strukturveränderungen in der Wirtschaft des Landes wirkten sich nachhaltig auf den historischen Rhythmus der Gewerkschaftsentwicklung aus.

Informationen über den Grad des Rückgangs der gewerkschaftlichen Organisierung sind nicht leicht zu erhalten. Es gibt bis zum Jahre 1977 ziemlich zuverlässige Untersuchungen, aus denen hervorgeht, daß die Gewerkschaftsorganisation eine Stagnation und sogar einen Rückfluß erfahren hat. So ist beispielsweise festzustellen, daß die am meisten betroffenen Gewerkschaftssektoren die der Industriearbeiter sind. Ihre Mitgliederzahlen gingen von 1973 bis 1977 um 13,7 Prozent zurück. Die Angestelltengewerkschaften erlitten im gleichen Zeitraum Mitgliederverluste von 4,6 Prozent. In einem Artikel über Gewerkschaftsbewegung im autoritären Staat, erschienen in der Zeitschrift *Nueva Sociedad* im Juni 1984, stellen die Autoren Alberto Bastías und Helia Henríques fest, daß »Daten des Arbeitsministeriums zufolge 9 Prozent der Arbeitskräfte gewerkschaftlich organisiert sind (1982). Dieser Prozentsatz entspricht 330.000 Personen.« Diese Ziffer ist sehr niedrig, verglichen mit dem Grad der gewerkschaftlichen Organisierung in der Zeit der Unidad Popular. Damals belief sich der Organisationsgrad auf 27 Prozent.

Wenn es auch schwierig ist, exakte Statistiken über diese Frage zu erhalten, so ist dennoch deutlich zu sehen, daß die Bedeutung der Gewerkschaftsbewegung und der Arbeiterklasse stark abgenommen hat, während die Zahl der Arbeitslosen stark gestiegen ist.

Trotz dieser Begrenzungen hat die chilenische Gewerkschaftsbewegung wieder eine relative Bedeutung innerhalb der Kreise gewonnen, die in Opposition zum Militärregime stehen. Unserer Meinung nach ist die Gewerkschaftsbewegung gegenwärtig zu einem Sammelbecken verschiedener sozialer und politischer Kräfte geworden. Die Gewerkschaftsbewegung, zusammengefaßt in der CNT, war die Triebkraft der großen Volksproteste der letzten Jahre.

Die Gewerkschaftsbewegung hat ferner den Kampf nur gegen die sozialen Auswirkungen der aktuellen Wirtschaftspolitik überwunden und sich stattdessen globale politische Forderungen zu eigen gemacht. Folglich richtet sich ihr Protest jetzt nicht mehr lediglich auf die Wiedererlangung alter Rechte, sondern es wird gefordert:
— Ende der Militärdiktatur
— Rückzug des Militärs in die Kasernen,
— Übergang zu einer Interimsregierung, die die Grundlage für eine demokratische Volksregierung ausarbeiten soll,
— Rücktritt Pinochets, solange seine Präsenz an der Spitze des chilenischen Staates jegliche politische Verständigung ausschließt und sich als Hindernis für den Übergang zur Demokratie darstellt,
— politische Garantien für Gewerkschaften, soziale Organisationen des Volkes, Parteien und politische Bewegungen.
Dennoch dürfen die inneren Widersprüche und Schwierigkeiten nicht übersehen werden. Es ist eine Tatsache, daß die Gewerkschaftsbewegung heute in verschiedene Strömungen zersplittert ist, mit jeweils verschiedenen Meinungen zum Beispiel zu der Frage, welche Rolle sie in der jetzigen Situation der chilenischen Gesellschaft zu spielen hat. Es gibt keine einheitliche Position, ob eine einzige Gewerkschaftszentrale zu errichten sei oder ob verschiedene Zentralen bestehen sollen (nach französischem oder italienischem Modell). In dieser Frage ist allerdings eine vollendete Tatsache geschaffen worden, seitdem die UDT, ein christdemokratisch orientierter Gewerkschaftsverband, sich in der zweiten Hälfte des Jahres 1984 in eine ideologische Zentrale verwandelt hat. Die gewerkschaftlichen Strömungen spiegeln in ihren Unterschieden die Differenzen wider, die auf politischer Ebene innerhalb der Opposition zum Regime zu beobachten sind, das heißt die Divergenzen zwischen den Parteien.

In letzter Zeit kam in verschiedenen Gewerkschaftssektoren eine Diskussion auf über die Rolle sowohl der politischen Parteien als auch der Gewerkschaften. Diese Diskussion zeigt, daß die Suche nach einem Mindestmaß an Unabhängigkeit für die Gewerkschaften weiterhin in ihrer Perspektive präsent ist. Es gibt Vertreter der These eines kontinuierlich wachsenden Prozesses der Unabhängigkeit der gewerkschaftlichen Aktion von den politischen Parteien. Das würde eine immer größer werdende Autonomie der Gewerkschaftsektoren von der alten Manipulation der Parteien in den Gewerkschaften bedeuten. So spricht man von einer Neuauflage des syndikalistischen Weges und bezieht sich damit auf die Aktivität einer Basisgewerkschaft von Santiago und in einigen Provinzen. Einige dieser Sektoren sind seit Mitte 1984 in der MSU (Bewegung für die gewerkschaftliche Einheit) organisiert. Bekannte Sprecher dieser Bewegung sind der Ex-Präsident der CTC, E. Torres, und der frühere Präsident der FUT, Carlos Fréz.

Die Vertreter der Autonomie von den Parteien weiten ihre Konzeption auf die gesamte soziale Bewegung oder sehr bedeutende Teile aus. In diesem Sinn ist zu erwähnen, daß einige Sektoren der sozialen Oppositionsbewegung, seien es die Elendsviertelbewohner, Arbeitslosenkomitees, die sogenannten neuen ökonomischen Volksorganisationen – eine Art von Selbsthilfegruppen – in der Tat schon ein beträchtliches Maß an Autonomie von den Parteien entwickelt haben[27].

Dagegen steht die These, daß diese Situation, in der die Parteien nicht Vehikel für den Ausdruck oder die Kanalisierung der Bedürfnisse von sozialen Sektoren sein können, mit der vom Militärregime auferlegten Ausnahmesituation erklärt werden müsse. Gegenwärtig ist für die Parteien die Möglichkeit blockiert, als Ausdruck der verschiedenen sozialen Gruppierungen zu fungieren, weshalb umgekehrt die politischen Aktivisten sich den sozialen Bewegungen unterordnen müssen. Aus diesem Grunde wird die Aktion der Parteien von den Interessen der sozialen Bewegung abhängig. Nach dieser These würde die Wiederbelebung der Demokratie bewirken, daß die politischen Parteien zu einem der wichtigsten Kanäle würden, um den Druck der verschiedenen sozialen Gruppen zu regulieren.

Schließlich gibt es die Meinung, daß aufgrund der Schwäche der politischen Parteien und der bedeutenden Rolle der sozialen Bewegungen Grundlagen geschaffen worden sind für harmonischere Beziehungen zwischen Parteien und Gewerkschaften in der Zukunft. »In dem Moment, wo sie sich einen offeneren Handlungsspielraum erlauben können, werden die Parteien ihren zentralen Vertretungsanspruch wiedergewinnen wollen. (…) Auf der anderen Seite stellen die sozialen Organisationen doppelte Ansprüche. Einerseits erlangen sie eine größere Autonomie als in der Vergangenheit und lehnen eine vertikale Abhängigkeit ab. Auf der anderen Seite fordern sie von den Parteispitzen eine Führung und insbesondere einheitliche Artikulation der vielseitigen und verschiedenen Initiativen, die in der sozialen Bewegung entstehen. Es ist festzustellen, daß die einen wie die anderen sich in einem Prozeß der Suche und des Nachdenkens befinden, um sich an die neuen Bedingungen anzupassen, die durch das Regime entstanden sind.«[28]

Die Herausbildung eines neuen Aktionstypus und einer neuen Gewerkschaftspolitik sowie ein neues Verständnis der Gewerkschaftsfrage in Chile oder andererseits das Festhalten an der traditionellen Gewerkschaftspolitik wie bis zum Jahre 1973 ist ein noch nicht gelöstes Problem. Sicherlich wäre es übertrieben, von einer allgemeinen Debatte innerhalb der Gewerkschaftsbewegung zu sprechen, aber bedeutende Sektoren werfen die zentralen Probleme ihrer Schwäche in der heutigen Situation immer wieder auf und versuchen, neue alternative Handlungsorientierungen zu finden.

Anmerkungen

1 Hugo Calderón/Jaime Ensignia/Eugenio Rivera: *Chile — Der Monetarismus an der Macht*, Hamburg 1981, S. 59-97
2 Siehe Bericht der OIT, 31. 5. 1975, in: *Chile-América* (Rom), Nr. 8/9
3 Vgl. Calderón u.a.: *Chile ...*, a.a.O., S. 136
4 APSI 91/Januar-Februar 1981, Dossier über die Krise der Gewerkschafts-bewegung, S. 9 f
5 Vgl. *Lateinamerika-Nachrichten* (Berlin-West), 102/April 1982, S. 11
6 Die Repression traf die Gewerkschaftsbewegung 1982 sehr hart: der Metall-gewerkschaftsführer Jaime Riquelme »verschwand«, Manuel Caro, Domingo Tapia, Juan Saéz wurden verhaftet, Hernol Florés (ANEF), Emilio Torres und Manuel Bustos wurden bedroht und »vorgeladen«, etc.; siehe *Paginas Sindica-les*, 53/Januar 1983
7 Bericht Vector (Zentrum für wirtschaftliche und soziale Studien): *Die Arbei-terbewegung in 1982*, Santiago, Januar 1983, S. 64 f
8 *Análisis* 54/Februar 1983, Sonderausgabe, S. 5 ff
9 Bericht COBRE, erstellt vom Zentrum für Ausbildungsförderung CEDAL, Santiago, Januar 1983, S. 19
10 Manuel Barrera: »Die gewerkschaftlichen Seminare sind eine Form der teil-nehmenden Beobachtung«, in: *Die Erfahrung des Vikariats der Arbeiter-gemeinde des Erzbischofs von Santiago*, Documento de Trabajo 9/1981, S. 48
11 Vgl. dazu ausführlich: Jaime Ruiz-Tagle: »Der Agrarsyndikalismus in Chile«, in: *Vikariat der Arbeitergemeinde ...*, Documento de Trabajo 2/1980, S. 2 ff
12 Siehe dazu den Artikel von Rigoberto Rivera in diesem Buch
13 Jaime Ruiz-Tagle: »Agrarsyndikalismus«, in: *Mensaje*, 298/Mai 1981, S. 155 f
14 Ders.: »Einheit gibt Kraft«, in: a.a.O., S. 32 f
15 Ebenda, S. 33
16 In diesem Sinne beziehen wir uns auf die Bewegungen der Armenviertel, Stu-denten, Arbeitslosenkomitees, Menschenrechtsgruppen, Komitees zur Rück-führung der Exilierten, der Familienangehörigen der Verschwundenen, die Ini-tiativen der Katholischen Kirche im Zusammenhang mit öffentlichen Speisun-gen, Arbeitsbörsen, Mütterzentren, Basisgemeinschaften, Jugendzentren, Kul-turstätten und Gruppen zur politischen und ökonomischen Analyse usw.
17 Der Aufruf zeigte übrigens, wie Fernando Mires bemerkte, »daß die Arbeiter den politischen Kampf weiterhin als eine reine Klassenaktivität auffassen, in der die nicht gewerkschaftlich organisierte Bevölkerung als eine der Arbeiter-bewegung untergeordnete Verbündete betrachtet wird«; F. Mires: »Anmerkun-gen zu Chile«, in: *Alai* (Montreal), 43/1983, S. 676
18 Editorial von *Chile Sindical* (Santiago), 17/1983
19 F. Mires: »Anmerkungen ...«, a.a.O., S. 675
20 R. Kries: »Vertrauen in sich selbst. Die Basisorganisationen Chiles«, in: *Nueva Sociedad* (Caracas), 64/Januar-Februar 1983, S. 42
21 *Análisis*, 58/Juni 1983, S. 18
22 *Hoy* (Santiago), 4.-10. Mai 1983, S. 22 f
23 *Hoy*, 18.-24. Mai 1983, S. 20
24 *Análisis*, 58/Juni 1983, S. 20
25 Editorial von *Chile Sindical*, 22/Januar 1984
26 Ebenda

27 Siehe Hartmut Kärner: »Proletariat adieu«, in: *Kommune* (Frankfurt/Main), Januar 1985; zu den wirtschaftlichen Basisorganisationen siehe die Untersuchung von Clarisa Hardy und Luis Razeto: »Neue soziale Subjekte im informellen Wirtschaftssektor Chiles«, in: *Lateinamerika. Analysen und Berichte,* Bd. 10, Hamburg 1986

28 E. Díaz/M. Noe: »Partidos políticos y sindicatos: competencia o solidaridad?«, in: *Nueva Sociedad,* September/Oktober 1984

Über die Autor(inn)en

Hugo Calderón, Soziologe, lebt zur Zeit in der Bundesrepublik, Mitautor u.a. von »Chile — Der Monetarismus an der Macht« (Hamburg, Junius Verlag 1981) und »Sozialdemokratie und Lateinamerika« (Berlin-West, FDCL 1982)

José Joaquín Brunner, Vorstandsmitglied von FLACSO (Faculdad Latino-americana de Ciencias Sociales) in Santiago de Chile, Soziologe, mehrere Veröffentlichungen, u.a. »La Cultura Autoritaria en Chile« (1981), »Ideologías y Cambio en la Universidad Chilena« (1981)

Manuel Antonio Garretón, ebenfalls Vorstandsmitglied von FLACSO, Soziologe, Autor u.a. von »El proceso político chileno« (1983), »La Unidad Popular y el conflicto político en Chile« (1983)

Gabriel Sanhueza Suárez, lebt zur Zeit in der Bundesrepublik als freier Journalist, Herausgeber des ökologischen Presse- und Informationsdienstes »Ökopress«

José Giribás, lebt zur Zeit in Berlin-West, Mitglied von AFI, der Asociación Gremial de Fotógrafos Independientes (Gewerkschaftliche Vereinigung unabhängiger Photographen)

David Becker, deutscher Psychologe, und *Eugenia Weinstein,* Psychologin, sind Mitarbeiter von FASIC (Fundación de Ayuda Social de las Iglesias Católicas) in Santiago

Enrique Errázuriz, Volkswirt, Mitarbeiter von PET (Programa de la economía del trabajo) der Academia de Humanismo Cristiano in Santiago, Verfasser des zweibändigen Werkes »Elementos básicos de economía« (1985)

Rigoberto Rivera, Anthropologe, Mitarbeiter von GIA (Grupo de Investigaciones Agrarias) der Academia de Humanismo Cristiano, Autor u.a. von »Pobladores rurales y migración en Chile« (1982)

Jaime Ensignia, Soziologe, lebt zur Zeit in der Bundesrepublik, Dissertation über die chilenische Gewerkschaftsbewegung, Mitautor von »Chile — Der Monetarismus an der Macht« (Hamburg, Junius Verlag 1981) und »Sozialdemokratie und Lateinamerika« (Berlin-West, FDCL 1982)

JUNIUS

Ökologische Krise und Gegenwehr

Lateinamerika –
Analysen
und Berichte 7

Hrsg. von Ehrke,
Evers, Meschkat,
Müller-Plantenberg,
Wünderich

288 Seiten mit Abb.
ISBN 3-88506-123-6

Aus dem Inhalt:

Nicolo Gligo/Jorge Morello:
Zur ökologischen Geschichte Lateinamerikas – Conquista und
Kolonialzeit

Nikolaus Werz:
Nach dem Öl die Sintflut? Umweltprobleme und die Diskussion
um ein alternatives Entwicklungsmodell in Venezuela

Günter Paulo Süss:
Integrationsmord in Amazonien. Die Indianerfrage vor der
Endlösung?

Klaus Meschkat:
Umweltzerstörung und Widerstand in Kolumbien

Guillermo O'Donnell:
Argentinien nach dem Malwinen-Krieg

sowie aktuelle Länderberichte über die politische, soziale und
ökonomische Entwicklung in 15 Staaten Lateinamerikas

Junius Verlag · Von-Hutten-Str. 18 · 2000 Hamburg 50

JUNIUS

Volkssouveränität und Staatsschuld

Lateinamerika –
Analysen
und Berichte 8

Hrsg. von Ehrke,
Evers, Meschkat,
Müller-Plantenberg,
Wünderich

336 Seiten mit Photos
ISBN 3-88506-129-5

Aus dem Inhalt:

Urs Müller-Plantenberg:
Was heißt Demokratisierung? Chile und die Nachbarländer

Nestor D'Alessio:
Argentinien – Soziale versus politische Demokratie

J. L. Corraggio/Mechthild Jungehülsing:
Revolution und Demokratie in Nicaragua – Thesen
und Gegenthesen

Claudia von Braunmühl:
Grenada und wir

Klaus Meschkat:
Bolivien – Demokratie der Produzenten und die
Gewerkschaftszentrale COB

Michael Ehrke:
Spekulation und Verschuldung – Mexiko und Argentinien

sowie aktuelle Länderberichte: Brasilien, Chile, Costa Rica, Do-
minikanische Republik, El Salvador, Guatemala, Kuba,
Nicaragua, Paraguay, Venezuela u.a.

Junius Verlag · Von-Hutten-Str. 18 · 2000 Hamburg 50

Vom Umgang mit Gewalt

Lateinamerika —
Analysen
und Berichte 9

Hrsg. von Ehrke,
Evers, Meschkat,
Müller-Plantenberg,
Wünderich, Dirmoser,
Rediske

304 Seiten mit Abb.
ISBN 3-88506-209-7

Aus dem Inhalt:

Beatriz Sarlo:
Argentinien nach der Diktatur:
Von der Schwierigkeit, sich zu erinnern

Dietmar Dirmoser:
Drogen und Politik: Kokainproduktion,
Korruption und Macht in Bolivien

Maria Victoria Benevides/
Rosa Maria Fischer:
Alltagserfahrung und städtische Gewalt.
Lynchen und Plündern in Brasilien

Leo Gabriel:
El Salvador — Eine Gesellschaft im Bürgerkrieg

Frank Niess:
Die ungleichen Nachbarn. Recht,
Ideologie und Gewalt in der Lateinamerikapolitik der USA

Juan Barolo:
Kultur und Gewalt im Hochland Perus: Die soziale Basis
des Sendero Luminoso

Manfred Kron:
Zwei Jahre Contadora

sowie 11 Länderberichte

Junius Verlag · Von-Hutten-Str. 18 · 2000 Hamburg 50

Hugo Calderón/Jaime Ensignia/Eugenio Rivera

CHILE

Der
Monetarismus
an der
Macht

Das neoliberale Wirtschaftsmodell
Soziale Träger des Regimes
Die Opposition – Gewerkschaften und Parteien
Arbeitsrecht und neuer gesetzlicher Rahmen

JUNIUS

Hugo Calderón/
Jaime Ensignia/
Eugenio Rivera

**Chile —
Der Monetarismus
an der Macht**

168 Seiten
2. Auflage
ISBN 3-88506-115-5

Thema dieses Buches sind die tiefgreifenden ökonomischen und sozialen Veränderungen, die in Chile unter der Herrschaft der Militärs eingetreten sind. Die Autoren behandeln die Kapitalakkumulation in der Zeit des sogenannten »chilenischen Wirtschaftswunders«, sie untersuchen die sozialen Träger des Regimes, den neuen institutionellen Rahmen der Diktatur (Verfassung, Arbeitsrecht) und beschreiben die Lage der oppositionellen Parteien und der Gewerkschaftsbewegung.

»Es läßt sich ohne Übertreibung sagen, daß ein neues Chile entstanden ist. Die Militärs wollen die Macht so lange behalten, bis das neue Modell durch freiwillige Praktizierung seitens der Mehrheit der Chilenen funktioniert, bis der ›neue Mensch‹, den die Medien und das neue Schul- und Ausbildungssystem propagieren, der ›Aufsicht der Streikräfte‹ nicht mehr bedarf. Dieses neue Menschenbild entspricht der kapitalistischen Revolution, die in Chile vor sich gegangen ist: Es soll ein Mensch mit Unternehmermentalität sein, aggressiv, wettbewerbsorientiert, pragmatisch mit den festen Zielen, zu konsumieren und reich zu werden.

Dieses neue Chile zu erkennen, in dem moderne Technokraten die Politik bestimmen, ist die Voraussetzung dafür, eine Alternative zum bestehenden Regime zu entwickeln. Die Aufsätze in diesem Band sollen zu der notwendigen politischen und wissenschaftlichen Diskussion über die neue Realität Chiles beitragen.«

(Aus dem Vorwort)

Junius Verlag GmbH · Postfach 50 07 45 · 2000 Hamburg 50

Auf Wunsch versenden wir gern unser
neues Verlagsverzeichnis!

Lateinamerika

Im Verlag Klaus Dieter Vervuert

Bitte fordern Sie unser Gesamtverzeichnis an

SACHBUCH

Martin Franzbach (Hrsg.)

KUBA

Materialien zur Landeskunde.
114 Seiten. DM 14,80.

Martin Franzbach stellt in diesem Buch Texte zu Kuba vor, die Einblicke geben in Probleme der kubanischen Gesellschaft in Vergangenheit und Gegenwart. Karikaturen, Grafiken u. a. Abbildungen illustrieren und lokkern das Buch auf. Weiterführende Literaturhinweise unter Texten bieten reiches Material zur selbständigen Vertiefung des Themas und geben eine Fülle praktischer Informationen für Lehrer, Schüler, Drittweltler und Touristen, Geschichts-, Kultur- und Politikinteressierte im weitesten Sinn.

Dieter Eich / Willi Germund (Hrsg.)

Vulkan der Träume

Nicaragua, Utopie und Alltag.
(Juni 1986) Ca. 280 Seiten. DM 29,80.

Mit Beiträgen von: Dieter Eich, Willi Germund, Michael Rediske, Robin Schneider, Xavier Gorostiaga u. a.

Das Buch geht auf alle Aspekte der Entwicklung in Nicaragua seit 1979 ein. Es kommen Autoren zu Wort, die seit längerer Zeit Nicaragua aus eigener Anschauung kennen, Augenzeugen, die den Schritt wagen, die Entwicklung mit all ihren Facetten umfassend zu erklären, aber auch die Fehler aufzuzeigen, die gemacht wurden.

LYRIK

Manuel Bandeira

Der Weg nach Pasárgada.

Gedichte und Prosa.

Ausgewählt und aus dem brasilianischen Portugiesisch übertragen von Karin von Schweder-Schreiner und mit einem Nachwort von Bela Jozef. Zweisprachige Ausgabe. 152 Seiten. DM 19,80.

Dieses schöne Büchlein ist nicht nur kompetent, sondern auch mit Liebe erstellt. Es übermittelt nicht allein Einblick in das Werk eines Dichters, sondern gibt auch eine Idee dessen, was brasilianische Lyrik, ja was die Wahrnehmung Brasiliens im Medium von Poesie in unserem Jahrhundert zu sein vermag.

(Frankfurter Allgemeine Zeitung, 6. 1. 1986)

Ferreira Gullar

Faule Bananen und andere Gedichte.

Ausgewählt, aus dem brasilianischen Portugiesisch übertragen und mit einem Nachwort von Curt Meyer-Clason. Zweisprachige Ausgabe. 138 Seiten. DM 16,80.

Ferreira Gullar, geb. 1930, ist durch seine Biographie und sein Werk einer der repräsentativen Lyriker Brasiliens. Wie bei einer Vielzahl lateinamerikanischer Autoren sind auch bei ihm Biographie und Werk eng verflochten mit der politischen Wirklichkeit seines Landes als direkt erlebter Konfrontation: Diktatur und politische Unterdrückung, aus der schließlich nur ein Ausweg herausführte: das Exil.

Vinicius de Moraes

Saravá.

Gedichte und Lieder.

Ausgewählt und aus dem brasilianischen Portugiesisch übertragen von Kay-Michael Schreiner. Zweisprachige Ausgabe. 125 Seiten. DM 16,80.

„Der schmale Band ist liebevoll gemacht. Neben den zweisprachigen Gedichten sind weitere Texte von Vinicius enthalten, ein Beitrag über seine Auffassungen von Poesie, ein langes Interview mit ihm, sowie Huldigungen an ihm ... Diese Auswahl ... bietet eine gute Möglichkeit, sich in dieses Werk einzufühlen, das eine Liebeserklärung an das Leben und die Liebe ist."

(Ingrid Heinrich-Jost im Sender Freies Berlin am 27. 12. 1982).

Vinicius de Moraes, der 1980 starb, ist noch heute einer der populärsten Dichter Basiliens.

Wir verlegen Bücher zu Lateinamerika und Spanien.

Verlag Klaus Dieter Vervuert
Wielandstr. 40, 6000 Frankfurt 1, Telefon (0 69) 59 96 15

LATEINAMERIKA
nachrichten

- **informieren** regelmäßig über:
  aktuelle Ereignisse, Unterdrückung und Widerstand, Befreiungsbewegungen, soziale Bewegungen, wirtschaftliche und politische Beziehungen zwischen der BRD und Lateinamerika, die Lateinamerikapolitik der USA;

- **analysieren** die politischen, sozialen und wirtschaftlichen Ursachen und Hintergründe aktueller Konflikte;

- **berichten** über die Solidaritätsbewegung in der BRD;

- wollen damit zu **praktischer Solidarität** mit dem Befreiungskampf in Lateinamerika anregen.

Ziel der Zeitschrift ist die unabhängige Information und Berichterstattung gegen die oft verfälschende Darstellung der bürgerlichen Medien. Im Gegensatz zu diesen behauptet **LATEINAMERIKA NACHRICHTEN** für sich nicht "Überparteilichkeit", sondern ergreift bewußt und für jeden Leser erkennbar Partei für die unterdrückten und um ihre Rechte kämpfenden Menschen Lateinamerikas, ohne sich zum Sprachrohr einzelner Parteien machen zu lassen.

Die **LATEINAMERIKA NACHRICHTEN** erscheinen 11 mal im Jahr mit jeweils ca. 80 Seiten. Das Jahresabo kostet für Privatpersonen in der BRD und anderen europäischen Ländern DM 50,–, in Übersee (Luftpost) DM 70,–. Das Institutionen-Abonnement kostet DM 65,– bzw. DM 85,– (Übersee).

Zum **Kennenlernen** bieten wir ein **3-Monats-Probe-Abo** für DM 10,– an: einfach einen Zettel mit leserlich geschriebenem Absender und dem Stichwort 'Probeabo' zusammen mit einem 10-Mark-Schein einsenden an:

LATEINAMERIKA NACHRICHTEN
Gneisenaustr. 2. 1000 Berlin 61